职业院校汽车类专业系列教材

汽车概论

主　编◎武治发
副主编◎李　琳　谢自贵

北京师范大学出版集团
BEIJING NORMAL UNIVERSITY PUBLISHING GROUP
北京师范大学出版社

图书在版编目(CIP)数据

汽车概论 / 武治发主编. —北京：北京师范大学出版社，2021.3

ISBN 978-7-303-25726-3

Ⅰ. ①汽… Ⅱ. ①武… Ⅲ. ①汽车—高等职业教育—教材
Ⅳ. ①U46

中国版本图书馆 CIP 数据核字(2020)第 030418 号

营销中心电话　010-58802181　58805532
北师大出版社科技与经管分社　www.jswsbook.com
电子信箱　jswsbook@163.com

出版发行：北京师范大学出版社　www.bnupg.com
北京市西城区新街口外大街 12-3 号
邮政编码：100088
印　刷：天津中印联印务有限公司
经　销：全国新华书店
开　本：787 mm×1092 mm　1/16
印　张：11.75
字　数：263 千字
版　次：2021 年 3 月第 1 版
印　次：2021 年 3 月第 1 次印刷
定　价：31.00 元

策划编辑：周光明　　责任编辑：周光明
美术编辑：刘　超　　装帧设计：刘　超
责任校对：赵非非　黄　华　　责任印制：赵非非

前 言

我国《“十三五”现代综合交通运输体系发展规划》指出：到2020年基本建成安全、便捷、高效、绿色的现代综合交通运输体系，部分地区和领域率先实现交通运输现代化。公路运输是现代综合交通运输体系的基础，汽车是公路运输的现代工具。同时，伴随着数字经济时代的到来，汽车新技术、新工艺、新材料的发展日新月异，汽车工业的跨越式发展突飞猛进，在我国汽车开始向家庭普及，直接影响着我们每个人的工作、学习和生活。因此，作为在校学生有必要对汽车知识和我国的现代汽车工业有一个概貌性的了解和认识。

本教材本着“以能力为本位，以就业为导向”的课程改革思路，按照项目教学方式编写课程内容。本教材共有九章，主要讲述了汽车的发明与发展简史、汽车发动机、汽车底盘、汽车车身和电气设备、汽车新结构新技术、现代汽车制造工艺与材料、汽车技术与道路交通安全、新能源汽车、国家相关法律法规。本教材图文并茂、直观明了、通俗易懂、内容翔实；知识量大、针对性、实用性强、内容新颖、结构科学。本教材贴合实际应用，深入浅出，为致力于从事汽车制造、检测、维修等相关专业学生和从业人员提供权威性、实用性指导。本书适合作为高职高专和普通高等院校汽车类专业入门课程、非汽车类专业选修课程的教学用书，也适合作为汽车运用部门、销售部门、金融部门、评估部门等部门的员工的培训用书，同时可供广大汽车爱好者和车辆使用者学习参考，还可作为中等职业学校汽车运用与维修专业教材，也可作为汽车运用与维修人员的阅读教材。本书也是一本值得阅读和收藏的材料，还可以作为高职高专及普通高等院校的公选课教材，以及汽车专业的专业基础课教材和汽车培训及中专技校的参考教材。

本教材第1、2、3、4、7章由云南交通职业技术学院武治发副教授编写；第5、6章由云南机电职业技术学院李琳教授编写；第8、9章由云南科技信息职业学院谢自贵讲师编写。最后由武治发副教授负责全书统稿审核。

由于时间仓促，编者水平有限，书中难免存在不足和问题，敬请各位专家、学者和读者给予批评指正！

编　者

目录

第 1 章　绪　论

1.1　汽车发展历史

1.1.1　汽车的诞生和发展

自从世界上第一辆三轮汽车诞生至今已有 130 多年的历史。1885 年，德国工程师卡尔·奔驰研制成功了第一辆三轮汽车(如图 1-1 所示)，立案专利时间为 1886 年 1 月 29 日。该车装有一台单缸 0.9 PS(功率为 625 W)二行程的汽油机，驱车试验，全程 144 千米，最高车速为每小时 15 km。因此，人们就把 1886 年作为汽车诞生年，1 月 29 日被认为是世界汽车诞生日。

图 1-1　世界上第一辆汽车

1. 汽车外形的演变

(1)马车形汽车

从 19 世纪末到 20 世纪初，汽车基本上沿用了马车的造型，被称为无马的“马车”。马车形汽车使用敞篷或者活动布篷。

(2)箱形汽车

为了抵挡风雨严寒，提高汽车舒适感，1915 年美国福特汽车公司把汽车的车室制成箱体式的结构，并装有门、窗等，人们称其为“箱形汽车”(如图 1-2 所示)。由于车厢酷似轿子，又称为“轿车”。

图 1-2　箱形汽车

(3)甲壳虫形汽车

由于箱形汽车高速行驶时，在前窗玻璃、车顶及汽车后部会产生较大的空气涡流，形成较大的行驶阻力，极大地影响了车速，1933 年德国的波尔舍博士设计了一种类似甲壳虫外形的流线型汽车(如图 1-3 所示)。“甲壳虫”也成为该车的代名词。于是，1934 年，美国克莱斯勒汽车公司利用流体力学的理论，研制出了使汽车前进时空气阻力系数最小的流线型新型汽车。

图 1-3 甲壳虫形汽车

图 1-4 船形汽车

(4)船形汽车

由于甲壳虫形汽车发动机后置，重心偏后，当高速行驶遇上强侧风时，车轮易发飘，导致汽车容易偏离行驶路线。于是，1949 年，美国福特汽车公司开始应用人体工程学来设计车身，把乘坐位置放在振动最小的汽车中部。发动机在前部，行李舱在后部，还取消了脚踏板和单独的翼子板，扩大了汽车的内部空间，同时也减小了汽车侧面的空气阻力。汽车整个造型像一只小船，被称为“船形汽车”(如图 1-4 所示)。

(5)鱼形汽车

船形汽车尾部过分向外伸出，形成阶梯状，在高速行驶时会产生较强的空气涡流。为了克服这一缺陷，人们把船形车的后窗玻璃逐渐倾斜，倾斜的极限为斜背式。由于斜背式汽车的背部像鱼的脊背，所以称为“鱼形汽车”(如图 1-5 所示)。

图 1-5 鱼形汽车

(6)楔形汽车

楔形汽车是从空气动力学角度来设计的，这类车型通常现代感和速度感比较强。为了克服汽车高速行驶时空气的升力，同时从根本上解决鱼形汽车的升力问题，设计师于 20 世纪 60 年代初又研制成功了将车身整体向前方倾斜、车身后部像刀切一样平直的新结构造型——楔形，称为“楔形汽车”(如图 1-6 所示)。楔形造型主要在赛车上得到广泛应用，因为赛车首先要考虑流体力学(空气动力学)等问题对汽车的影响，车身可以完全按楔形制造，而把乘坐的舒适性作为次要问题考虑。

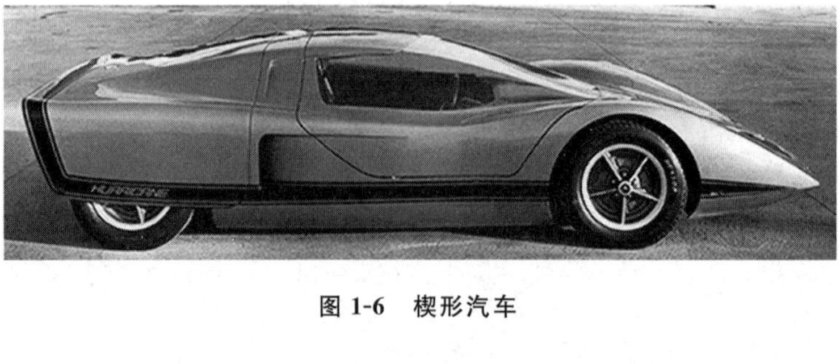

图 1-6 楔形汽车

2. 汽车结构性能的演变

人们普遍认为，虽然德国人最早发明了汽车，但真正促进汽车初期发展的却是法国人。1889年法国的别儒研制成功齿轮变速器、差速器；1891年法国首先采用了前置发动机后轮驱动；1891年摩擦片式离合器在法国研制成功；1895年首先采用充气橡胶轮胎；1898年采用密闭箱式变速器、万向节传动轴和伞齿轮主减速器；1902年采用了流传至今的狄第安后桥半独立悬架。

随后，德国、英国、美国等国分别于1893年发明了化油器；1896年采用石棉制动片和方向盘等；1905年开始采用挡风玻璃。

汽车自19世纪末诞生以来，已经走过了风风雨雨的一百多年。随着汽车结构性能的不断改进，汽车发动机也由单缸逐渐发展到直排双缸、四缸、六缸、八缸和双排八缸等；汽车燃料也由汽油逐渐向柴油及其他清洁燃料转变；在汽车发动机功率不断增大的同时，发动机最高转速可达8 000 r/min；行驶速度从最初的15 km/h发展到1 020 km/h(英国“推力2号”火箭车)。

伴随着经济社会的发展，汽车技术不断进步，汽车年产量也不断增长，到2017年为止，全世界汽车年总产量达9 730多万辆，汽车保有量已超过10亿辆。

3. 发展中的未来汽车

(1)未来小客车

未来小客车的造型必然是在楔型车的基础上加以改进，造型将更为平滑、流畅。

美国通用汽车公司雪佛兰部研制的AERQ2000型小客车，已具备了这样的特点(如图1-7所示)。

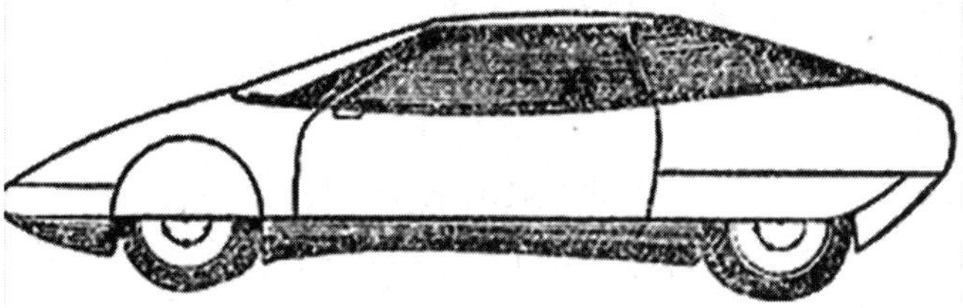

图1-7 未来汽车(AERQ2000型小客车)

①该车散热器罩已经退化成一条线；

②大灯采取隐闭式；

③前后轮都采用护板，转向时，前轮护板也随之移动；

④风阻系数只有0.15；

⑤高速行驶时车身自动降低；

⑥不用方向盘，而用一支几乎垂直的复合控杆控制方向、速度、油门、制动等；

⑦在紧急情况下，雷达系统会将车速降低；

⑧耗油率比现在最省油的汽车降低50%。

(2)旅行车、大客车和载货汽车

①旅行车、大客车、载货汽车的造型也将趋于流线型；

②大型流线型的箱式货车将成为未来道路运输的主要车辆；

③将有一车多用的组合式汽车，以及既可以与普通公共汽车一样在陆上行驶，又可以开进特殊的飞机上作空中旅行，具有陆空两用优点的“空中公共汽车”；

④将有履带式气垫车(可以在泥泞道路或沼泽地自由行走)；

⑤将有仿照动物行走特征、有四条腿的无轮步行式汽车；

⑥将有水陆空三用汽车及飞碟汽车、潜艇式汽车等。

(3)计算机信息技术在汽车上的运用

计算机信息技术将更广泛地运用在汽车上，物联网汽车等将是未来智能汽车的重要标志。计算机信息系统把驾驶人的意志和外界行驶条件结合起来，转化成电信号，经微处理器分析处理后，向车辆的相关部件发出指令，使汽车行驶更为安全可靠。

总之，未来汽车主要发展趋势是：轻量化、控制自动化、设计计算机化、动力多样化、制造柔性化、绿色环保化、生产世界化。

1.1.2 国内外汽车工业概况

汽车，一个现代文明的标志性产物。汽车工业是资金密集、技术密集、人才密集、综合性强、经济效益高的产业。汽车产业是一个国家综合性工业发展水平的直接反映和试金石。世界各工业发达国家几乎无一例外地把汽车工业作为国民经济的支柱产业。汽车的研制、生产、销售、营运等，与国民经济发展息息相关，对社会经济建设和科学技术发展起着十分重要的推动作用。

汽车也是社会物质生活发展水平的标志。汽车保有量随着国民人均收入水平的提高而增加。世界上许多国家的汽车已普及千家万户，促使人民的社会生活方式发生了显著的变化。但是，汽车数量过多也造成了噪声、污染、道路堵塞、交通事故频发、停车场短缺等社会问题。

因此，汽车工业应坚持以人为本的发展理念，必须生产出更多性能优异的汽车产品，以适应环境保护、交通管理等方面的法规和政策的要求，满足人们对美好生活的需求。

1. 世界上主要汽车生产国的汽车工业发展概况

世界上的主要汽车生产国有日本、美国、德国、法国、中国、俄罗斯、意大利、加拿大、英国等国。世界汽车工业协会统计显示，2017 年全球主要国家汽车产量总计 9 730.25 万辆(如图 1-8 所示)，其中中国、美国、日本、德国等国的年产量均超过了 500 万辆，我国在 2017 年汽车生产总量高达 2901 万辆，稳居全球第一。

日本、美国、欧洲等国家和地区，汽车工业发展的特点是：资本集中垄断，利用高科技优势，采取大批量生产方式。如美国的通用、福特、克莱斯勒三大汽车公司，垄断了美国 90％以上的汽车生产，西方八大汽车集团的轿车产量，占世界轿车产量将近 70％。

随着一些国家和地区出现的经济衰退、能源危机、政局动荡、石油价格波动、市场竞争激烈等，汽车工业受到很大影响。近十年来，一些发达国家的汽车保有量和需求量已渐趋饱和，汽车工业在 20 世纪 50、60 年代迅速发展的势头略显减缓，激烈的

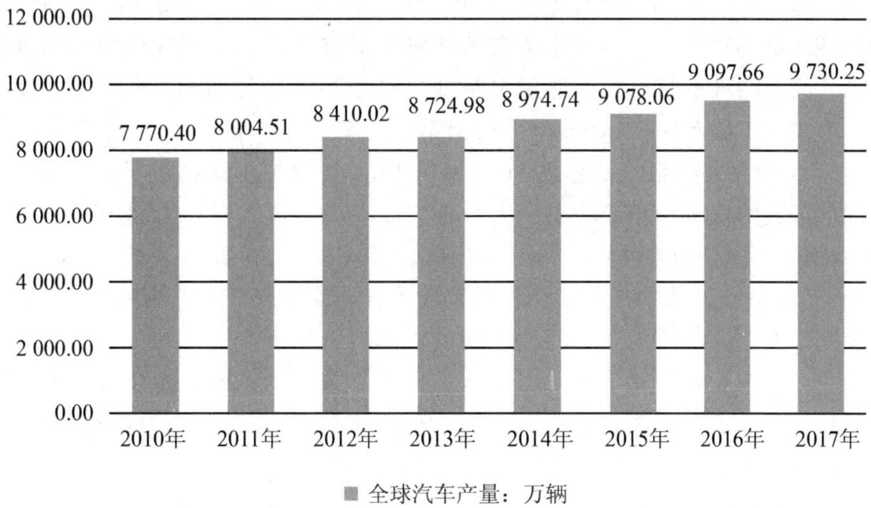

图 1-8　2010—2017 年全球汽车产量图(资料来源：世界汽车工业协会)

市场竞争导致贸易保护主义有所抬头。美国的汽车产量连年上下波动，西欧汽车产量停滞不前，企业不景气、严重亏损，导致股权转让以及兼并改组。世界各大汽车公司为了在激烈的竞争中求生存，采取将产品输出变为资本输出的对策，寻求多样化的国际合作方式，实现跨国经营。多边合作、联合生产、合资入股、渗透兼并等方式使跨国公司日益扩大，汽车的生产经营渐趋国际化。

与此同时，一些新兴工业国家和发展中国家的汽车工业正在崛起。例如，西班牙、韩国、巴西等国用优惠政策吸引外资的方式，采取引进先进技术和装备、进口全拆散零件(CKD)装车，逐步提高国产零件的装车比率，进而使主要部件自给，再扩大零部件及整车出口的模式发展自己的汽车工业。

一些发展中国家采取合资经营或进口半拆散零件(SKD)装车等方式发展自己的汽车工业。发展中国家要振兴汽车工业，都不同程度地面临工业基础薄弱、技术落后、资金匮乏、原料短缺、人才不足、销路不畅等种种困难。

2. 中国汽车工业的发展概况

中国的汽车工业是随着新中国的诞生从零基础一步一步发展起来的。1953 年 7 月第一汽车制造厂开始在长春市兴建，并于 1956 年 10 月开工，大批量生产装载 4 吨的解放 CA10 货车，从而结束了中国不能制造汽车的历史。1958 年第一汽车制造厂又制造了我国第一辆轿车——东风牌轿车，接着又开始小批量生产红旗 CA770 高级轿车。

20 世纪 50 年代后期和 60 年代，在长春第一汽车厂逐步扩大生产的同时，我国各地一批汽车修配企业相继改建成汽车制造厂，此外，城建和交通部门等也设立了一批公共交通车辆制造厂，使我国汽车的品种和产量进一步发展。这批工厂及其产品主要有：南京汽车制造厂生产的装载 2.5t 的跃进 NJ130 轻型货车，济南汽车制造厂生产的装载 8 吨的黄河 JN150 重型货车，北京汽车制造厂生产的 BJ212 轻型越野车，北京第二汽车制造厂生产的装载 2t 的 BJ130 轻型货车，上海汽车制造厂生产的 SH760 中级轿车，上海客车厂生产的SK640中型客车和SK660铰接式客车以及北京市客车总厂生产的BK640和BK651客车等。1968年在湖北省十堰市开始动工兴建的第二汽车制造厂是我国规模最大的汽车制造厂，之后又建成生产重型汽车的四川、陕西等较大的汽车制造厂。第二汽车制造厂于1975年生产出第一个车型——装载2.5t的EQ240越野汽车，1978年7月主导产品——装载5t的东风EQ140货车正式批量投产，进一步促进了我国汽车工业的发展，并带动了一大批地方企业的发展。1980年我国汽车年产量已超过22万辆。

20世纪80年代，我国汽车工业伴随着改革开放的东风得到了快速发展。1982年5月，中国汽车工业公司的成立，促使我国的汽车行业以各个大型汽车厂为主，联合一批相关的中、小企业，组建了解放、东风、南京、重庆、上海、京津冀六个汽车工业联营公司和一个汽车零部件工业联营公司，促进了汽车企业之间的深度合作，促成了汽车生产的专业化分工，有利于汽车技术的升级发展。

“六五”计划期间，我国汽车工业加快了主导产品更新换代和新产品开发的步伐，随着汽车产品品种的增多和质量的提高，到了1985年，汽车总产量超过44万辆，产量实现翻了一番的目标。

1985年，中央“七五”计划提出了要把汽车制造业作为我国支柱产业的方针，1987年国务院又确定了通过发展轿车工业从而振兴我国汽车工业的发展战略。

1992年，中国汽车年生产能力首次突破100万辆。到2000年，中国的汽车年产量已超过200万辆。2001年中国加入世界贸易组织后，汽车市场的发展进一步加快。2002年至2007年，全国汽车市场平均增长21%，同比增长100万辆。2009年，我国汽车年产量为1 379万辆，成为世界上最大的汽车生产国。2010年，销量和产量均超过1 800万辆。2014年中国的汽车产量占全球汽车产量的26%。

进入21世纪，我国的汽车工业尤其是轿车工业技术进步的步伐大大加快，新车型层出不穷；科技水平提升迅速，整车技术特别是环保指标大幅度提高，电动汽车开发初见进展；与国外汽车巨头的生产与营销合作步伐明显加快，引进国外企业的资金，技术和管理的力度不断加深；企业组织结构调整稳步前进。汽车工业进入了大发展时期，如今初步形成了“3+X”的格局，“3”是指一汽、东风、上汽3家企业为骨干，“X”是指广汽、北汽、长安、南汽、哈飞、奇瑞、吉利、昌河、华晨等一批重点企业。

随着经济全球化进程的加快，发达国家汽车市场日趋饱和，但发展中国家由于国民经济的快速发展，其居民消费结构正处于升级阶段，带动全球汽车工业持续较快增长。在全球汽车产业格局中，国际汽车巨头以及本土整车企业纷纷加大在发展中国家市场的产能投资，促使发展中国家在全球汽车行业的市场地位不断提高，全球汽车生产中心已逐步从欧美等发达国家转移到以中国为代表的发展中国家。我国汽车工业经过50多年的艰苦创业、巩固调整与快速发展，2018年全球汽车产量达到1.08亿辆，发展中国家市场约占增产数量的83%，其中中国约占增产量的40%。随着全球经济一体化分工体系的确立和汽车制造产业的转移，我国汽车工业已形成多品种、全系列的各类整车和零部件生产及配套体系，在产业规模、产品研发、结构调整、市场开拓、对外开放等方面实现了跨越式发展，已成为全球汽车工业体系的重要组成部分，并逐步由汽车生产大国向汽车产业强国转变。

1.2　汽车的分类标准与编号规则

1.2.1　汽车分类新标准

根据新的国家标准(GB/T 3730.1—2001)，中国汽车分类如图 1-9 所示。

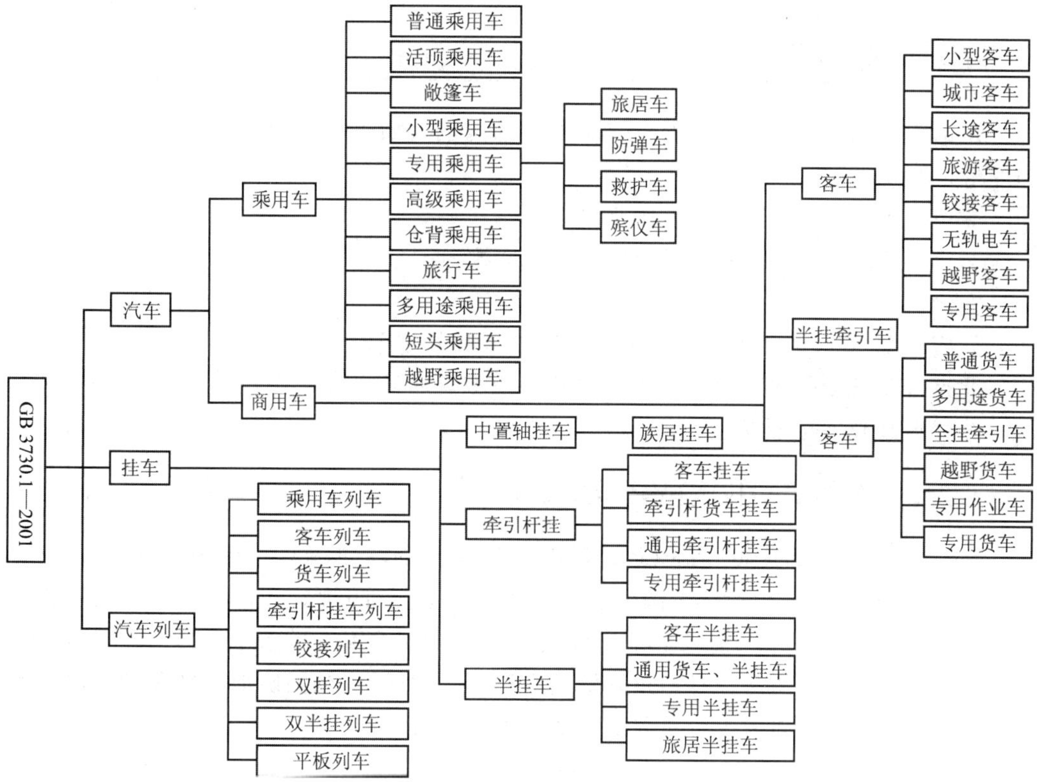

图 1-9　中国汽车分类

1.2.2　汽车编号规则

我国汽车型号由拼音字母和阿拉伯数字组成，包括首部、中部、尾部。

首部为企业代号，是代表企业的特征符号，使用 2～3 位字母，由中国汽车技术研究中心标准化研究所按照企业的名称及产品情况分配，不同企业分配不同的代号，如 SGM 代表上海通用汽车公司，CA 代表一汽，EQ 代表二汽，SH 代表上海等。

中部由 4 位数字组成，分为首位、中间两位和末位数字三部分，如下表所示。

我国汽车编号规则中部数字的含义

首位数字表示车辆类别		中间两位数字表示汽车的主要特征参数	最末尾数字表示
载货汽车	1	表示汽车的总质量(t)	企业自定产品序号
越野汽车	2		
自卸汽车	3		
牵引汽车	4		
专用汽车	5		
客车	6	表示汽车的总长度(m)	
轿车	7	表示发动机的工作容积(L)	
	8		
半挂车及专用半挂车	9	表示汽车总质量(t)	

尾部为专用汽车分类或变型车与基本型的区别，如 X 表示厢式汽车、G 表示罐式汽车等。

专用汽车指专用货车和特种作业汽车；

当汽车总质量大于 100 吨时，允许用 3 位数字；

实例：

红旗 CA7200：一汽生产，发动机排量 2.0 L 的轿车；

北京吉普 BJ2020SJ：北京汽车厂生产，汽车总质量 2 t；

金杯 SY6480A：沈阳汽车厂生产，车长 4.8 m。

1.2.3 车辆识别代码(VIN)的构成

VIN 是英文 Vehicle Identification Number(车辆识别码)的缩写。因为 ASE(Society of Automotive Engineers)标准(美国机动车工程师学会标准)规定 VIN 码由 17 位字符组成，所以俗称十七位码。它包含了车辆的生产厂家、年代、车型、车身型式及代码、发动机代码及组装地点等信息。正确解读 VIN 码，对于我们正确地识别车型，以至进行正确的诊断和维修都是十分重要的，如图 1-10 所示。

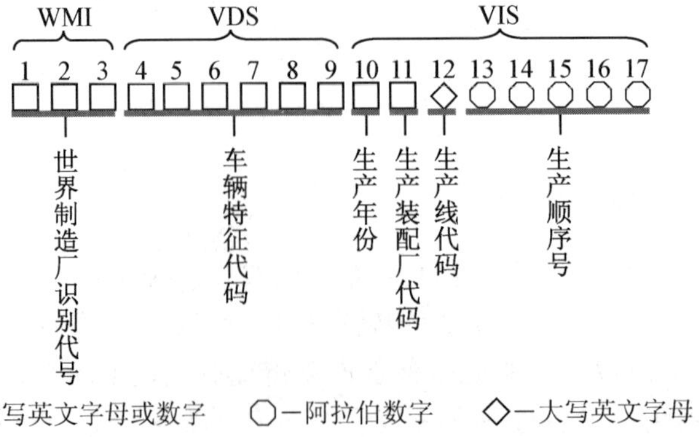

图 1-10 车辆识别代码(VIN)码的构成

1.3 汽车的总体构造及主要技术特点

1.3.1 汽车总体构造

虽然汽车的类型很多，各类汽车的总体构造有所不同，但它们的基本组成是一致的，汽车都是由发动机、底盘、车身、电气设备四个部分组成。普通货车总体构造的基本形式如图 1-11 所示，普通轿车总体构造的基本形式如图 1-12 所示。

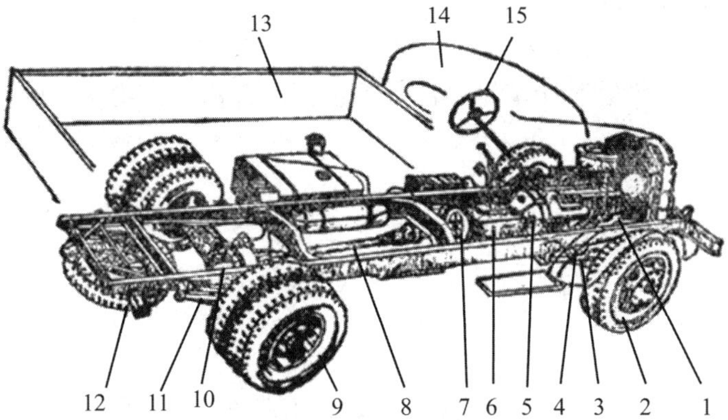

图 1-11 普通货车的总体构造

1—发动机；2—转向车轮；3—前悬架；4—转向从动桥；5—离合器；6—变速器；7—中央制动器；8—万向传动装置；9—驱动车轮；10—驱动桥；11—后悬架；12—车架；13—货厢；14—驾驶室；15—方向盘

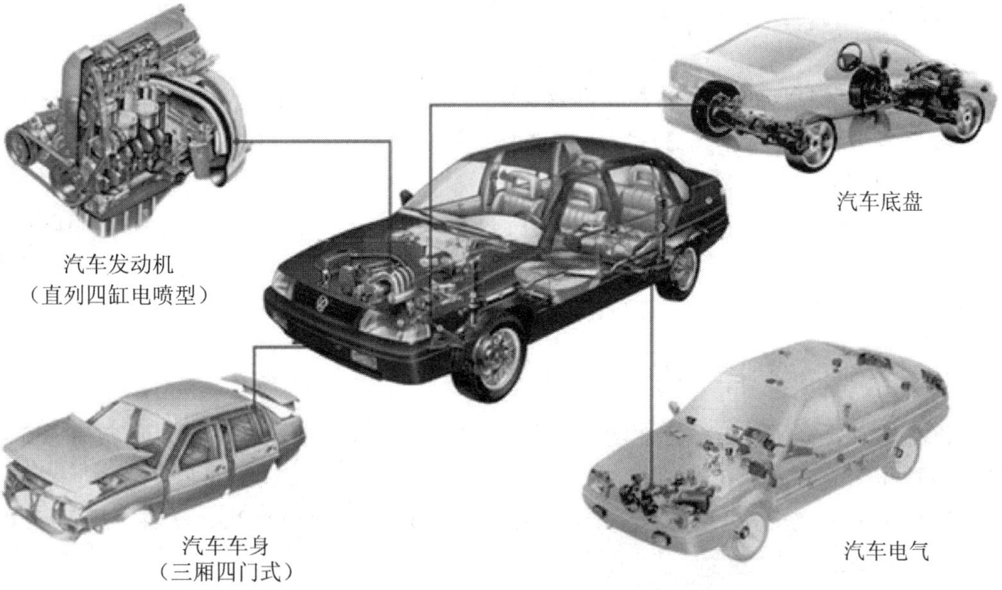

图 1-12 普通轿车的总体构造

1. 发动机

发动机是汽车的动力装置。其作用是使燃料燃烧产生动力，然后通过底盘的传动系驱动车轮使汽车行驶。发动机主要有汽油机和柴油机两种。汽油发动机由曲柄连杆机构、配气机构和燃料供给系、冷却系、润滑系、点火系、起动系组成。柴油发动机的点火方式为压燃式，所以无点火系。

2. 底盘

底盘的作用是支撑、安装汽车发动机及其各部件、总成，形成汽车的整体造型，并接受发动机的动力，使汽车产生运动，保证正常行驶。底盘由传动系、行驶系、转向系和制动系四部分组成。

(1)传动系

将发动机的动力传给驱动车轮。传动系包括离合器、变速器、传动轴、驱动桥等部件。

(2)行驶系

将汽车各总成及部件连成一个整体并对全车起支撑作用，以保证汽车正常行驶。行驶系包括车架、前轴、驱动桥的壳体、车轮(转向车轮和驱动车轮)、车架(前悬架和后悬架)等部件。

(3)转向系

保证汽车能按照驾驶人选择的方向行驶，由带转向盘的转向器及转向传动装置组成。

(4)制动系

使汽车减速或停车，并保证驾驶人离去后汽车能可靠地停驻。每辆汽车的制动系都包括若干个相互独立的制动系统，每个制动系统都由供能装置、控制装置、传动装置和制动器组成。

3. 车身

车身安装在底盘的车架上，以供驾驶人、旅客乘坐或装载货物。轿车、客车的车身一般是整体结构，货车车身一般是由驾驶室和货厢两部分组成。

4. 电气设备

电气设备由电源和用电设备两大部分组成。电源包括蓄电池和发电机。用电设备包括发动机的起动系、汽油机的点火系和其他用电装置。此外，在现代汽车上越来越多地装用各种电子设备，如计算机信息系统、人工智能装置等。

1.3.2 汽车主要结构参数和性能参数

汽车的主要特征和技术特性随所装用的发动机类型和特性的不同，通常有以下的结构参数和性能参数。

①整车装备质量(kg)：汽车完全装备好的质量，包括润滑油、燃料、随车工具、备胎等所有装置的质量。

②最大总质量(kg)：汽车满载时的总质量。

③最大装载质量(kg)：汽车在道路上行驶时的最大装载质量。

④最大轴载质量(kg)：汽车单轴所承载的最大总质量。与道路通过性有关。

⑤车长(mm)：汽车长度方向两极端点间的距离。

⑥车宽(mm)：汽车宽度方向两极端点间的距离。

⑦车高(mm)：汽车最高点至地面间的距离。

⑧轴距(mm)：汽车前轴中心至后轴中心的距离。

⑨轮距(mm)：同一车桥左右轮胎胎面中心线间的距离。

⑩前悬(mm)：汽车最前端至前轴中心的距离。

⑪后悬(mm)：汽车最后端至后轴中心的距离。

⑫最小离地间隙(mm)：汽车满载时，最低点至地面的距离。

⑬接近角：汽车前端突出点向前轮引的切线与地面的夹角。

⑭离去角：汽车后端突出点向后轮引的切线与地面的夹角。

⑮转弯半径(mm)：汽车转向时，汽车外侧转向轮的中心平面在车辆支撑平面上的轨迹圆半径。转向盘转到极限位置时的转弯半径为最小转弯半径。

⑯最高车速(km/h)：汽车在平直道路上行驶时能达到的最大速度。

⑰最大爬坡度(%)：汽车满载时的最大爬坡能力。

⑱平均燃料消耗量(L/100 km)：汽车在道路上行驶时每百千米平均燃料消耗量。

⑲车轮数和驱动轮数($n\times m$)：车轮数以轮毂数为计量依据，n代表汽车的车轮总数，m代表驱动轮数。汽车发动机的基本参数包括发动机缸数、汽缸的排列形式、气门、排量、最高输出功率和最大扭矩。

⑳汽缸数：汽车发动机常用缸数有3、4、5、6、8、10、12缸。排量1升以下的发动机常用3缸，1～2.5 L一般为4缸发动机，3 L左右的发动机一般为6缸，4 L左右为8缸，5.5 L以上用12缸发动机。一般来说，在同等缸径下，缸数越多，排量越大，功率越高；在同等排量下，缸数越多，缸径越小，转速可以提高，从而获得较大的提升功率。

㉑汽缸的排列形式：常见的汽缸排列形式主要有直列(用L或I表示，国内更习惯用L来表示直列)、V型(V)、W型(W)、水平对置(H)、转子(R)和VR型(VR)。一般5缸以下的发动机的汽缸多采用直列方式排列，少数6缸发动机也有直列方式的。直列发动机的汽缸体成一字排开，缸体、缸盖和曲轴结构简单，制造成本低，低速扭矩特性好，燃料消耗少，尺寸紧凑，应用比较广泛，缺点是功率较低。直列6缸的动平衡较好，振动相对较小。大多6～12缸发动机采用V型排列，V型即汽缸分四列错开角度布置，形体紧凑，V型发动机长度和高度尺寸小，布置起来非常方便。V8发动机结构非常复杂，制造成本很高，所以使用得较少。V12发动机过大过重，只有极个别的高级轿车采用。

㉒气门数：气门是指汽缸的进气门和排气门，气门数是发动机每个汽缸所拥有的气门个数。国产发动机大多采用每缸2气门，即一个进气门、一个排气门；国外轿车发动机普遍采用每缸4气门结构，即2个进气门、2个排气门，提高了进、排气的效

率；国外有的公司开始采用每缸5气门结构，即3个进气门和2个排气门，主要作用是加大进气量，使燃烧更加彻底。气门数量并不是越多越好，5气门确实可以提高进气效率，但是结构极其复杂，加工困难，采用较少。

㉓排气量：汽缸工作容积是指活塞从上止点到下止点所扫过的气体容积，又称为单缸排量，它取决于缸径和活塞行程。发动机排量是各缸工作容积的总和，一般用于(L)来表示。发动机排量是最重要的结构参数之一，它比缸径和缸数更能代表发动机的大小，发动机的许多指标都同排气量密切相关。

㉔最高输出功率：最高输出功率一般用马力(PS)或千瓦(kW)来表示。发动机的输出功率同转速关系很大，随着转速的增加，发动机的功率也相应提高，但是到了一定的转速以后，功率反而呈下降趋势。一般在汽车使用说明中最高输出功率用每分钟转速来表示(r/min)，如100PS/(5000r/min)，即在5000 r/min转时最高输出功率100PS。

㉕最大扭矩：扭矩是指发动机运转时从曲轴端输出的平均力矩，俗称为发动机的“转劲”，扭矩的单位是牛顿·米(N·m)，扭矩的表示方法是N·m/r/min。最大扭矩一般出现在发动机的中、低转速的范围，随着转速的提高，扭矩反而会下降。当然，在选择的同时要权衡一下怎样合理使用，不浪费现有功能。

汽车常用的结构参数如图1-13所示。

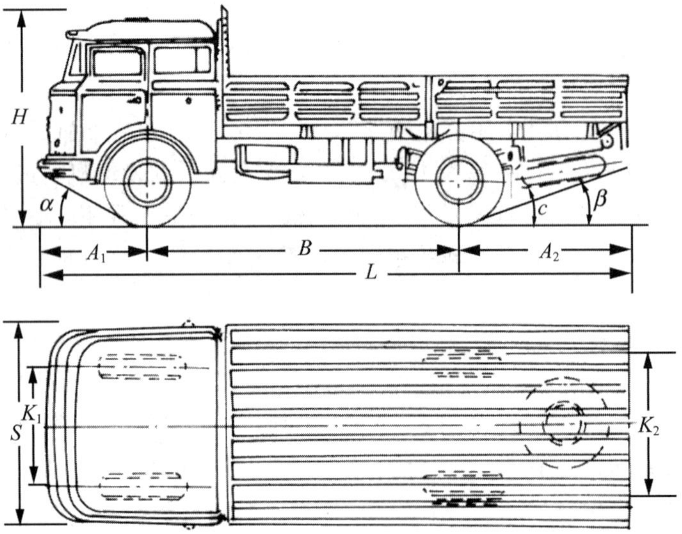

图1-13 汽车常用结构参数

L—车长；B—轴距；A_1—前悬；A_2—后悬；H—车高；

α—接近角；β—离去角；K_1、K_2—轮距；c—最小离地间隙

1.3.3 汽车的行驶原理

1. 汽车的行驶阻力

要使汽车能够正常行驶，必须对汽车施加一个驱动力以克服各种阻力。汽车行驶阻力包括滚动阻力、空气阻力、上坡阻力、加速阻力。

①滚动阻力 F_f：车轮滚动时，轮胎与地面接触区域会形成轮胎与支撑路面的变形（当弹性轮胎在路面上滚动时，轮胎的变形是主要的），由此而引起的地面对轮胎的阻力，就是滚动阻力。滚动阻力等于滚动阻力系数与车轮负荷的乘积。滚动阻力系数由实验确定。滚动阻力系数与路面性质、汽车的行驶速度以及轮胎的构造、材料、气压等有关。

②空气阻力 F_w：汽车直线行驶时受到的空气作用在行驶方向上的分力称为空气阻力。空气阻力与汽车的形状、汽车正面投影面积有关，特别是与汽车和空气的相对速度的平方成正比。当汽车高速行驶时，空气阻力的数值将显著增加。

③上坡阻力 F_i：当汽车上坡时，汽车重力沿坡道的分力表现为汽车上坡阻力。

④加速阻力 F_j：汽车加速行驶时，需要克服其质量加速运动的惯性力，也就是加速阻力。

2. 汽车的驱动力

为克服行驶阻力，汽车必须有足够的驱动力。发动机由传动系在驱动轮上施加一个驱动力 m_1，力图使驱动轮旋转。在 m_1 的作用下，在驱动轮和路面接触处对路面施加一个圆周力 F_0，其作用与汽车行驶方向相反。

由于车轮与路面的附着作用，在车轮向路面施加力 F_0 时，路面会对车轮施加一个大小相等、方向相反的反作用力 F_1，F_1 就是汽车行驶的驱动力。

3. 驱动力与行驶阻力的关系

当驱动力逐渐增大到足以克服汽车所受到的阻力时，汽车开始起步行驶，汽车起步后，其行驶情况取决于驱动力与行驶阻力之间的关系。当驱动力等于行驶阻力时，汽车将匀速；当驱动力大于行驶阻力时，汽车将加速行驶；当驱动力小于行驶阻力时，汽车将减速行驶或静止不动。

但是汽车并不是在任何情况下都能产生足够的驱动力，驱动力的最大值固然取决于发动机的最大转矩和传动系的传动比，但实际发出的驱动力还要受到轮胎与地面附着作用的限制。由附着作用所决定的阻碍车轮打滑的路面反力的最大值称为附着力。

在冰雪、泥泞等不良路面上行驶，因附着力很小，汽车的驱动力受到附着力的限制而不能克服较大的行驶阻力，导致汽车减速甚至不能前进，此时，即使加大节气门开度或换入低速挡，车轮也只会划转而驱动力还是不能增大。因此，普通载货汽车在冰雪路上行驶时，往往在驱动轮上装绕防滑链，以增大附着系数和附着力。全轮驱动的越野汽车为了提高附着系数，采用特殊花纹轮胎、镶钉轮胎等。

第 2 章　汽车发动机

发动机是汽车的动力源，其功用是将某一种能量转变为机械能，在汽车发展史上，大多使用的发动机都是用燃料燃烧的热能转变为机械能的热力发动机。

热力发动机又可分为外燃机和内燃机。燃料燃烧的气体将所含的热能通过其他介质转变为机械能的称为外燃机，如蒸汽机；燃料燃烧的气体直接将所含的热能转变为机械能的称为内燃机，如汽油内燃机和柴油内燃机。由于外燃机热效率低、结构笨重、维修不便，在现代汽车上基本没有采用，而内燃机热效率高、结构紧凑、维修方便。

目前，在汽车上主要采用的是往复活塞式的内燃机，其中主要是汽油内燃机和柴油内燃机，汽车内燃机的内外结构复杂(如图 2-1 和图 2-2 所示)。

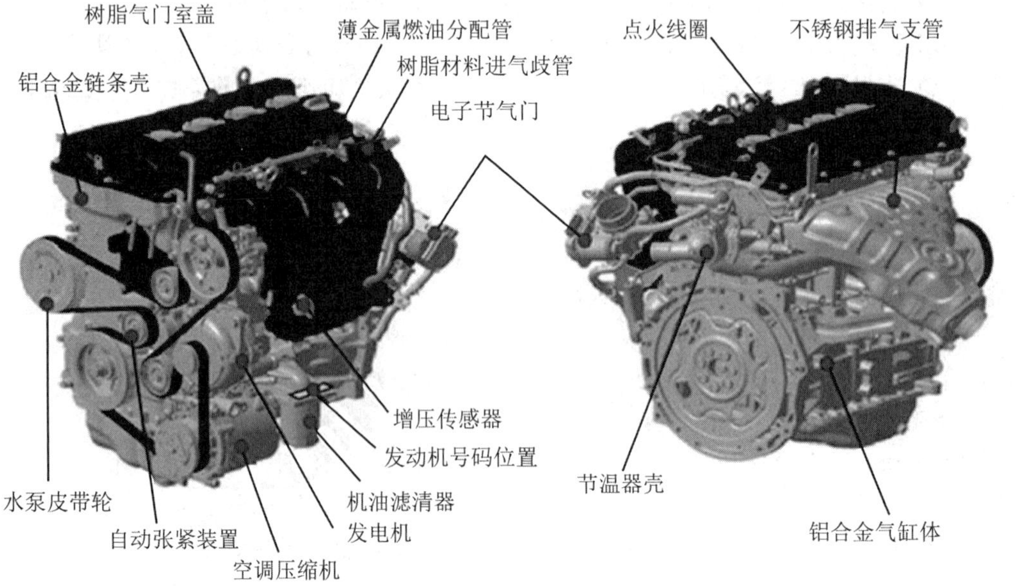

图 2-1　发动机外部结构示意图

2.1　发动机的结构与原理

2.1.1　单缸发动机的结构及常用术语

单缸四行程汽油机的基本机构(如图 2-3 所示)。汽缸体内圆柱形腔体称为汽缸，内装有活塞，活塞通过活塞销、连杆与曲轴相连接。活塞在汽缸内作往复直线运动，通过连杆推动曲轴做旋转运动。在汽缸盖上装有进排气门，通过凸轮轴控制进排气门开启和关闭，实现向汽缸内充入新鲜可燃混合气并将燃烧后的废物排出汽缸。

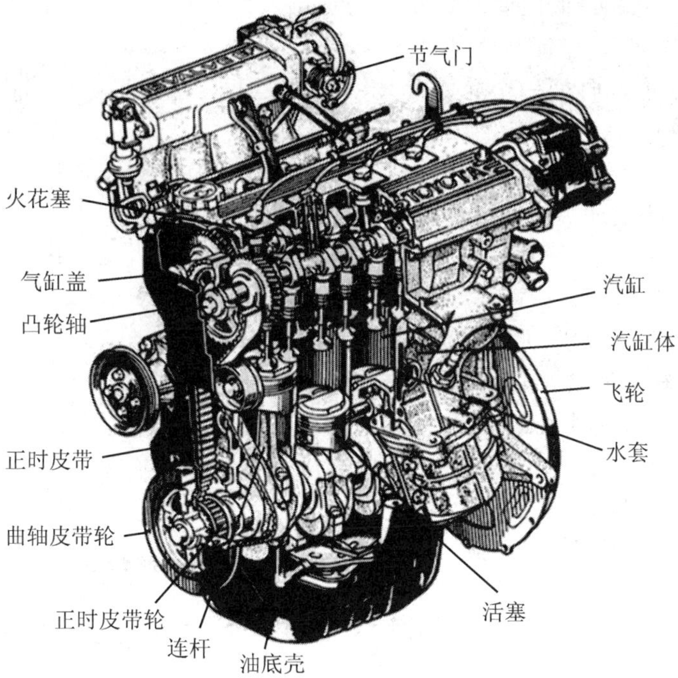

图 2-2　发动机内部结构示意图

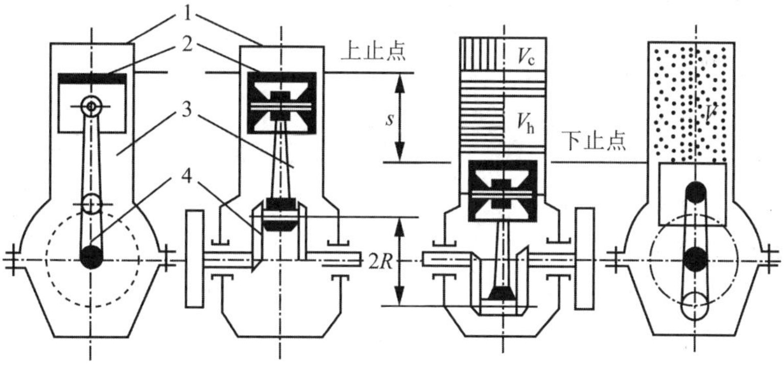

图 2-3　发动机基本机构示意图

1—汽缸；2—活塞；3—连杆；4—曲轴

汽车发动机基本术语(如图 2-4 所示)。

1. 上止点

活塞在离曲轴回转中心最远处时，与活塞顶最高点相对应的汽缸壁上的某一点(或其一位置)，即活塞的最高位置，称为上止点。

2. 下止点

活塞在离曲轴回转中心最近处时，与活塞顶最高点相对应的汽缸壁上的某一点(或其一位置），即活塞的最低位置，称为下止点。

3. 活塞冲程

活塞由一个止点向另一个止点运动一次的过程，称为活塞的一个冲程。

4. 活塞行程

活塞由一个止点向另一个止点移动的距离，称为活塞行程，用 S 表示。

5. 曲柄半径

曲轴与连杆下端（大头）的连接中心至曲轴回转中心的距离（即曲轴的回转半径），称为曲柄半径，用 R 表示。活塞行程为曲柄半径的两倍，即

$$S=2R$$

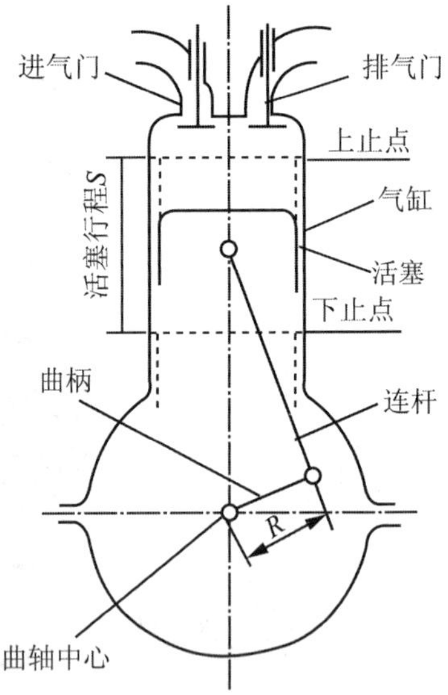

图 2-4　发动机基本术语示意图

6. 汽缸工作容积

活塞从上止点到下止点所扫过的容积，称汽缸工作容积或汽缸排量，用 V_h 表示。即：

$$V_h=\pi D^2 S\times 10^{-6}/4(\mathrm{L})$$

式中　D——汽缸直径(mm)；

S——活塞行程(mm)。

7. 汽缸总容积 V_a(L)

活塞在下止点时，活塞顶上方的容积称为汽缸总容量。显然，汽缸总容积是汽缸工作容积与燃烧室容积之和。即：

$$V_a=V_c+V_h$$

式中　V_c——燃烧室容积(L)；

V_h——汽缸工作容积(L)；

8. 发动机排量 V_l(L)

多缸发动机各汽缸工作容积的总和称为发动机排量。即：

$$V_l=I\cdot V_h$$

式中　V_h——汽缸工作容积(L)；

I——汽缸数。

9. 燃烧室容积

活塞在上止点时，活塞上方的容积称为燃烧室容积，用 V_c 表示。

10. 压缩比

汽缸总容积 V_a 与燃烧室容积 V_c 的比值，称为压缩比，用 ε 表示，即

$$\varepsilon=\frac{V_a}{V_c}$$

压缩比表示汽缸内的气体被压缩的程度，或者说体积缩小的倍数。压缩比越大，气体体积被压缩得越小，燃烧后产生的压力则越大。压缩比越大，在压缩终了时混合

气的压力和温度便越高，燃烧速度也越快，因而发动机发出的功率越大，经济性越好。

但压缩比过大时，不仅不能进一步改善燃烧情况，反而会出现爆燃和表面点火等不正常的燃烧现象。柴油机为保证柴油自燃的最小压缩比约为 1∶12，一般为 1∶(16～22)；汽油机的压缩比一般为 1∶(6～10)。

11. 工作循环

在汽缸进行的将燃料的热能转化为机械能的每一次一系列连续过程(进气、压缩、做功、排气)，称为发动机的一个循环。

对于往复活塞式发动机，凡是活塞往复四个单程才能完成一个工作循环的，称为四行(冲)程发动机；活塞往复两个单程即完成一个工作循环的，称为二行(冲)程发动机。

2.1.2 发动机的基本工作原理

1. 四行程汽油机的工作原理

四行程汽油机每一个工作循环包括四个活塞行程，即进气行程、压缩行程、做功行程和排气行程(如图 2-5 所示)。

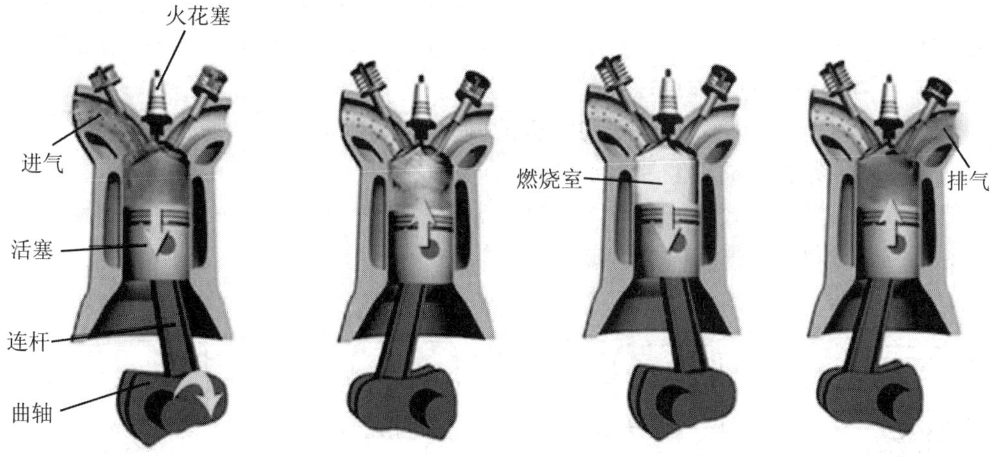

(a)进气行程　(b)压缩行程　(c)做功行程　(d)排气行程

图 2-5　汽油发动机工作原理示意图

(1)进气行程

进气行程是将汽油和空气混合成的可燃气体吸入汽缸。进气行程开始时，进气门打开，排气门关闭，曲轴转动使活塞由上止点向下止点运动，活塞上方容积增大，压力降低。由汽油和空气组成的可燃混合气在压力差的作用下进入汽缸，如图 2-5(a)所示。曲轴转过半周，活塞行至下止点，进气门关闭，进气行程结束。进气终了时其压力为 75～90 kPa，混合气温度为 80～130℃。

(2)压缩行程

压缩行程开始时，进、排气门关闭，曲轴继续转动，活塞从下止点向上止点运动，活塞上方容积缩小，压缩可燃混合气使其温度和压力升高，如图 2-5(b)所示。曲轴转过第 2 个半周，活塞到达上止点，压缩行程结束。压缩行程终了时的压力为 800～1 400 kPa，混合气温度为 350～450℃。

压缩终了时混合气的压力和温度越高，越有利于提高发动机的动力。

(3)做功行程

做功行程时，进、排气门仍然关闭，当压缩接近终了时，火花塞发出电火花，可燃混合气被点燃迅猛燃烧，使燃烧气体的压力和温度急剧升高，推动活塞由上止点向下止点运动，通过连杆使曲轴旋转而对外做功，如图 2-5(c)所示，所以做功行程也称为膨胀行程，做功行程燃气最高压力可达 2 940～3 920 kPa，温度可达 1 800～2 000℃。推动活塞向下运动至下止点，曲轴转过第 3 个半周，做功行程结束。

(4)排气行程

排气行程排除汽缸内膨胀做功后的废气。排气行程开始时，进气门仍关闭，排气门开启，曲轴继续转动使活塞由下止点向上止点运动，把膨胀做功后的废气挤出汽缸，如图 2-5(d)所示。曲轴转过第 4 个半周，活塞到达上止点，排气行程结束。排气行程终了时压力为 105～120 kPa，温度为 600～900℃。

综上所述，发动机每完成一个工作循环，曲轴转动两周(720°)，进、排气门各开启 1 次，活塞完成 4 个行程，其中做功行程产生动力，进气、压缩和排气行程消耗动力。

2. 四行程柴油机的工作原理

与四行程汽油机一样，四行程柴油机的每一个工作循环也是由进气、压缩、做功和排气四个活塞行程组成。但是由于柴油和汽油的使用性能不同，柴油机在可燃混合气的形成方式和着火方式等方面与汽油机有着较大的区别。这里主要介绍四行程柴油机与四行程汽油机工作原理的不同之处，如图 2-6 所示。

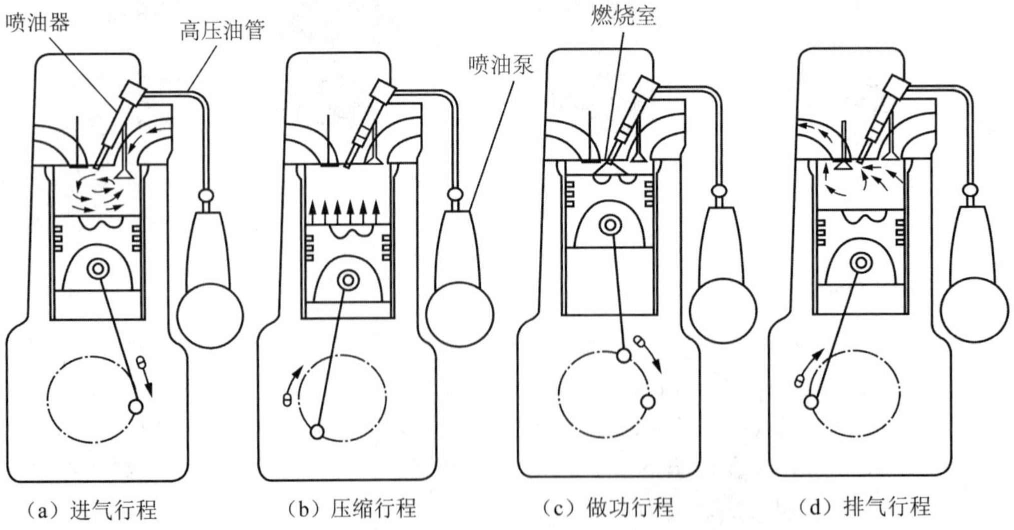

图 2-6　柴油发动机工作原理图

(1)进气行程

进气行程开始时，活塞从上止点下行，进气阀打开。由于活塞下行的抽吸作用，新鲜空气充入汽缸，而不是可燃混合气。为了能充入更多的空气，进气阀一般在上止点前提前开启，在下止点后延迟关闭，气阀开启的延续角为 220°～250°CA。第一行程——进气，它的任务是使汽缸内充满新鲜空气。当进气行程开始时，活塞位于上止点，汽缸内的燃烧室中还留有一些废气。

(2)压缩行程

压缩行程开始时，活塞从下止点上行，进、排气阀均关闭。上行的活塞对缸内的空气进行压缩，使其温度和压力均不断升高。压缩终点的压力 P_c 为 3～6 MPa；温度 T_c 为 500～700℃。燃油自燃温度远低于此值，自燃温度随压缩压力而变，在上止点(压缩终点)附近，燃油经喷油器以雾化的状态喷入燃烧室，并在高温高压空气的作用下，开始自行发火燃烧。压缩时活塞从下止点向上止点运动，这个行程的功用有两点，一是提高空气的温度，为燃料自行发火做准备，二是为气体膨胀做功创造条件。当活塞上行，进气阀关闭以后，汽缸内的空气受到压缩，随着容积的不断缩小，空气的压力和温度也就不断升高，压缩终点的压力和温度与空气的压缩程度有关，即与压缩比有关，一般压缩终点的压力和温度为：P_c=4～8 MPa，T_c=750～950 K。

(3)做功行程

在做功行程的初期，燃烧仍在猛烈地进行，使汽缸内的压力和温度都急剧升高，其最大值分别可达 6 MPa 和 1 500～2 000℃。在高温高压燃气的作用下，活塞向下运动做功，在上止点后某一时刻，燃烧基本结束，但高温高压燃气继续膨胀做功推动活塞下行。当活塞到达下止点前某一时刻，排气阀开启，排气过程开始。此时，汽缸内的压力 P_b 为 0.3～0.6 MPa，温度 T_b 为 600～700℃，活塞则继续下行到下止点。在这个行程开始时，大部分喷入燃烧室内的燃料都燃烧了。燃烧时放出大量的热量，因此气体的压力和温度便急剧升高，活塞在高温高压气体作用下向下运动，并通过连杆使曲轴转动，对外做功。所以这一行程又叫做功或工作行程。

(4)排气行程

排气行程开始时，活塞由下止点向上运动，排气阀继续开启着，上行的活塞将汽缸内的废气强行推挤出去。为了实现充分排气和减少排气过程中所消耗的功，排气阀不但在下止点前提前开启，而且要在排气行程结束的上止点后才关闭。排气阀开启的延续角度为 230°～260°CA。排气行程的功用是把膨胀后的废气排出去，以便充填新鲜空气，为下一个循环的进气作准备。

汽油机和柴油机的区别主要在于压缩比、点火方式、所用燃料及用途。柴油机吸入洁净空气，在活塞快要到达上止点时，向汽缸内喷入燃油，燃油被高压高温的空气点燃，膨胀，将活塞推向下止点，而传统汽油机是吸入汽油与空气的混合气体，在活塞快要到达上止点时，用火花塞发火点燃混合气。

现代汽车的电喷汽油机在活塞快要到达上止点时，用电子控制的喷油泵将汽油喷入汽缸，但是燃烧还是靠火花塞点燃。

3. 工作循环的特点

通过上述四行程汽油机和柴油机的工作原理可知，四行程发动机工作循环具有以下特点：

①每完成一个工作循环曲轴旋转两圈(720°)，每一行程曲轴旋转180°。进气行程中进气门开启，排气门关闭；排气行程中排气门开启，进气门关闭；其余两个行程进、排气门均关闭。

②在四个活塞行程中，只有做功行程产生动力，其余三个活塞行程则是为做功行程做准备的辅助行程，都要消耗动力。虽然做功行程是主要的，但是其他三个行程也是必不可少的。

③发动机启动时(第一个工作循环)，必须借助外力带动曲轴旋转以完成进气、压缩行程，在混合气着火做功行程开始后，依靠曲轴和飞轮储存的能量，使发动机转入正常运转状态。

4. 多缸四行程发动机的工作原理

单缸四行程发动机每一个工作循环所经历的四个活塞行程中，只有做功行程为有效行程，其他三个行程为消耗机械功的辅助行程。这样，发动机曲轴在做功行程中的转速快，在其他行程中的转速慢。所以，一个工作循环中曲轴的转速是不均匀的。为了保证发动机运转平稳，现代汽车发动机都采用多缸四行程发动机，应用最多的是4缸、6缸、8缸发动机。

多缸四行程发动机每一个汽缸所经历的工作循环与单缸四行程发动机相同，但是各缸的做功行程并非同时进行，而是按一定顺序进行。因此，对多缸四行程发动机来说，曲轴每转两周，各缸分别做功一次，且各缸做功间隔角(以曲轴转角表示)保持一致，对于缸数为 i 的四行程直列式发动机而言，做功间隔角为 $720°/i$。汽缸数越多，发动机工作越平稳，但结构也越复杂。

2.1.3 发动机的分类

1. 按活塞运动方式分类

活塞式内燃机可分为往复活塞式和旋转活塞式两种。前者活塞在汽缸内做往复直线运动，后者活塞在汽缸内做旋转运动。

2. 按照进气系统分类

按照进气系统是否采用增压方式，可以将内燃机分为自然吸气(非增压)式发动机和强制进气(增压式)发动机。若进气是在接近大气状态下进行的，则为非增压内燃机或自然吸气式内燃机；若利用增压器将进气压力增高，进气密度增大，则为增压内燃机。

3. 按照汽缸排列方式分类

按照汽缸排列方式不同，可以将内燃机分为单列式、双列式和三列式。单列式发动机的各个汽缸排成一列，一般是垂直布置的，但为了降低高度，有时也把汽缸布置成倾斜的甚至水平的。双列式发动机把汽缸排成两列，两列之间的夹角小于180°(一般为90°)，称为V型发动机，若两列之间的夹角等于180°称为对置式发动机。三列式把汽缸排成三列，称为 W 型发动机。

4. 按照汽缸数目分类

按照汽缸数目不同，可以将内燃机分为单缸发动机和多缸发动机。仅有一个汽缸的发动机称为单缸发动机；有两个以上汽缸的发动机称为多缸发动机。如 2 缸、3 缸、4 缸、5 缸、6 缸、8 缸、12 缸、16 缸等都是多缸发动机。现代车用发动机多采用4 缸、6 缸、8 缸发动机。

5. 按照冷却方式分类

按照冷却方式不同，可以将内燃机分为水冷发动机和风冷发动机。水冷发动机是利用在汽缸体和汽缸盖冷却水套中进行循环的冷却液作为冷却介质进行冷却的；而风冷发动机是利用流动于汽缸体与汽缸盖外表面散热片之间的空气作为冷却介质进行冷却的。水冷发动机冷却均匀，工作可靠，冷却效果好，被广泛地应用于现代车用发动机。

6. 按照行程分类

按照完成一个工作循环所需的行程数，可以将内燃机分为四行程内燃机和二行程内燃机。把曲轴转两圈(720°)，活塞在汽缸内上下往复运动四个行程，完成一个工作循环的内燃机称为四行程内燃机；而把曲轴转一圈(360°)，活塞在汽缸内上下往复运动两个行程，完成一个工作循环的内燃机称为二行程内燃机。汽车发动机广泛使用四行程内燃机。

7. 按照所用燃料分类

按照所使用燃料的不同，可以将内燃机分为汽油机和柴油机。使用汽油为燃料的内燃机称为汽油机；使用柴油为燃料的内燃机称为柴油机。汽油机与柴油机各有特点：汽油机转速高，质量小，噪声小，起动容易，制造成本低；柴油机压缩比大，热效率高，经济性能和排放性能都比汽油机好。

2.2 发动机的一般构造与功用

发动机是一种由若干机构和零部件组成的具有独立功能的机器，是汽车的核心部件。现代汽车用发动机应用最广、数量最多的是水冷式四行程往复活塞式内燃机，它一般由曲柄连杆机构、配气机构、燃料供给系统、润滑系统、冷却系统、点火系统(汽油发动机采用，柴油机没有)和起动系统等两大机构五大系统组成。

2.2.1 曲柄连杆机构

1. 曲柄连杆机构的工作原理

曲柄连杆机构是往复活塞式内燃机将热能转变为机械能的主要机构，其功用是把燃气作用在活塞顶面上的压力转变为曲轴上的转矩，向外输出动力。其工作过程是：在做功行程中，活塞承受燃气压力在汽缸内作直线运动，通过连杆转换成曲轴的旋转运动，并通过曲轴对外输出动力；而在进气、压缩和排气行程中，飞轮释放的能量又把曲轴的旋转运动转化成活塞的直线运动。曲柄连杆机构是发动机实现工作循环、完成能量转换的主要运动零件。

2. 曲柄连杆机构的组成

曲柄连杆机构由机体组、活塞连杆组和曲轴飞轮组三部分组成(如图 2-7 所示)。

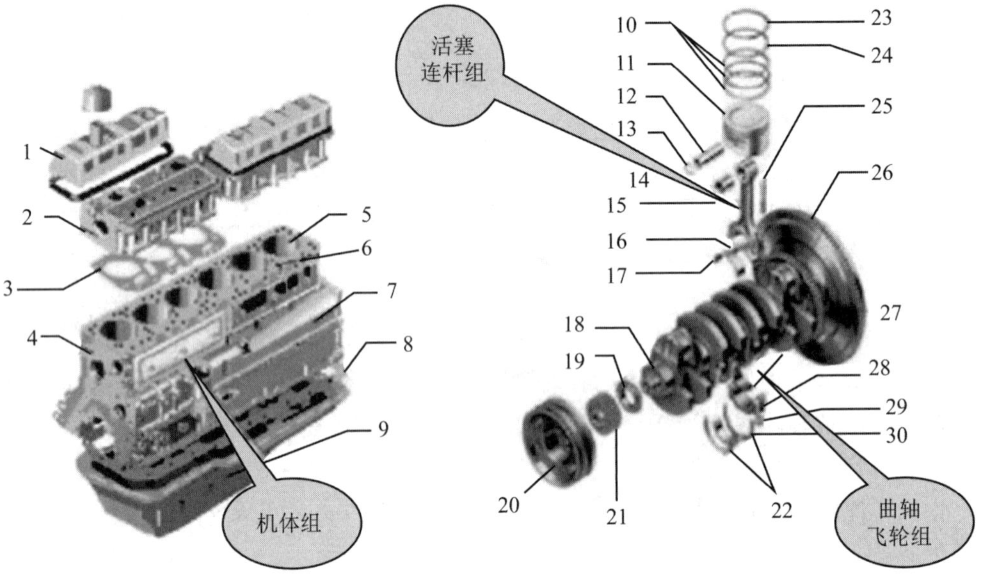

图 2-7 曲柄连杆机构示意图

1—气门室罩；2—汽缸盖；3—汽缸垫；4—汽缸体；5—汽缸；6—油道、水道；7—曲轴箱；8—油底垫；9—油底壳；10—油环；11—活塞；12—活塞销；13—卡环；14—连杆小头轴瓦；15—连杆；16—连杆大头上轴瓦；17—主轴承上轴瓦；18—曲轴；19—曲轴前油封；20—带轮；21—曲轴正式齿带轮；22—止推片；23—第一道气环；24—第二道气环；25—连杆螺栓；26—飞轮；27—连杆大头下轴瓦；28—连杆盖；29—连杆螺母；30—主轴承下轴瓦

(1)机体组

机体组主要由汽缸盖、汽缸盖罩、汽缸衬垫、汽缸体、主轴承盖和油底壳等组成。镶汽缸套的发动机，机体组还分为干式或湿式汽缸套。机体组是发动机的支架，是曲柄连杆机构、配气机构和发动机各系统主要零部件的装配机体。汽缸盖是用来封闭汽缸顶部，并与活塞顶和汽缸壁一起形成燃烧室。另外，汽缸盖和机体内的水套和油道以及油底壳又分别是冷却系统和润滑系统的组成部分，各运动部件的润滑和受热部件也都要通过机体组来实现。可以说机体组把发动机的各个机构和系统组成为一个整体，保持了它们之间必要的相互关系。

(2)活塞连杆组

活塞连杆组主要由活塞、活塞环、活塞销及连杆等组成(如图 2-8 所示)。

①活塞。

活塞的主要作用是承受汽缸的气体压力，并将此力通过活塞销传给连杆，以推动曲轴旋转，它把燃烧气体的压力传给曲轴，使曲轴旋转并输出动力；活塞的顶部还与

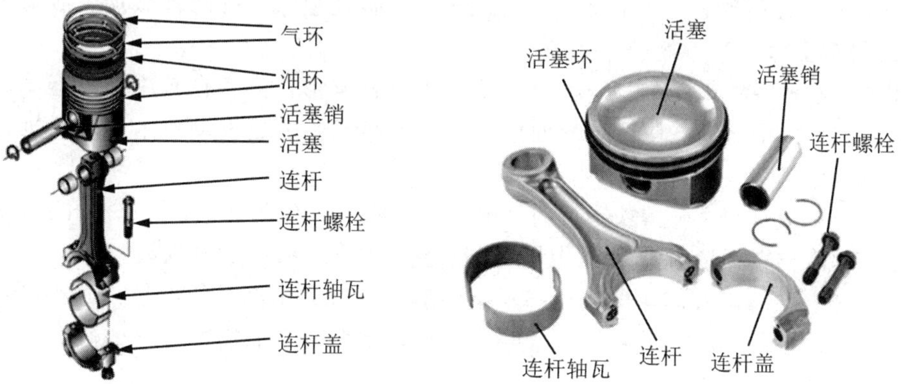

图 2-8　活塞连杆组示意图

汽缸盖、汽缸壁共同组成燃烧室。活塞主要由顶部、头部和裙部组成。活塞顶部的形状与选用燃烧室有关。汽油机活塞的头部一般采用平顶，其优点是吸热面积小，制造工艺简单。有些为了改变混合汽形成而采用凹顶，凹坑的大小还可以调节发动机压缩比。活塞头部是活塞环槽以上部分。其作用有三点：一是承受气体压力，并传给连杆；二是与活塞一起实现汽缸密封；三是将活塞顶所吸收的热量通过活塞环传给汽缸壁。头部切有若干道环槽用以安装活塞环，汽油机一般有2～3道环槽，上面1～2道用于安装气环，下面一道用于安装油环。油环槽底面上钻有许多径向小孔，使被油环所刮下来的多余的机油经过小孔流回油底壳。

活塞裙部是指自油环槽下端面起至活塞底面的部分。其作用是为活塞在汽缸内做往复运动导向和承受侧压力。活塞工作时，燃烧气体压力作用在活塞的顶部，而活塞销反力作用在头部的销座孔处，由此产生的变形使裙部直径沿活塞销座轴线方向增大(受力变形)。侧压力 N 使活塞裙部变形；活塞销座孔附近的金属堆，受热膨胀量大，致使裙部在受热变形时，活塞销座孔方向的膨胀量大，裙部呈椭圆形。为了保证在冷态的情况下活塞与汽缸壁的接触，在活塞裙部有开槽。由于活塞沿轴线受热和质量分布不均匀，所以活塞做成一个上小下大的近似圆锥形。

活塞销座孔也是活塞的组成部分之一，它将活塞顶部气体作用力经活塞销传给连杆。销座孔通常由肋片与活塞内壁相连，以提高其刚度。销座孔内有安装弹性卡环的卡环槽，卡环用来防止活塞销在工作中发生轴向窜动。

②活塞环。

活塞环包括气环和油环两种(如图2-9所示)。气环的作用是保证活塞与汽缸壁间的密封，防止高温高压燃气进入曲轴箱；同时还将活塞顶部的大部分热量传导给汽缸，再由冷却水或空气带走。

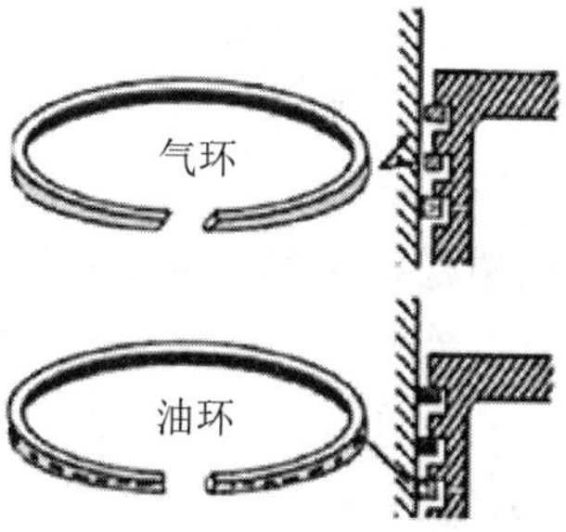

图 2-9　活塞环示意图

活塞环工作时受到汽缸中气体的高温高压作用，其温度较高，而且在汽缸中高速运动，加上机油高温变质，润滑条件变坏，其磨损严重。活塞环磨损失效后，发动机出现启动困难、功率不足、曲轴箱压力升高、机油损耗量大、排气冒黑烟、活塞边面积碳严重等问题。

由于汽缸磨损的不均匀性，使其变成锥形和椭圆形，活塞在其中往复运动，沿径向产生一张一缩的运动，使环受弯曲应力而容易折断，造成发动机卡死、拉缸、发动机不工作。

活塞环一般是用合金铸铁铸造的。第一道气环的工作表面一般镀有多孔铬(多孔铬的硬度高，能储存少量的机油)，其他一般镀锡或磷化，改善磨合性能。

活塞环上有一切口，且自由状态不是圆形，其尺寸比汽缸的内径大，所以它随活塞一起装入汽缸后，便产生弹力而紧贴汽缸壁，使燃气不能通过环与汽缸壁的接触面的间隙。切口一般是0.25～0.8mm。

油环主要起刮油、布油和辅助密封作用。油环用来刮除汽缸壁上多余的机油，并在汽缸壁上铺涂一层均匀机油膜，这样既可以防止机油窜入，又可以减小活塞与汽缸的磨损与摩擦阻力。

油环分为普通油环和组合油环。普通油环一般是由铸铁做成的，其外圆中间切有一道凹槽，在凹槽的底部加工有许多排油孔。组合油环由刮油片和两个弹性衬环组合而成。轴向衬环夹装在第二、第三刮油片之间。

③活塞销。

活塞销的作用是连接活塞与连杆小端，将活塞承受的气体的作用力传递给连杆。活塞销为中空的圆柱体，一般采用低碳钢、低碳合金钢渗碳淬火或用45号中碳钢高频淬火。

根据活塞销的固定方式的不同，可分为全浮式或半浮式两种。活塞销与活塞销座孔的连接配合一般多采用“全浮式”，即在发动机运转过程中，活塞销不仅可以在连杆小头衬套孔内，还可以在销座孔内缓慢地转动，以使活塞销各部分的磨损比较均匀。

④连杆。

连杆(如图2-10所示)的功用是连接活塞和曲轴，把活塞的往复运动转变为曲轴的旋转运动，并将活塞承受的力传给曲轴。

连杆一般由小头、杆身和大头三部分组成。连杆一般由中碳钢或合金钢弹压而成。连杆小端与活塞销相连，工作时与销之间有相对运动，小头孔中有衬套(青铜)。在连杆的小端和衬套上钻有小孔(油道)，用来润滑小端和活塞销。连杆杆身通常做成工字形断面，以求增加其强度和刚度，在其中间有润滑油道。

连杆大头与曲轴的曲柄销相连，大头一般做剖分式的，被分开的部分称为连杆盖，接特制的连杆螺栓紧固在连杆的大头上。连杆盖与连杆大头是组合镗孔，为了防止装配错误，在同一侧有配对记号。大头孔表面有很高的光洁度，以便与连杆轴瓦紧密贴合。连杆大头还铣有定位坑，连杆的大端还有油孔。

连杆大头按剖分面可分为平切口和斜切口两种。一般汽油机连杆大头的直径小于汽缸的直径，采用平切口；柴油机受力大，其大头直径较大，超过汽缸的直径，采用斜切口，一般与连杆轴线成30°～60°夹角。

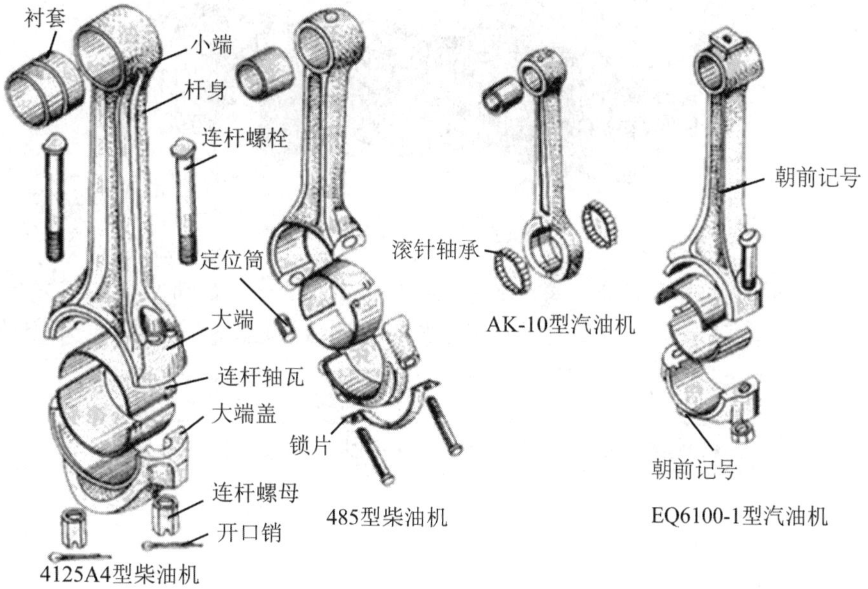

图 2-10　连杆示意图

连杆螺栓是经常受交变应力作用的重要零件，安装时，必须牢固可靠，要符合工厂规定的拧紧力矩，分 2～3 次拧紧。

(3)曲轴飞轮组

曲轴飞轮组由曲轴、飞轮、皮带轮、正时齿轮(或链轮)等组成(如图 2-11 所示)。

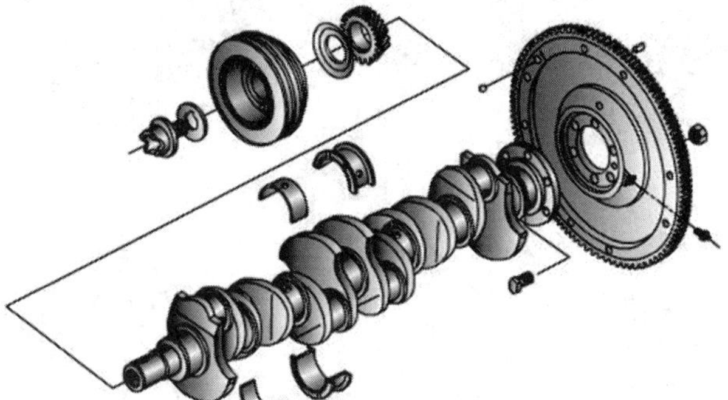

图 2-11　曲轴飞轮组

①曲轴。

把活塞连杆组传来的气体压力转变为扭矩对外输出；驱动配气机构及其他附属装置。曲轴大多采用优质中碳钢或中合金碳钢。有的采用球墨铸铁。曲轴包括前端轴、主轴颈、连杆轴颈、曲柄、平衡重、后端轴等，一个连杆轴颈和它两端的曲柄及主轴颈构成一个曲拐(如图 2-12 所示)。

图 2-12　整体式曲轴结构

主轴颈是曲轴的支撑部分。每个连杆轴颈两边都有一个主轴颈者，称为全支撑曲轴[如图 2-13(a)]所示；主轴颈数等于或少于连杆轴颈数者称为非全支撑曲轴[如图 2-13(b)]所示。

图 2-13　曲轴的支撑形式示意图

曲轴上有贯穿主轴颈、曲柄和连杆轴颈的油道，以便润滑主轴颈和连杆轴颈(如图 2-14 所示)。

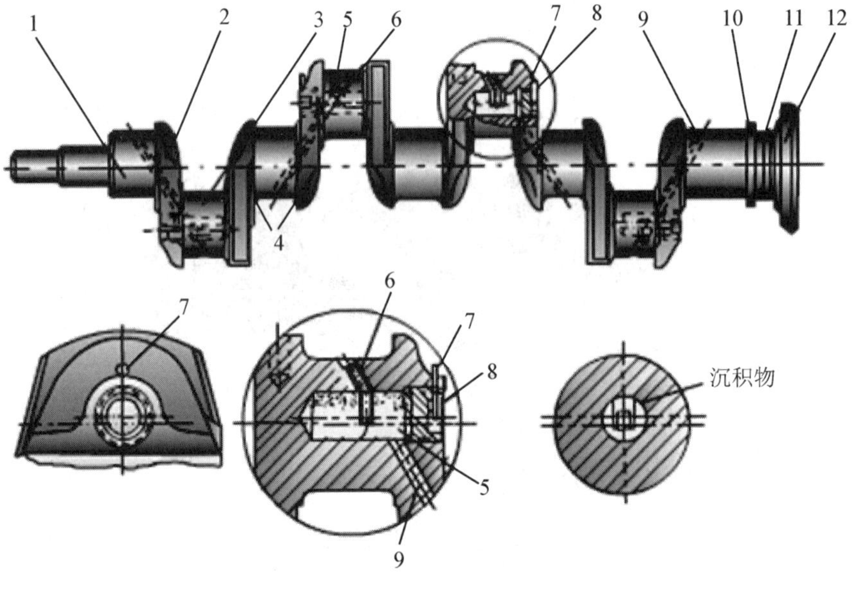

图 2-14　曲轴油道

1—主轴颈；2—曲轴；3—连杆轴颈；4—圆角；5—积污腔；6—油管；7—开口销；8—螺塞；9—油道；10—挡油盘；11—回油螺纹；12—挡油凸缘

曲柄和平衡重：曲柄是用来连接主轴颈和连杆轴颈的。平衡重的作用是平衡各机件产生的离心惯性力及其力矩。

②曲拐的布置。

A. 布置原则：

Ⅰ. 使各缸做功间隔角尽量相等。对直列多缸四行程发动机，做功间隔角为 720°/缸数。

Ⅱ. 连续做功的两缸相隔尽量远，减少主轴承连续载荷和避免相邻两缸进气门同时开启的抢气现象。

Ⅲ. V 型发动机左右两排汽缸尽量交替做功。

B. 常用曲拐布置：

Ⅰ. 直列四行程四缸发动机(如图 2-15 所示)。

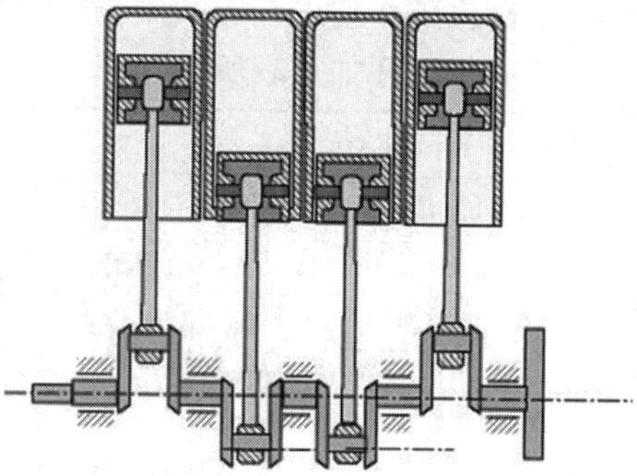

图 2-15　直列四行程四缸发动机

曲拐对称布置于同一平面内；相邻做功汽缸的曲拐夹角为 720°/4=180°；发动机工作顺序有 1—3—4—2 和 1—2—4—3 两种。其工作循环如下表所示。

工作顺序 1—3—4—2				
曲轴转角(°)	第一缸	第二缸	第三缸	第四缸
0～180	做功	排气	压缩	进气
180～360	排气	进气	做功	压缩
360～540	进气	压缩	排气	做功
540～720	压缩	做功	进气	排气
工作顺序 1—2—4—3				
曲轴转角(°)	第一缸	第二缸	第三缸	第四缸
0～180	做功	压缩	排气	进气
180～360	排气	做功	进气	压缩
360～540	进气	排气	压缩	做功
540～720	压缩	进气	做功	排气

Ⅱ. 直列四行程六缸发动机(如图 2-16 所示)。

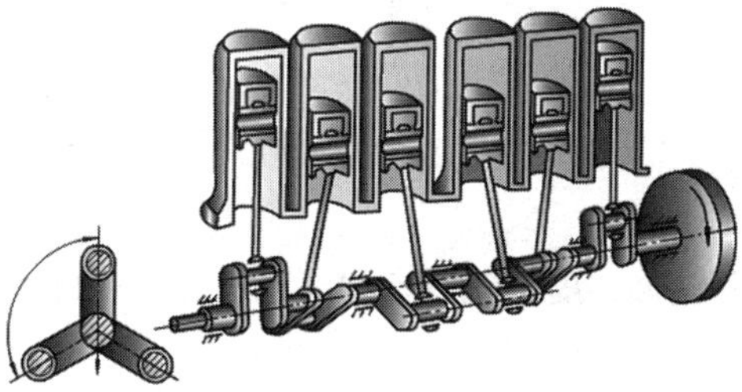

图 2-16　六缸发动机曲拐布置图

曲拐对称布置于三个平面内。相邻做功汽缸的曲拐夹角为720°/6=120°。

发动机工作顺序有1—5—3—6—2—4和1—4—2—6—3—5两种。

其工作循环如下表所示。

<table>
<tr><td colspan="8">工作顺序1—5—3—6—2—4</td></tr>
<tr><td colspan="2">曲轴转角(°)</td><td>第一缸</td><td>第二缸</td><td>第三缸</td><td>第四缸</td><td>第五缸</td><td>第六缸</td></tr>
<tr><td rowspan="3">0～180</td><td>60</td><td rowspan="3">做功</td><td rowspan="2">排气</td><td>进气</td><td>做功</td><td rowspan="2">压缩</td><td rowspan="3">进气</td></tr>
<tr><td>120</td><td rowspan="3">压缩</td><td rowspan="3">排气</td></tr>
<tr><td>180</td><td rowspan="3">进气</td><td rowspan="3">做功</td></tr>
<tr><td rowspan="3">180～360</td><td>240</td><td rowspan="3">排气</td><td rowspan="3">压缩</td></tr>
<tr><td>300</td><td rowspan="3">做功</td><td rowspan="3">进气</td></tr>
<tr><td>360</td><td rowspan="3">压缩</td><td rowspan="3">排气</td></tr>
<tr><td rowspan="3">360～540</td><td>420</td><td rowspan="3">进气</td><td rowspan="3">做功</td></tr>
<tr><td>480</td><td rowspan="3">排气</td><td rowspan="3">压缩</td></tr>
<tr><td>540</td><td rowspan="3">做功</td><td rowspan="3">进气</td></tr>
<tr><td rowspan="3">540～720</td><td>600</td><td rowspan="3">压缩</td><td rowspan="3">排气</td></tr>
<tr><td>660</td><td rowspan="2">进气</td><td rowspan="2">做功</td></tr>
<tr><td>720</td><td>排气</td><td>压缩</td></tr>
</table>

3. 前端轴与后端轴(前端轴如图2-17所示)

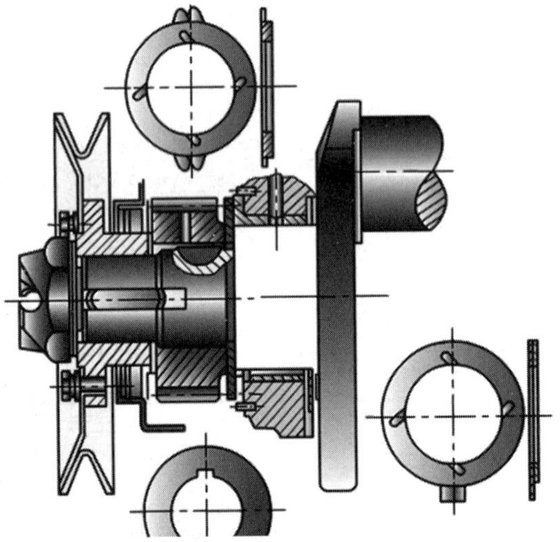

图2-17 曲轴的前端轴

(1)作用

前端轴用来安装正时齿轮、皮带轮及起动爪等；后端轴有凸缘盘，用来安装飞轮。

(2)前后端的密封

曲轴前后端都伸出曲轴箱，为了防止润滑油沿轴颈流出，在曲轴前后都设有防漏装置。常用的防漏装置有挡油盘、填料油封、自紧油封、回油螺纹等。

4. 曲轴的轴向定位

(1)结构

在某一道主轴承的两侧装止推片。止推片由低碳钢背和减磨层组成。

(2)安装注意事项

止推片有减磨层的一面朝向转动件。当曲轴向前窜动时，后止推片承受轴向推力；向后窜动时，前止推片承受轴向推力。

(3)曲轴的轴向间隙的调整

更换止推片的厚度。

5. 飞轮

(1)功用

①贮存能量：在做功行程贮存能量，用以完成其他三个行程，使发动机运转平稳。

②利用飞轮上的齿圈起动时传力。

③将动力传给离合器。

④克服短暂的超负荷。

(2)构造

①飞轮为一外缘有齿圈的铸铁圆盘。

②有的飞轮上有一缸上止点记号和点火提前角刻度线(汽油机)或供油提前角刻度线(柴油机)，以便调整和检验点火正时、供油提前角和气门间隙。

2.2.2 配气机构

发动机配气机构(内燃机配气机构)是按照发动机每一汽缸内所进行的工作循环和点火顺序的要求，定时开启和关闭各汽缸的进、排气门，使新鲜的可燃混合气或空气得以及时进入汽缸，废气得以及时从汽缸排出。在压缩与做功行程中，关闭气门保证燃烧室的密封。配气机构的要求是结构参数和形式有利于减少进气和排气阻力，而且进、排气门的开启时刻和延续的开启时间比较适当，使进气和排气都尽可能充分，以得到较大的功率转矩和排放性能。

新鲜混合气或空气充满汽缸的程度，用充气效率来表示。充气效率越高，表明进入汽缸内的新鲜空气或可燃混合气质量越多，燃烧混合气可能发出的热量越大，发动机的功率越大。

但由于进气系统对气体造成阻力使进气终了时的汽缸内压力下降，又因为上一轮循环中残余的高温废气，使进气终了时气体温度升高，实际进入气体的质量总小于在一般状态下的充满汽缸气体的质量。也就是说，充气效率总小于1，一般为0.8～0.9。

1. 配气机构的组成及工作原理

配气机构(如图2-18所示)可分为气门组和气门传动组两大部分。

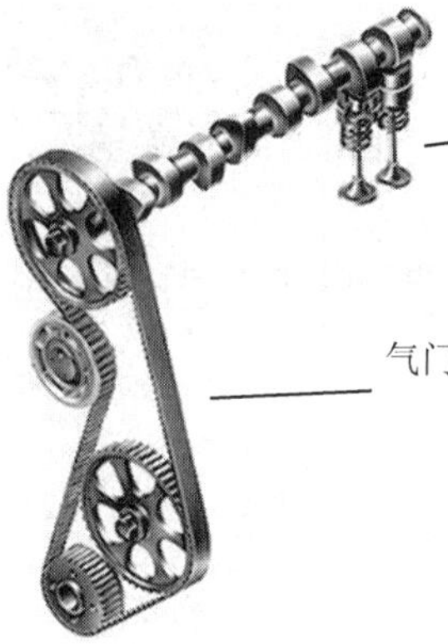

图 2-18　配气机构

(1)气门组

气门组包括气门、气门导管、气门座及气门弹簧等零件，如图 2-19 所示。气门组有以下要求：

气门头部与气门座贴合严紧；气门在气门导管中上下运动良好；气门弹簧的两端面与气门杆中心线垂直，保证气门头部在气门座上不偏斜；气门弹簧力足以克服气门运动惯性力，使气门能立即开闭。

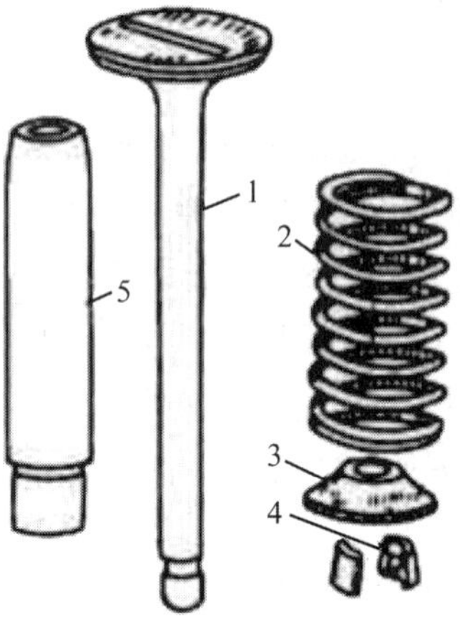

图 2-19　气门组的基本组成

1—气门；2—气门弹簧；3—气门弹簧座；4—锁片；5—气门导管

气门是由气门头部和杆部组成。气门头部温度很高(进气门 570～670℃，排气门 1 050～1 200℃)，而且还承受气体的压力、气门弹簧的作用力和传动组件惯性力，其润滑、冷却条件差，要求气门必须有一定强度、刚度、耐热和耐磨性能。进气门一般采用合金钢(铬钢、镍铬钢)，排气门采用耐热合金(硅铬钢)。有时为了节省耐热合金，排气门头部用耐热合金，而杆部用铬钢，然后将两者焊接起来。

气门头部的形状有平顶、球面顶和喇叭顶等，一般使用平顶，如图 2-20 所示。平顶气门头部结构简单、制造方便、吸热面积小、质量较小，进排气门都可以使用。球面顶气门适用于排气门，其强度高、排气阻力小、废气消除效果好，但其受热面积大、质量和惯性大、加工复杂。喇叭顶有一定的流线型，可减少进气阻力，但其头部受热面积大，只适合进气门。

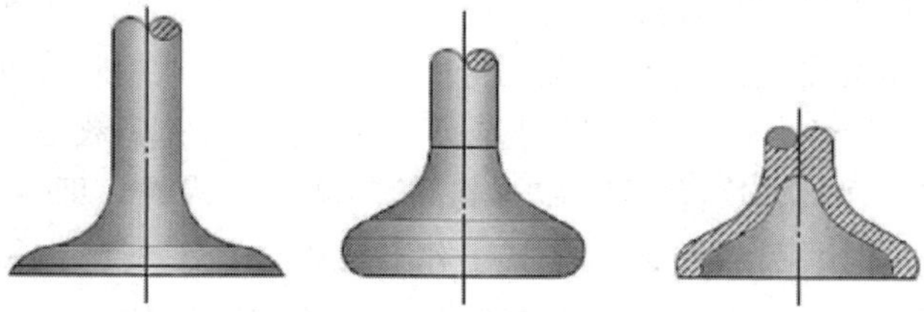

图 2-20　气门头部形状

气门锥角是气门密封面的角度，一般是 45°，有些是 30°(如 CA1091 型汽车 6102 型发动机)。30°的气门是考虑升程相同的情况下，气门锥度小，气门通过端面大，进气阻力小，但由于锥度小的气门头部边缘较薄，刚度小，密封性与导热性差，一般用于进气门。气门边缘的厚度一般为 1～3 mm，以防止工作中与气门座冲击而损坏或被高温烧坏。为了减少进气阻力，提高汽缸进气效率，多数发动机进气门比排气门大。用过的进气门与排气门颜色也不同。气门杆呈圆柱形，在气门导管中不断进行往复运动，其表面必须经过热处理和磨光。气门杆端部的形状取决于气门弹簧的固定形式，常用的结构是两半锁片来固定弹簧座，气门杆的端部有环槽来安装锁片，有的是用锁销来固定，其端部有一安装锁销用的孔。

气门导管的作用是起导向作用，保证气门做直线运动，使气门与气门座能正确贴合。此外，气门导管还在气门杆与汽缸体之间起导热作用。气门导管的工作温度较高，约 500 K，气门杆在其中运动，仅靠配气机构飞溅出来的机油进行润滑，易磨损，所以气门导管大多数是用灰铸铁、球墨铸铁等制造的。

气门导管外圆柱面经过机加工后压入汽缸盖，为了防止气门导管在使用中松脱，有的发动机用卡环定位。气门杆与气门导管之间有 0.05～0.12 mm 间隙，使气门杆能在导管中自由运动。

气门座可以在汽缸盖(气门顶置)或汽缸体(气门侧置)上直接镗出，或者用较好的材料单独制作，然后镶嵌到汽缸盖或汽缸体上(如图 2-21 所示)。它们与气门的头部共同对汽缸起密封作用，并接受气门散发出来的热量。

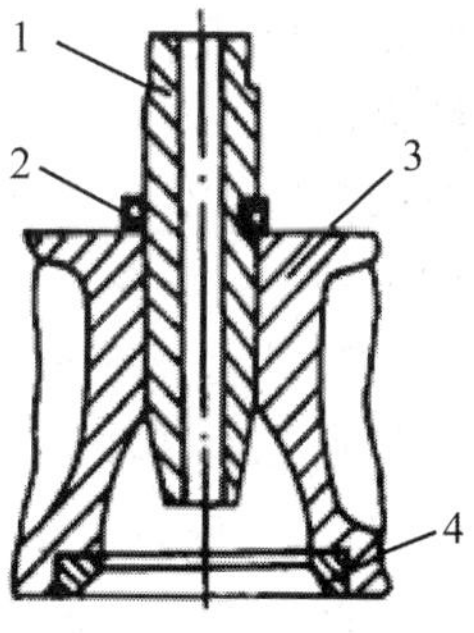

图 2-21　气门和气门座

1—气门导管；2—卡环；
3—汽缸盖；4—气门座

进气门的温度较低，可以直接镗出，但排气门的温度较高，润滑条件较差，极易磨损，多用镶嵌式。镶嵌式的缺点是导热性差、加工精度高、容易脱落，一般直接镗出来。用铝合金制造的汽缸盖，由于铝合金材质软，进、排气门均镶嵌。

气门弹簧的功用是克服在气门关闭过程中气门及传动件的惯

性力，防止各传动件之间的惯性的作用产生间隙。保证气门及时坐落并紧密接触，防止气门在发动机振动时发生跳动，破坏其密封性。气门弹簧多为圆柱形螺旋弹簧，其材料为高碳锰钢冷拔钢丝，加工后热处理，钢丝表面要磨光、抛光或用喷丸处理。为了防止生锈，表面镀锌。

气门弹簧的一端支撑在汽缸盖或汽缸体上，而另一端则压靠在气门杆端的弹簧座上，弹簧座用锁片固定在气门杆的末端。为了防止弹簧发生共振，可采用变螺距的圆柱弹簧(如红旗轿车的 8V100 发动机气门弹簧)。高速发动机多数是一个气门有同心安装的内、外两根气门弹簧。这样能提高气门弹簧工作的可靠性，即不但可以防止共振，而且当一根弹簧折断时，另一根还可维持工作。此外还能使气门弹簧的高度减小。当装用两根气门弹簧时，弹簧圈的螺旋方向应相反。这样可以防止折断的弹簧圈卡入另一个弹簧圈内。680Q 型发动机、492Q 型发动机和 CA6102 型发动机均采用双气门弹簧。

(2)气门传动组

气门传动组主要包括凸轮轴、正时齿轮、挺柱及其导杆、推杆、摇臂臂和摇臂轴等，其作用是使进排气门按配气相位规定的时刻进行开闭，并保证有足够的开度。

凸轮轴是配气机构的关建部件，由它控制气门的配气相位，有些发动机还用来驱动机油泵、汽油泵和分电器。

凸轮轴主要由进排气凸轮、支撑轴、正时齿轮轴、汽油泵偏心凸轮、机油泵及分电器驱动齿轮等组成。

在发动机工作时，为了减少凸轮轴的变形以避免导致配气机构工作失常，凸轮轴的支撑大多采用全支撑方式，如上汽桑塔纳、一汽奥迪 100 和丰田 ZY、3Y 型发动机的凸轮轴都采用五个轴颈。有些发动机则为非全支撑方式，如解放 CA6102 凸轮轴采用四道轴颈。

为了保证配气机构正常工作，凸轮在凸轮轴上的相对角位置有严格的要求。同一缸的各排气凸轮的相对角位置，保证一个工作循环中的配气相位；各缸进气(或排气)凸轮的相对角位置，则应与发动机的点火次序相一致。因此，只要知道了凸轮轴的旋转方向，以及各进气凸轮(或排气凸轮)的工作次序，就不难判断发动机的点火次序。对四缸四行程发动机的凸轮轴，其同名凸轮间的夹角为四行程六缸发动机同名凸轮间的夹角为 60°。凸轮轴通常由曲轴通过一对正时齿轮驱动，在装配曲轴和凸轮轴时，必须将正时记号对准，以保证正确的配气相位和发火时刻。为了防止凸轮轴的轴向移动，凸轮轴必须有轴向定位装置。现代汽车发动机的凸轮多采用止推凸缘定位装置，解放 CA6102，东风 EQ611J，丰田 ZY、3Y 型凸轮轴，均采用这种定位方式，即将止推凸缘装在凸轮轴第一道轴颈前的凸台上，凸台比止推凸缘厚，以保证止推凸缘与正时齿轮之间的轴向间隙符合规定(轿车 0.05～0.10mm)。

凸轮轴的材料一般用优质钢模锻而成，也可以采用合金铸铁或球墨铸铁铸造，凸轮和轴颈的工作表面一般经过热处理后精磨，以改善耐磨性。

挺柱的功用是将凸轮的推力传给推杆(或气门杆)，并承受凸轮轴旋转时所施加的侧向力。对于气门侧置式配气机构，其挺柱一般做成菌式，在挺柱的顶部装有调节螺钉，用来调节气门间隙。气门顶置式配气机构的挺柱一般制成筒式，以减轻重量。滚轮式挺柱的优点是：可以减小摩擦所造成的对挺柱的侧向力。这种挺柱结构复杂，重量较大。一般多用于大缸径柴油机上。挺柱常用镍铬合金铸铁或冷激合金铸铁制造，其摩擦表面应经热处理后精磨。

液压挺柱(如图 2-22 所示)在挺柱体 1 中装有柱塞 3，在柱塞上端压入支撑座 5。柱塞经常被弹簧 8 压向上方，其最上位置由卡环 4 来限制。柱塞下端的阀架 2 内装有碟形弹簧 6 和单向阀 7。发动机润滑系中的机油从主油道经挺柱体侧面的油孔流入，并经常充满柱塞内腔及其下面的空腔，当气门关闭时，弹簧 8 使柱塞 3 连同压合在柱塞上的支撑座紧靠推杆，整个排气机构中不存在间隙。

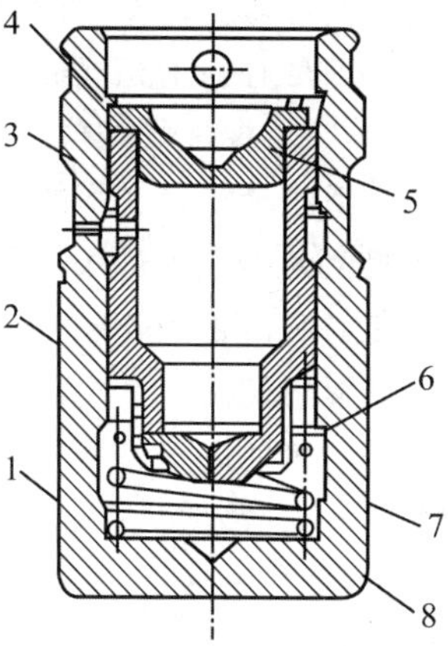

图 2-22　液压挺柱

1—挺柱体；2—阀架；3—柱塞；4—卡环；5—支撑座；6—碟形弹簧；7—单向阀；8—弹簧

当挺柱被凸轮推举向上时，推杆作用于支撑座 5 和柱塞 3 上的反力力图使柱塞克服弹簧 8 的力而相对于挺柱体 1 向下移动，于是柱塞下部空腔内油压迅速增高，使单向阀 7 关阀。由于液体的不可压缩性，整个挺柱如同一个刚体一样上升，这样便保证了必要的气门升程。当油压很高时，会有少许油液经柱塞与挺柱体之间的配合间隙漏出去，但这不致影响正常的工作。同样，在气门受热膨胀时，柱塞也因受压而与挺柱体做轴向相对运动，并将油液自下腔经上述间隙挤出。故使用液力挺柱时，可以不留气门间隙，而保证气门受热膨胀时仍能与气门座密合。

当气门开始关闭或冷却收缩时，柱塞所受压力减小，由于弹簧 8 的作用，柱塞向上运动，始终与推杆保持接触。同时柱塞下部的空腔中产生真空度，单向阀 7 被吸开，油液便流入而再度充满整个挺柱内腔。

2. 配气相位及可变的配气相位

(1)配气相位

配气相位就是进、排气门的实际开闭时刻，通常用相对于上、下止点曲拐位置的曲轴转角的环形图来表示。

发动机在换气过程中，若能够做到排气彻底、进气充分，则可以提高充气系数，增大发动机的输出功率。四行程的每个工作行程，其曲轴要转 180°。现代发动机转速很高，一个行程经历的时间很短(如上汽桑塔纳的四行程的发动机，在最大功率的发动机转速达 5 600 r/min，一个行程的时间只有 0.005 4 s)。这样短时间的进气和排气过程往往会使发动机充气不足或者排气不净，从而使发动机功率下降。因此，现代发动机都延长进、排气时间，即气门的开启和关闭时刻并不正好是活塞处于上止点和下止点的时刻，而是分别提前或延迟一定的曲轴转角，以改善进、排气状况，从而提高发动机动力性。在排气行程接近终了，活塞到达上止点之前，即曲轴转到离曲拐的上止点位置还差一个角度 α 时，进气门便开始开启，直到活塞过了下止点重又上行，即曲轴转到超过曲拐下止点位置以后一个角度 β 时，进气门才关闭。这样，整个进气行程持续时间相当于曲轴转角 $180°+\alpha+\beta$。α 角一般为 10°～30°，β 角一般为 40°～80°。进气门提前开启的目的，是为了保证进气行程开始时进气门已开大，新鲜气体能顺利地充入汽缸。当活塞到达下止点时，汽缸内压力仍低于大气压力，在压缩行程开始阶段，活塞上移速度较慢的情况下，仍可以利用气流惯性和压力差继续进气，因此进气门晚关一点是有利于充气的。

(2)可变配气相位

用曲轴转角表示的进、排气门开闭时刻和开启持续时间，称为配气相位。进气配气相位为 180°＋进气提前角 α＋进气迟后角 β，排气配气相位为 180°＋排气提前角 $\gamma\alpha$＋排气迟后角 δ。试验证明：在进、排气门早开、晚关的过程中，进气门的晚关，对充气效率影响最大，其次是重叠角的大小，人们多在进气门方面改善性能指标。通过试验证明，两种进气迟后角的充气效率(η_v)和功率(N_e)变化规律是：①低速时，晚关 60°的充气效率 η_v 低、发动机功率 N_e 升高迟后。②高速时，超过 2300～2500 r/min 后，晚关 60°的充气效率 η_v 和功率 N_e，明显优于 40°的相位角。

2.2.3　燃料供给系统

汽油机燃料供给系统的任务是根据发动机各种不同工况的要求，配制出一定数量和浓度的可燃混合气，供入汽缸，使之在临近压缩终了时点火燃烧而膨胀做功。最后，供给系统还应将燃烧产物——废气排入大气中。燃油供给系统组成：油箱、油管、燃油泵、燃油滤清器、空气滤清器、燃油压力调节器、喷油器、冷启动喷油器、油压脉冲衰减器、进气管、排气管等；柴油机燃料供给系的功用是把柴油和空气分别供入汽缸，在燃烧室内形成混合气并燃烧，最后将燃烧后的废气排出。

1. 汽油机燃料供给系(如图 2-23 所示)

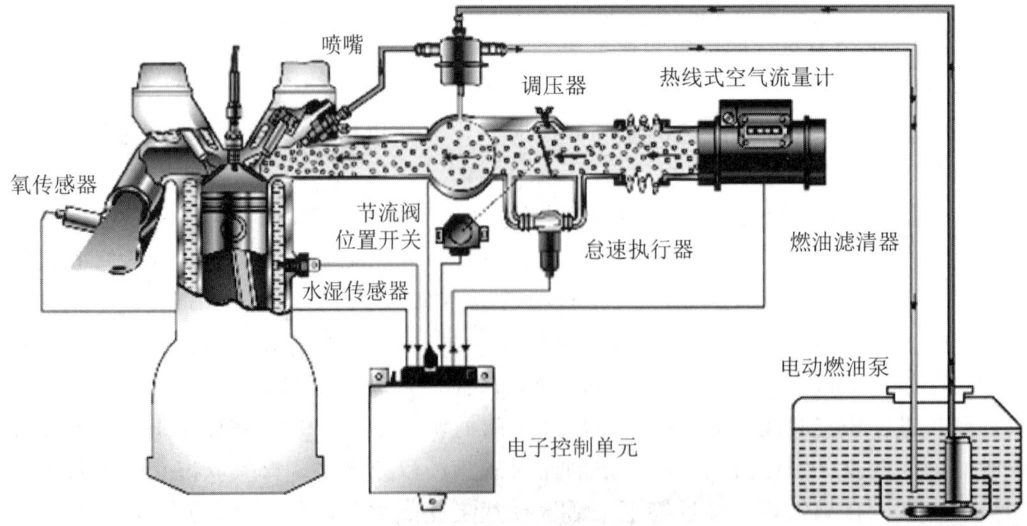

图 2-23　电控汽油喷射系统示意图

(1)结构部件

汽油供给装置：油箱(储存燃油)、汽油泵(泵油)、油管(输送)、汽油滤清器(清洁)、燃油压力调节器(恒定油压)。

空气供给装置：空气滤清器、轿车上进气消声器。

可燃气混合气形成装置：化油器、喷油器。

可燃混合气供给和废气排放装置：进气管、排气管、排气消声器。

(2)汽油机燃烧方式

汽油机燃料供给系的任务是将汽油经过雾化和蒸发(汽化)并和空气按一定比例均匀混合成可燃混合气，再根据发动机各种不同工况的要求，向发动机汽缸内供给不同质(即不同浓度)和不同量的可燃混合气，以便在临近压缩终了时点火燃烧而放出热量燃气膨胀做功，最后将汽缸内废气排至大气中。

电控汽油喷射系统，顾名思义，是由发动机控制单元ECU(Engine Control Unit)控制汽油机燃油喷射时刻、喷射脉宽和喷射规律的系统。由于汽油易于挥发的特性，便于在汽缸外部形成均质的可燃混合气，因此在很长时间内采用了装在进气总管上的化油器供给方式。这种燃料供给系统由于不能根据不同工况精确控制混合器的空燃比，因此被电控汽油喷射方式所取代。汽油喷射方式按喷油器安装位置与工作原理的不同，可分为进气道多点喷射(MFI)、进气总管或中央单点喷射(SPI)和缸内直接喷射(GDI)三种。

(3)汽油机工作行程

一般汽车用汽油机有四个行程，即：进气、压缩、做功、排气。

进气：进气时将大气中的气体吸入汽缸内，同时喷入汽油；

压缩：将吸入的空气和汽油一起进行压缩，使其压缩比和温度达到一定程度；

做功：在压缩到极点时，由火花塞进行点火，使压缩的气体混同汽油一起燃烧，使缸内气压急速增大，将活塞往回驱动；

排气：是将做功时燃烧过的气体，主要是二氧化碳排到大气中去。

通过这四个行程，从而实现发动机曲轴的往复运动。

2. 柴油机燃料供给系(如图2-24所示)

(1)柴油机燃料供给系的功用

不断供给发动机经过滤清的清洁燃料和空气，根据柴油机不同工况的要求，将一定量的柴油以一定压力和喷油质量定时喷入燃烧室，使其与空气迅速混合并燃烧，做功后将燃烧废气排出汽缸。

(2)柴油机燃料供给系的主要组成

柴油机燃料供给系主要由燃油供给装置、空气供给装置、混合气形成装置和废气排出装置四部分组成。

①燃料供给装置的主要功用是完成燃料的贮存、滤清和输送工作，并以一定压力和喷油质量，定时、定量地将燃料喷入燃烧室。

②空气供给装置的主要功用是供给发动机清洁的空气。

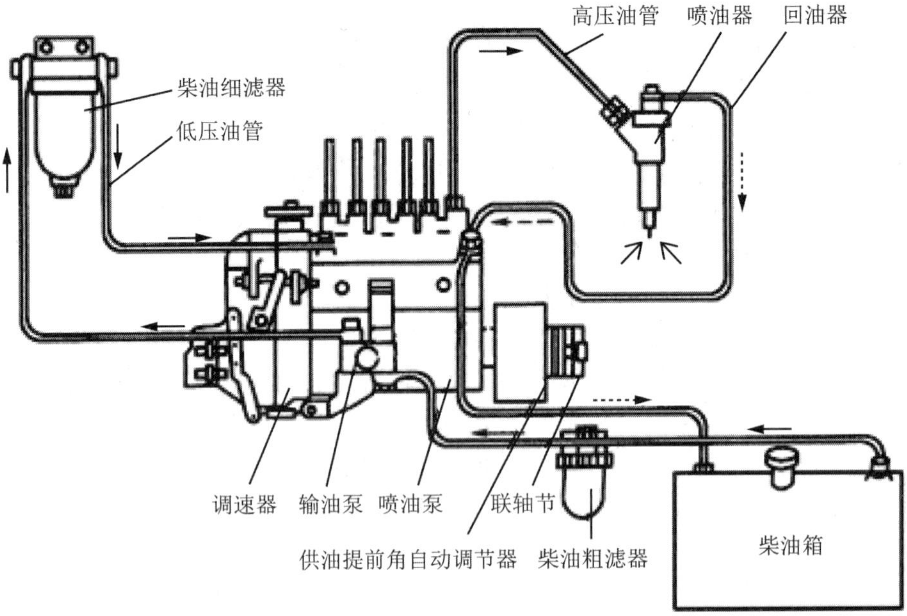

图 2-24 柴油机燃料供给系统示意图

③柴油机混合气形成装置就是燃烧室的主要功用，使燃油与空气混合形成混合气。

④废气排出装置的主要功用是在发动机完成做功后排出汽缸内的燃烧废气。

2.2.4 润滑系统

润滑系统的功用就是在发动机工作时连续不断地把数量足够、温度适当的洁净机油输送到全部相对运动件的摩擦表面，并在摩擦表面之间形成油膜。

发动机工作时，各运动零件均以一定的力作用在另一个零件上，很多传动零件都是在很小的间隙下做高速相对运动的，如曲轴主轴颈与主轴承，曲柄销与连杆轴承，凸轮轴颈与凸轮轴承，活塞、活塞环与汽缸壁面，配气机构各运动副及传动齿轮副等，有了相对运动，零件表面必然要产生摩擦，加速磨损，尽管这些零件的工作表面都经过精细的加工，但放大来看这些表面却是凹凸不平的。因此，为了减轻磨损，减小摩擦阻力，延长使用寿命，发动机上都必须有润滑系。

若不对发动机内各机件表面进行润滑，它们之间将发生强烈的摩擦。金属表面之间的干摩擦不仅增加发动机的功率消耗，加速零件工作表面的磨损，而且还可能由于摩擦产生的热将零件工作表面烧损，致使发动机无法运转。润滑系统的功用就是在发动机工作时连续不断地把数量足够、温度适当的洁净机油输送到全部传动件的摩擦表面，并在摩擦表面之间形成油膜，实现液体摩擦，从而减小摩擦阻力、降低功率消耗、减轻机件磨损，以达到提高发动机工作可靠性和耐久性的目的。

1. 润滑系统的主要部件及功用

(1)油底壳

它主要用于贮存润滑油。在大多数发动机上，油底壳还起到为润滑油散热的作用。

(2)机油泵

它将一定量的润滑油从油底壳中抽出，经机油泵加压后，源源不断地送至各零件表面进行润滑，维持润滑油在润滑系中的循环。机油泵大多装于曲轴箱内，也有些柴油机将机油泵装于曲轴箱外面，机油泵都采用齿轮驱动方式，通过凸轮轴、曲轴或正时齿轮来驱动。

(3)机油滤清器

主要用于过滤掉润滑油中的杂质、磨屑、油泥及水分等杂物，使送到各润滑部位的都是干净清洁的润滑油。机油滤清器分粗机油滤清器和细机油滤清器，它们是并联在油道中。机油泵输出的绝大多数的机油通过粗机油滤清器，只有很少部分通过细机油滤清器，但汽车每行驶5 km，机油会被细机油滤清器滤清一遍。

(4)机油集滤器

机油集滤器多为滤网式，能滤掉润滑油中粒度大的杂质，其流动阻力小，串联安装于机油泵进油口之前。机油粗滤器用来滤掉润滑油中粒度较大的杂质，其流动阻力小，串联安装于机油泵出口与主油道之间。机油细滤器能滤掉润滑油中的细小杂质，但流动阻力较大，故多与主油道并联，只有少量的润滑油通过细滤器过滤。

(5)主油道

主油道是润滑系统的重要组成部分，直接在缸体与缸盖上铸出，用来向各润滑部位输送润滑油。

(6)限压阀

限压阀用来限制机油泵输出的润滑油压力。旁通阀与粗滤器并联，当粗滤器发生堵塞时，旁通阀打开，机油泵输出的润滑油直接进入主油道。机油细滤器进油限压阀用来限制进入细滤器的油量，防止因进入细滤器的油量过多，导致主油道压力降低而影响润滑效果。

(7)机油泵吸油管

机油泵吸油管通常带有收集器，浸在机油中，作用是避免油中大颗粒杂质进入润滑系统。

(8)曲轴箱通风装置

曲轴箱通风装置的作用是防止一部分可燃混合气和废气经活塞环与汽缸壁间的间隙窜入曲轴箱内。可燃混合气进入曲轴箱后，其中的汽油蒸气会凝结，并溶入润滑油中，使润滑油变稀；废气中水蒸气与酸性气体会形成酸性物质，从而对机件造成腐蚀；窜气还会使曲轴箱的压力增大，造成曲轴箱密封件失效而使润滑油透漏。为了防止这种现象，必须设置通风系统。

在现代汽车发动机润滑系统中，曲轴的主轴颈、曲柄销、凸轮轴颈及中间轴(分电器和机油泵的传动轴)颈均采用压力润滑，其余部分则用飞溅润滑或润滑脂润滑。当发动机工作时，机油从油底壳经集滤器被机油泵送入机油滤清器。如果油压太高，则机油经机油泵上的安全阀返回机油泵入口。全部机油经滤清器滤清之后进入发动机主油道。滤清器盖上设有旁通阀，当滤清器堵塞时，机油不经过滤清器滤清由旁通阀直接进入主油道。机油经主油道进入五条分油道，分别润滑五个主轴承。然后，机油经曲轴上的斜油道，从主轴承流向连杆轴承润滑连杆轴颈。主油道中的部分机油经第六条分油道供入，润滑中间轴的后轴承。中间轴的前轴承由机油滤清器出油口的一条油道供油润滑。主油道的另一条分油道直通凸轮轴轴承润滑油道，此油道也有五个分油道，分别向五个凸轮轴轴承供油。在凸轮轴轴承润滑油道的后端，也就是整个压力润滑油路的终端装有最低机油压力报警开关。当发动机起动之后，机油压力较低，最低油压报警开关触点闭合，油压指示灯亮。当机油压力超过 31 kPa 时，最低油压报警开关触点断开，指示灯熄灭。另外，在机油滤清器上也装有机油压力开关，当发动机转速超过 2 150 r/min 时，机油压力若低于 180 kPa，这时开关触点闭合，报警灯闪亮，同时蜂鸣器鸣响报警。

2. 润滑方式

(1)压力润滑

压力润滑是以一定的压力把机油供入摩擦表面的润滑方式。这种方式主要用于主轴承、连杆轴承及凸轮轴承等负荷较大的摩擦表面的润滑。

(2)飞溅润滑

利用发动机工作时运动件溅泼起来的油滴或油雾润滑摩擦表面的润滑方式，称飞溅润滑。该方式主要用来润滑负荷较轻的汽缸壁面和配气机构的凸轮、挺柱、气门杆以及摇臂等零件的工作表面。

3. 润滑剂

汽车发动机润滑剂包括机油和润滑脂两种。

(1)循环在润滑系统中的机油有如下功用：

①润滑：机油在运动零件的所有摩擦表面之间形成连续的油膜，以减小零件之间的摩擦。

②冷却：机油在循环过程中流过零件工作表面，可以降低零件的温度。

③清洗：机油可以带走摩擦表面产生的金属碎末及冲洗掉沉积在汽缸、活塞、活塞环及其他零件上的积炭。

④密封：附着在汽缸壁、活塞及活塞环上的油膜，可起到密封防漏的作用。

⑤防锈：机油有防止零件发生锈蚀的作用。

(2)机油的使用特性

汽车发动机机油在润滑系统内循环流动，循环次数每小时可达 100 次。机油的工作条件十分恶劣，在循环过程中，机油与高温的金属壁面及空气频频接触，不断氧化变质。窜入曲轴箱内的燃油蒸气、废气以及金属磨屑和积炭等，使机油受到严重污染。另外，机油的工作温度变化范围很大：在发动机起动时为环境温度；在发动机正常运转时，曲轴箱中机油的平均温度可达 95℃或更高。同时，机油还与 180～300℃的高温零件接触，受到强烈的加热。

①适当的黏度。

机油黏度对发动机的工作有很大的影响。黏度过小，在高温、高压下容易从摩擦表面流失，不能形成足够厚度的油膜；黏度过大，冷起动困难，机油不能被泵送到摩擦表面。机油的黏度随温度而变化。温度升高，黏度减小；温度降低，黏度增大。

②优异的氧化安定性。

氧化安定性是指机油抵抗氧化作用不使其性质发生永久变化的能力。当机油在使用与储存过程中与空气中的氧气接触而发生氧化作用时，机油的颜色变暗，黏度增加，酸性增大，并产生胶状沉积物。氧化变质的机油将腐蚀发动机零件，甚至破坏发动机的工作。

③良好的防腐性。

机油在使用过程中不可避免地被氧化而生成各种有机酸。这类酸性物质对金属零件有腐蚀作用，可能使铜铅和镉镍一类的轴承表面出现斑点、麻坑或使合金层剥落。

④较低的起泡性。

由于机油在润滑系中快速循环和飞溅，必然会产生泡沫。如果泡沫太多，或泡沫不能迅速消除，将造成摩擦表面供油不足。控制泡沫生成的方法，是在机油中添加泡沫抑制剂。

⑤强烈的清净分散性。

机油的清净分散性是指机油分散、疏松和移走附着在零件表面上的积炭和污垢的能力。为使机油具有清净分散性，必须加入清净分散添加剂。

⑥高度的极压性。

在摩擦表面之间的油膜厚度小于0.3～0.4 μm的润滑状态，称边界润滑。习惯上把高温、高压下的边界润滑，称为极压润滑。机油在极压条件下的抗摩性叫作极压性。

(3)机油的分类

我国的机油分类法参照采用ISO分类方法。GB/T 7631.3—1995规定，按机油的性能和使用场合分为：

①汽油机油：SC、SD、SE、SF、SG、SH、SI、SJ等级别。

②柴油机油：CC、CD、CD-II、CE、CF-4、CG-4、CH-4、CI-4、CJ-4等级别。

③二行程汽油机油：ERA、ERB、ERC和ERD4个级别。

(4)机油的选用

①根据汽车发动机的强化程度选用合适的机油使用级。

②根据地区的季节气温选用适当黏度等级的机油。

(5)合成机油

合成机油是利用化学合成方法制成的润滑剂。其主要特点是有良好的黏度—温度特性，可以满足大温差的使用要求；有优良的热氧化安定性，可长期使用不需更换。使用合成机油，发动机的燃油经济性会稍有改善，并可降低发动机的冷起动转速。目前，合成机油的价格比从石油提炼出来的机油贵。

(6)润滑脂

润滑脂是将稠化剂掺入液体润滑剂中所制成的一种稳定的固体或半固体产品，其中可以加入旨在改善润滑脂某种特性的添加剂。润滑脂在常温下可附着于垂直表面而不流淌，并能在敞开或密封不良的摩擦部位工作，具有其他润滑剂所不能代替的特点。因此，在汽车的许多部位都使用润滑脂润滑。目前，进口汽车和国产新车普遍推荐使用汽车通用锂基润滑脂(GB/T 5671—2014)。这种润滑脂具有良好的高低温适应性，可在－30～120℃的宽泛温度范围内使用；具有良好的抗水性和防锈性能，可用于潮湿和与水接触的摩擦部位；具有良好的安定性和润滑性，在高速运转的机械部位使用，不变质、不流失，保证润滑。它能够满足我国从哈尔滨到海南岛广大地区汽车的使用要求，与使用钙基或复合钙基润滑脂比较，可以延长换油期2倍，使润滑和维护费下降40％以上。

润滑系的功用是向做相对运动的零件表面输送定量的清洁润滑油，以实现液体摩擦，减小摩擦阻力，减轻机件的磨损，并对零件表面进行清洗和冷却。润滑系通常由润滑油道、机油泵、机油滤清器和一些阀门等组成。

2.2.5 冷却系统

1. 作用

冷却系统的主要工作是将热量散发到空气中以防止发动机过热，但冷却系统还有其他重要作用。汽车中的发动机在适当的高温状态下运行状况最好。如果发动机变冷，就会加快组件的磨损，从而使发动机效率降低并且排放出更多污染物。因此，冷却系统的另一重要作用是使发动机尽快升温，并使其保持恒温。

虽然汽油发动机已进行了大量改进，但是在将化学能转换成机械能的过程中，汽油发动机的效率仍然不高。汽油中的大部分能量(约70％)被转换成热量，而散发这些热量则是汽车冷却系统的任务。事实上，一辆在高速公路上行驶的汽车，其冷却系统所散失的热量足以供两个普通房屋取暖！如果发动机变冷，就会加快组件的磨损，从而使发动机效率降低并且排放出更多污染物。

燃料在汽车发动机内持续燃烧，燃烧过程中产生的热量大部分从排气系统中排出，但仍有部分热量滞留在发动机中，从而使其升温。当冷却液的温度约为93℃时，发动机达到最佳运行状态。在这个温度下：燃烧室的温度足以使燃料完全蒸发，因此可以更好地使燃料燃烧并减少气体排放。如果用于润滑发动机的润滑油较稀薄，黏稠度较低，则发动机零件可以更灵活地运转，而发动机在围绕自身部件旋转的过程中消耗的能量也将减少，金属零件更不易磨损。

2. 分类

按冷却方式可以分为液冷和风冷。

(1)液冷

液冷汽车的冷却系统通过发动机中的管道和通路进行液体的循环。当液体流经高温发动机时会吸收热量，从而降低发动机的温度。液体流过发动机后，转而流向热交换器(或散热器)，液体中的热量通过热交换器散发到空气中。

(2)风冷

某些早期的汽车采用风冷技术，但现代的汽车几乎不使用这种方法了。这种冷却方法不是在发动机中进行液体循环，而是通过发动机缸体表面附着的铝片对汽缸进行散热。一个功率强大的风扇向这些铝片吹风，使其向空气中散热，从而达到冷却发动机的目的。因为大多数汽车采用的是液冷，所以本文将着重对液冷系统进行说明。泵将液体输送至发动机缸体后，液体便开始在汽缸周围的发动机通道里流动。

接着，液体又通过发动机的汽缸盖返回。恒温器位于液体流出发动机的位置。如果恒温器关闭，则液体将经过恒温器周围的管道直接流回到泵。如果恒温器打开，液体将首先流入散热器，然后再流回泵。加热系统也有一个单独的循环过程。该循环从汽缸盖开始输送液体，使其流经加热器风箱，然后又流回泵。对于配备有自动变速器的汽车，通常会有一个独立的循环过程来冷却内置于散热器的变速器油液。变速器油液由变速器通过散热器内另一个热交换器抽吸得到。汽车可以在远低于0℃到远高于38℃的宽泛温度范围内工作。

因此，不管使用何种液体对发动机进行降温，其必须具有非常低的凝固点、很高的沸点以及能吸收大量热量。水是吸收热量的最有效的液体之一，但水的凝固点太高，不适用于汽车发动机。大多数汽车使用的液体是水和乙二烯乙二醇的混合液($C_2H_6O_2$)，也称为防冻液。通过将乙二烯乙二醇添加到水中，可以显著提高沸点、降低凝固点。

3. 主要部件

冷却系统配件包含：散热器、水泵、散热器电子扇总成、节温器、水泵总成、散热器补水壶、散热器风扇、散热器下护板、散热器盖、散热器上护板、节温器盖、水泵皮带轮、散热器风扇叶、三通、散热器水温传感器、散热器风圈、散热器风扇、水管、散热网、散热器风扇电机、上下水管、散热器风扇耦合器、散热器支架、温控开关等。

4. 常见问题

(1)发动机过热

气泡：防冻液中的空气在水泵搅动下产生很多泡沫，会妨碍水套壁的散热。

水垢：水中的钙镁离子在一定高温后会慢慢形成水垢，使散热能力大大下降，同时也会使水道及管路局部堵塞，防冻液不能正常流动。

危害：发动机件受热膨胀，破坏正常配合间隙，影响汽缸充气量，动力下降，降低机油润滑效果。

(2)腐蚀和渗漏

乙二醇对水箱有较强的腐蚀性。而随着防冻液防腐剂的失效，其对散热器、水套、水泵、管路等零部件会产生腐蚀。

冷却系的功用是将受热零件吸收的部分热量及时散发出去，保证发动机在最适宜的温度状态下工作。水冷发动机的冷却系通常由冷却水套、水泵、风扇、水箱、节温器等组成。

2.2.6 点火系统

汽车点火系统分为传统点火系统和电子点火系统(如图 2-25 所示)，汽车点火系统是点燃式发动机为了正常工作，按照各缸点火次序，定时地供给火花塞以足够高能量的高压电(15 000～30 000 V)，使火花塞产生足够强的火花，点燃可燃混合气。

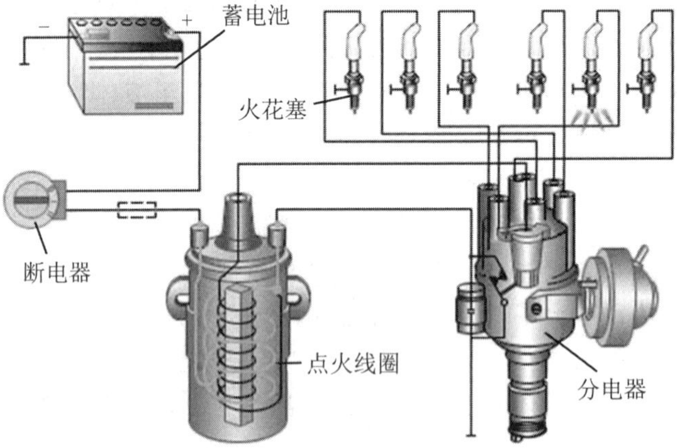

(a)传统点火系统

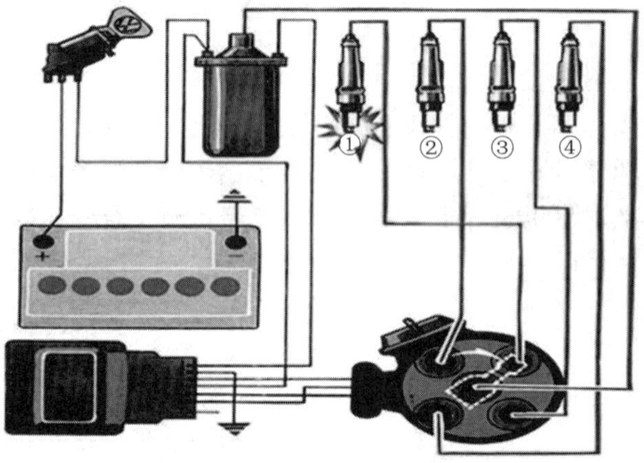

(b)电子点火系统

图 2-25 点火系统

1. 传统点火系统

相对于电子点火系统，传统点火系统也称为机械式点火系统，传统点火系统可分为蓄电池点火系和磁电机点火系两类。

机械式点火系统的工作过程是由曲轴带动分电器轴转动，分电器轴上的凸轮转动，使点火线圈初级触点接通与闭合而产生高压电。

这个点火高压电通过分电器轴上的分火头，根据发动机工作要求按顺序送到各个汽缸的火花塞上，火花塞发出电火花点燃燃烧室内的气体。分电器壳体可以手动转动来调节基本的点火提前角(即怠速运转时的点火提前角)，同时还有真空提前装置，它根据进气管内真空度的变化提供不同的提前角。

2. 电子点火系统

电子点火系统可分为晶体管点火系、半导体点火系、无分电器点火系等三类。

电子点火系统与机械式点火系统完全不同，它有一个点火用电子控制装置，内部有发动机在各种工况下所需的点火控制曲线图(MAP图)。通过一系列传感器，如发动机转速传感器、进气管真空度传感器(发动机负荷传感器)、节气门位置传感器、曲轴位置传感器等来判断发动机的工作状态，在MAP图上找出发动机在此工作状态下所需的点火提前角，按此要求进行点火。然后根据爆震传感器信号对上述点火要求进行修正，使发动机工作在最佳点火时刻。

电子点火系统也有闭环控制与开环控制之分：带有爆震传感器，能根据发动机是否发生爆震及时修正点火提前角的电控系统称为闭环控制系统；不带爆震传感器，点火提前控制仅根据电控单元内设定的程序控制的称为开环控制系统。

3. 点火系统要求

(1)能产生足以击穿火花塞间隙的电压

火花塞电极击穿而产生火花时所需要的电压称为击穿电压。点火系产生的次级电压必须高于击穿电压，才能使火花塞跳火。击穿电压的大小受很多因素影响，其中主要有：

①火花塞电极间隙和形状。

火花塞电极的间隙越大，击穿电压就越高；电极的尖端棱角分明，所需的击穿电压低。

②汽缸内混合气体的压力和温度。

混合气的压力越大，温度越低，击穿电压就越高。

③电极的温度。

火花塞电极的温度越高，电极周围的气体密度越小，击穿电压就越低。

(2)火花应具有足够的能量

发动机正常工作时，由于混合气压缩终了的温度接近其自燃温度，仅需要1～5 mJ的火花能量。但在混合气过浓或是过稀时，发动机起动、怠速或节气门急剧打开时，则需要较高的火花能量。并且随着现代发动机对经济性和排气净化要求的提高，都迫切需要提高火花能量。因此，为了保证可靠点火，高能电子点火系一般应具有80～100 mJ的火花能量，起动时应产生高于100 mJ的火花能量。

(3)点火时刻应适应发动机的工作情况

首先，点火系统应按发动机的工作顺序进行点火。其次，必须在最有利的时刻进行点火。

由于混合气在汽缸内燃烧占用一定的时间，所以混合气不应在压缩行程上止点处点火，而应适当提前，使活塞达到上止点时，混合气已得到充分燃烧，从而使发动机获得较大功率。点火时刻一般用点火提前角来表示，即从发出电火花开始到活塞到达上止点为止的一段时间内曲轴转过的角度。

如果点火过迟，当活塞到达上止点时才点火，则混合气的燃烧主要在活塞下行过程中完成，即燃烧过程在容积增大的情况下进行，使炽热的气体与汽缸壁接触的面积增大，因而转变为有效功的热量相对减少，汽缸内最高燃烧压力降低，导致发动机过热，功率下降。

如果点火过早，由于混合气的燃烧完全在压缩过程进行，汽缸内的燃烧压力急剧升高，当活塞到达上止点之前即达最大，使活塞受到反冲，发动机做负功，不仅使发动机的功率降低，并有可能引起爆燃和运转不平稳现象，加速运动部件和轴承的损坏。

4. 点火系统结构

点火系统是汽油发动机重要的组成部分，点火系统的性能良好与否对发动机的功率、油耗和排气污染等影响很大。能够在火花塞两电极间产生电火花的全部设备称为发动机“点火系统”，通常由蓄电池、发电机、分电器、点火线圈和火花塞等组成。

(1)蓄电池点火系统

蓄电池点火系的主要元件：点火线圈、分电器、电容器、火花塞、高压线等。

汽油机运行时带动断电器凸轮转动，使断电器不断闭合与断开，在触点闭合时，蓄电池提供电流，电流从蓄电池正极经点火线圈的一次绕阻、断电器触电，返回到蓄电池负极。电流流经点火线圈的一次绕阻时，铁芯中产生一个储能用的强磁场，当断电器触点被顶开时，一次电流迅速衰减以至消失，铁芯中的磁通随之减小，而在二次绕阻中就感应出点火所需的高电压。这一电压由高压线输送到分电器，再由此输送到各个相应的火花塞上，产生电火花。

(2)有触点晶体管点火系统

这种系统主要不同在于断电器触点与点火线圈间的一次侧电路上。

在辅助触点晶体管式点火系统中，触点闭合时，电流不再直接从闭合触点流到点火线圈的一次绕阻中，而是流到晶体管的基级电路上。

断电器触点已不再起直接控制一次电流通、断的作用，而是作为晶体三极管的触发控制器，因此流过断电器触点的电流可以减小到一次电流的1/5～1/10。

(3)无触点电子点火系统

①消除了机械触点带来的触点烧蚀、磨损等，免去经常换件，调整闭合角，校正点火正时。

②电子点火控制器控制点火线圈一次电流的通、断，以及放大与处理来自传感器发出的脉冲信号，除了开关作用外，点火控制器可以根据脉冲步骤来感知发动机的转速，提供点火时间随转速的变化。

在汽油机中，汽缸内的可燃混合气是靠电火花点燃的，为此在汽油机的汽缸盖上装有火花塞，火花塞头部伸入燃烧室内。能够按时在火花塞电极间产生电火花的全部设备称为点火系，点火系通常由蓄电池、发电机、分电器、点火线圈和火花塞等组成。

2.2.7 起动系统

要使发动机由静止状态过渡到工作状态，必须先用外力转动发动机的曲轴，使活塞做往复运动，汽缸内的可燃混合气燃烧膨胀做功，推动活塞向下运动使曲轴旋转，发动机才能自行运转，工作循环才能自动进行。因此，曲轴在外力作用下开始转动到发动机开始自动地怠速运转的全过程，称为发动机的起动。完成起动过程所需的装置，称为发动机的起动系统。

起动系统将储存在蓄电池内的电能转换为机械能，要实现这种转换，必须使用起动机。起动机的功用是由直流电动机产生动力，经传动机构带动发动机曲轴转动，从而实现发动机的起动。起动系统包括以下部件：蓄电池、点火开关(起动开关)、起动机总成、起动继电器等(如图 2-26 所示)。

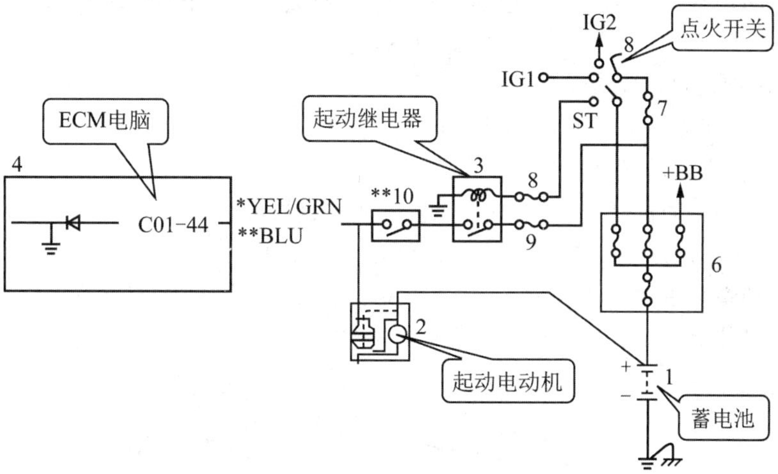

图 2-26 起动系统

1. 起动系统功率选择

为了使发动机能迅速可靠地起动，起动机必须具有足够的功率。

起动机的功率 P 根据发动机起动所需的功率选取，它取决于发动机的起动阻力矩和最低起动转速，并可由下式计算：

$$P \geqslant M_s \cdot n_s / 9550$$

式中 P——起动机的功率(kW)；

M_s——起动机的输出转矩(N · m)；

n_s——起动机的转速(r/min)。

发动机的起动阻力矩是指在最低起动转速时的发动机阻力矩，主要包括汽缸压缩阻力矩、运动件的摩擦阻力矩和惯性阻力矩。

发动机的最低起动转速是指起动时能保证进入汽缸内的混合气在压缩终了时具有一定的温度且雾化良好，能使发动机可靠点火发动所需的最低转速。汽油发动机的最低起动转速为 50～70 r/min，而柴油发动机的最低起动转速为 100～200 r/min。

温度为0℃时，发动机起动所需功率 P 可由以下的经验公式推算。

汽油发动机：$P=(0.18\sim0.22)L$

柴油发动机：$P=(0.74\sim1.1)L$

式中　L——发动机的工作容积(L)。

2. 传动比选择

起动机与发动机之间的最佳传动比应能保证发动机可靠起动，同时能使起动机达到最大功率。在实际选择中，由于受飞轮齿圈和驱动齿轮的结构限制，传动比往往稍小于最佳值。这种选择结果，使起动机在工作时并没有达到最大功率，但起动机的转矩增大，对起动是有利的。起动机与发动机的传动比一般在如下范围内选择：汽油发动机为13～17，柴油发动机为8～10。

3. 蓄电池选择

起动机的功率确定后，可以按如下经验公式确定蓄电池的容量：

$$C=(610\sim810)P/U$$

式中　U——起动机的额定电压(V)；

P——起动机的额定功率(kW)；

C——蓄电池的额定容量(A·h)。

对于大功率起动机(7.0～10 kW)，蓄电池的容量可以选择得比计算值小一些。

4. 汽车起动系统的构成

汽车起动系统主要由蓄电池、点火开关、起动机、继电器或电磁开关、起动机啮合传动机构等几部分组成(如图2-27所示)。

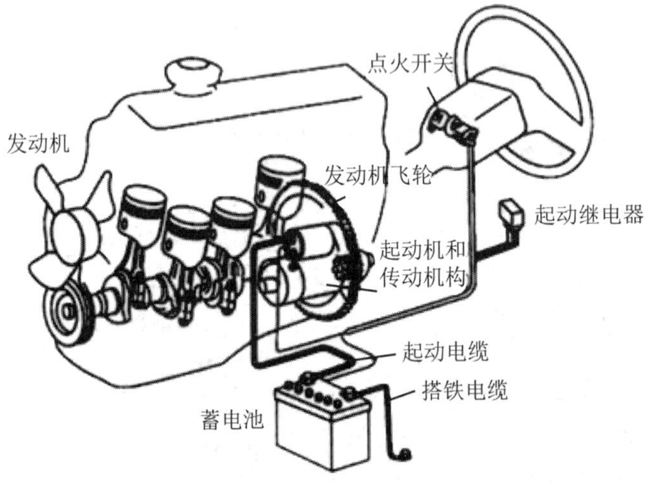

图2-27　汽车起动系统

5. 汽车起动系统的工作原理

汽车起动系统的工作原理(如图2-28所示)：由蓄电池提供电能，在点火开关和起动继电器的控制下，起动机将电能转化为机械能，带动发动机飞轮齿圈和曲轴转动，从而使发动机进入自行运转状态。

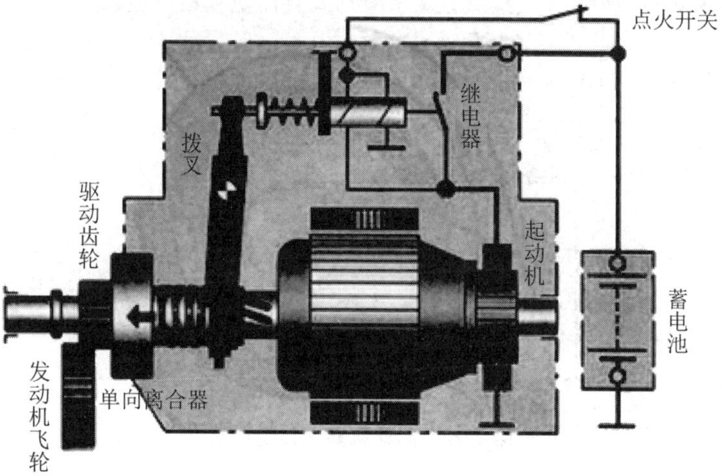

图 2-28　起动机的工作原理

汽车起动系统的工作过程有如下几项内容。

①用钥匙将点火开关转到 ON 挡(起动的前一个挡)，仪表通电，数秒后汽车进入准备起动状态。

②开启点火开关的 START 挡，接通蓄电池和起动系统的电路。

③起动机继电器通电，这里继电器有两个作用，一是接通起动机与蓄电池的电路，二是控制拨叉拨动，使起动机的驱动齿轮与发动机飞轮啮合。

④起动机通电后，在电磁作用下，主轴转动。

⑤起动机主轴上的驱动齿轮转动，带动发动机飞轮和曲轴旋转。这里为了增大转矩，起动机齿轮与发动机飞轮的传动比一般为 13∶17(柴油机一般为 8∶10)，这使得发动机起动更容易。

⑥在正常情况下，短暂的起动后，发动机就能进入自动运转状态。

⑦当发动机进入自动运转状态后，就会起动，同时在单向离合器的作用下，起动机的驱动齿轮会自动脱离与发动机的啮合。

⑧到此为止，一次正常的起动就完成了。但现在一般的起动系统还带有安全保护电路，这是为了保证在发动机转动的时候，起动机不会因为误操作而起动。这通常是通过监测发动机的运转情况来控制是否能开启起动机。系统电路编辑针对不同车型，起动系统电路图的基本结构也有所不同。比较常见的控制电路有开关直接控制的电路、起动继电器控制的电路和组合继电器控制的电路。由起动继电器控制的起动电路中，装配自动变速器和手动变速器车型的起动电路也是不同的。

6. 起动系统基本电路

起动机基本控制电路(如图 2-29 所示)。

①起动时，将点火开关 4 打到起动挡，电磁开关通电，其电路如下：

蓄电池正极→主接线柱3→点火开关4→起动接线柱5→(分两路)一路为保持线圈8→搭铁；另一路为吸拉线圈7→主接线柱1→串励式直流电动机→搭铁。

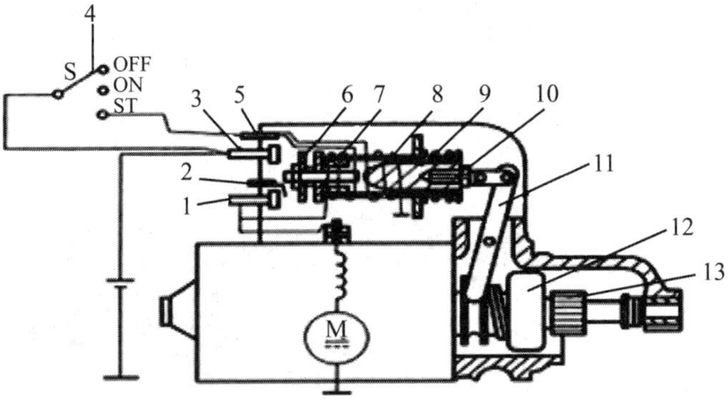

图 2-29　起动机基本控制电路

1、3—主接线柱；2—点火线圈附加电阻短路接线柱；4—点火开关；5—起动接线柱；6—接触盘；7—吸拉线圈；8—保持线圈；9—活动铁芯；10—调节螺钉；11—拨叉；12—单向离合器；13—驱动齿轮

此时，吸拉线圈7与保持线圈8的电流绕向相同，磁场方向相同，活动铁芯9在两个线圈磁场力的共同作用下克服回位弹簧的作用向左移动，通过拨叉11使驱动齿轮13与飞轮啮合。当驱动齿轮13与飞轮啮合后，接触盘6将主接线柱1、3内侧触头接通，于是起动机的主电路接通(电流为200～600 A)，电路如下：

蓄电池正极→主接线柱3→接触盘6→主接线柱1→励磁绕组→电刷→电枢绕组→电刷→搭铁。

这时直流电动机产生电磁转矩，通过单向离合器带动曲轴旋转，起动发动机。

②发动机起动后，单向离合器打滑。

③松开点火开关4，点火开关4从起动挡回到点火挡，这时从点火开关4到起动接线柱5之间已没有电流，吸拉线圈7与保持线圈8的电路变为：

蓄电池正极→主接线柱3→接触盘6→主接线柱1→吸拉线圈7→保持线圈8→搭铁。

此时，由于吸拉线圈7与保持线圈8的电流绕向相反，磁场方向相反，磁吸力相互抵消，因此，活动铁芯9在回位弹簧的作用下，迅速右移，使主电路断开，驱动齿轮13与飞轮脱离啮合，起动机停止工作。

在接触盘6接通主电路之前，由于电流经吸拉线圈7到励磁绕组与电枢绕组，所以电枢产生了一个较小的电磁转矩，使驱动齿轮13在缓慢旋转状态下与飞轮平稳啮合。主电路接通后，吸拉线圈7被短路，活动铁芯9的位置由保持线圈产生的磁吸力来保持。

主电路接通的同时，接触盘6将接线柱2接通，使点火线圈的附加电阻短接，提高点火电压。现在附加电阻已经很少采用，所以这个接线柱或不接线，或已经取消。

要使发动机由静止状态过渡到工作状态，必须先用外力转动发动机的曲轴，使活塞做往复运动，汽缸内的可燃混合气燃烧膨胀做功，推动活塞向下运动使曲轴旋转，发动机才能自行运转，工作循环才能自动进行。因此，曲轴在外力作用下开始转动到发动机开始自动地怠速运转的全过程，称为发动机的起动。完成起动过程所需的装置，称为发动机的起动系。

汽油机由以上两大机构和五大系统组成，即由曲柄连杆机构、配气机构、燃料供给系、润滑系、冷却系、点火系和起动系组成；

柴油机由以上两大机构和四大系统组成，即由曲柄连杆机构、配气机构、燃料供给系、润滑系、冷却系和起动系组成，柴油机是压燃的，不需要点火系。

2.3 发动机的主要性能指标与特性

2.3.1 发动机的主要性能指标

发动机的性能指标用来表征发动机的性能特点，并作为评价各类发动机性能优劣的依据。发动机的性能指标主要有：动力性指标、经济性指标、环保指标、可靠性指标、轻量化和耐久性指标。

1. 动力性指标

动力性指标是表征发动机做功能力大小的指标，一般用发动机的有效转矩、有效功率、发动机转速等作为评价指标。主要动力性指标包括有效转矩、有效功率及升功率等。

(1)有效转矩

有效转矩是指发动机曲轴对外输出的转矩，用 M_e 表示，单位为 N·m。通过测工器测得。

(2)有效功率

有效功率是指发动机曲轴对外输出的功率，用 P_e 表示，单位为 kW。根据测得的 M_e 及其对应的转速 n。可以通过公式求得：

$$P_e = M_e \times n / 9\ 550$$

(3)升功率

升功率是指在标定工况下发动机每升汽缸工作容积所发出的有效功率，用 P_L 表示，单位是 kW/L。

$$P_L = P_e / V_L$$

式中：V_L——发动机的排量。

2. 经济性指标

发动机经济性指标一般用有效燃油消耗率表示。发动机每输出 1 kW·h 的有效功所消耗的燃油量(以 g 为单位)称为有效燃油消耗率。很显然，在一定条件下，燃油消耗率越低，汽车的经济性越好。

3. 环境指标

环境指标主要指发动机排气品质和噪声水平。由于它关系到人类的健康及其赖以生存的环境，因此各国政府都制定出严格的控制法规，以期削减发动机排气和噪声对环境的污染。当前，排放指标和噪声水平已成为发动机的重要性能指标。

排放指标主要是指从发动机油箱、曲轴箱排出的气体和从汽缸排出的废气中所含的有害排放物的量。对汽油机来说主要是废气中的一氧化碳(CO)和碳氢化合物(HC)含量；对柴油机来说主要是废气中的氮氧化物(NO_x)和颗粒(PM)含量。

噪声是指对人的健康造成不良影响及对学习、工作和休息等正常活动发生干扰的声音。由于汽车是城市中的主要噪声源之一，而发动机又是汽车的主要噪声源，因此控制发动机的噪声就显得十分重要。如我国的噪声标准(GB/T 18697—2002)中规定，轿车的噪声不得大于 79 dB(A)。

4. 可靠性指标和耐久性指标

可靠性指标是表征发动机在规定的使用条件下，在规定的时间内，正常持续工作能力的指标。可靠性有多种评价方法，如首次故障行驶里程、平均故障间隔里程等。

耐久性指标是指发动机主要零件磨损到不能继续正常工作的极限时间。

5. 轻量化

发动机的轻量化通过结构、材料、制造工艺的优化来取得，必须以保证汽车的安全性为最基本的前提。根据零部件的受力、功能和要求，分析每个部件的应力和轻量化目标，进行优化设计后，再确定轻量化材料。铝合金、镁合金、钛合金、工程塑料、复合材料和高强度钢材等新材料是实现发动机轻量化的主要材料，主要用于改造和替代发动机材料。其目的是在保证发动机性能的前提下，通过使用轻质材料来降低发动机的质量，从而实现环保功能。

发动机的材质通常采用缸体缸盖全铸铁、缸体缸盖全铝合金以及缸体铸铁缸盖铝合金三种方式实现轻量化的目的。采用铝合金或钛镁铝合金代替密度大的铸铁发动机部件，从而实现强度更强、质量更轻、性能更好的轻量化发动机。目前缸体铸铁缸盖铝合金的发动机较多。

2.3.2 发动机的特性

1. 发动机的特性

发动机的性能是随着许多因素而变化来的，其变化规律称为发动机特性。

(1)发动机转速特性

发动机的速度特性曲线表示功率 P(千瓦)、扭矩 M(牛顿·米)、比耗油量 g(克/千瓦·时)随发动机转速 n 而连续变化的表现。发动机的速度特性是在制动试验台架上测出的。保持发动机在一定节气门开度的情况下，稳定转速，测取在这一工况下的功率、比耗油等，然后调整被测机载荷(扭矩变化)，使发动机转速改变，再测得另一转速下的功率、比耗油。按照一定转速间隔依次进行上述步骤，就能测出在不同转速下的数值，将这些数值点连点地组成连续曲线，就产生了功率曲线、扭矩曲线和比燃料消耗量曲线，它们与相应的转速区域对应。

当汽油机节气门完全开启(或者柴油机喷油泵在最大供油量时)的速度特性，称为发动机的外特性，它表示发动机所能得到的最大动力性能。从外特性曲线上可以看到发动机所能输出的最大功率、最大扭矩以及它们相应的转速和燃料消耗量，汽车产品介绍书上大都采用发动机外特性曲线图，但一般只标出功率和扭矩曲线。

(2)发动机外特性曲线

MR479QA 型汽油发动机外特性曲线(如图 2-30 所示)是在发动机最好的工作状态下能使发动机发出最大功率的情况下测出来的。它表现的曲线特征是：功率曲线和扭矩曲线都呈现凸形曲线，但两者表现是不一样的。在汽油发动机外特性曲线中，功率曲线在较低转速下数值很小，但随转速增加而迅速增长，但转速增加到一定区间后，功率增长速度变缓，直至最大值后就会下降，尽管此时转速仍会继续增长。

要根据汽车实际工作情况来选择合适的发动机转速 n。如超车时一般选择发动机有效功率 P_e 最大值所对应的发动机转速，爬坡时选择发动机最大扭矩 T_e 所对应的发动机转速，而一般情况下尽量选择最小燃油消耗率所对应的发动机转速，以提高燃油经济性。

扭矩曲线则与功率曲线相反，它往往在较低转速下就能获得最大值，然后随转速上升而下降。

(3)比耗油量

比耗油量指千瓦小时的耗油量，它随转速的增长而呈现一个凹形曲线，在中间某一转速下达到最小值，转速增大或者减少，都会使比耗油量增大。

柴油机外特性曲线表现与汽油机有所不同。它的功率 P、扭矩 M 和比耗油量 g 随转速 n 而变化，但功率 P 曲线是随转速上升而上升，差不多到了最大转速(标定转速)仍未出现曲线的最高点。扭矩 M 曲线变化平缓，在不同转速位置变化量不大。比耗油量 g 曲线不但起点数值低，而且比较平坦(与汽油机比较)。

2. 发动机工作状况

发动机工作状况简称发动机工况。一般是用它的功率与曲轴转速来表征，有时也可用负荷与曲轴转速来表征。

发动机在某一转速下的负荷就是当时发动机发出的功率与同一转速下所可能发出最大功率之比，以百分数表示。在同一转速下，节气门开度越大，表示负荷越大。

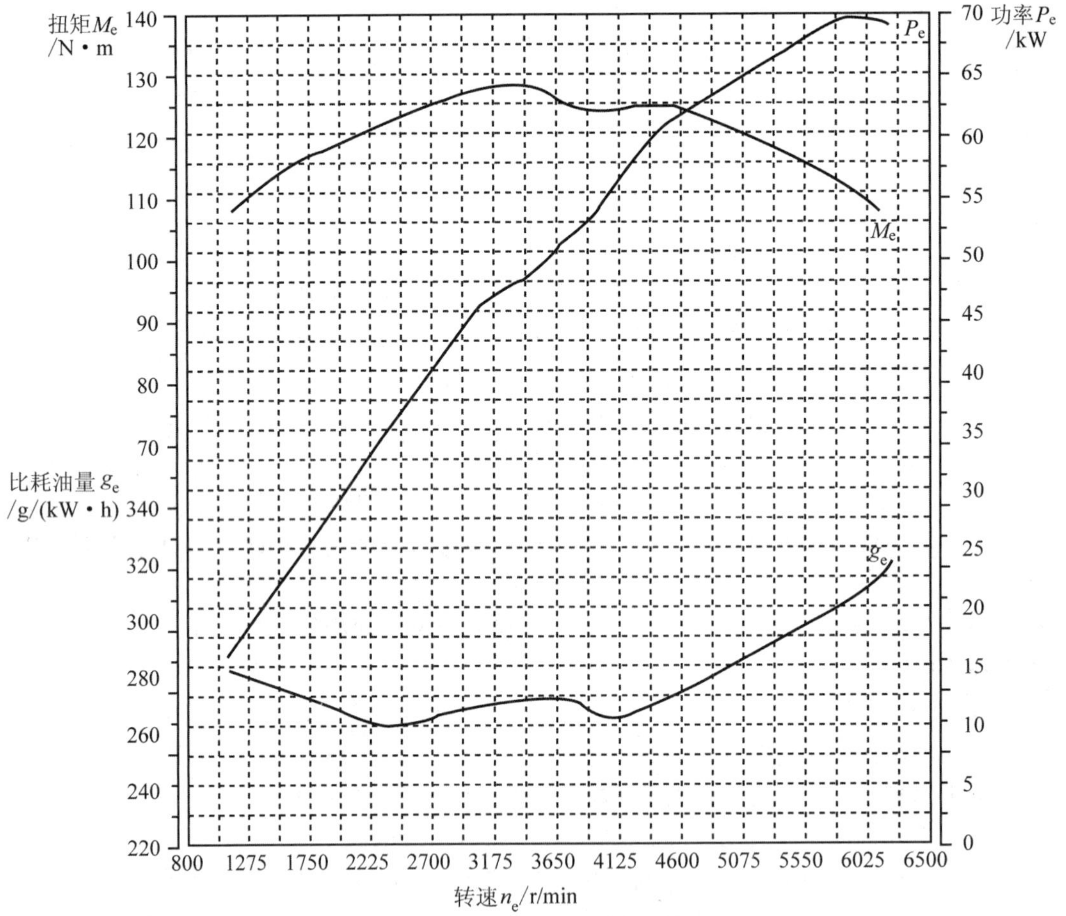

图 2-30　MR479QA 型汽油机性能试验曲线(外特性)图

第 3 章　汽车底盘

汽车底盘由传动系、行驶系、转向系和制动系四部分组成。底盘作用是支撑、安装汽车发动机及其各部件、总成，形成汽车的整体造型，并接受发动机的动力，使汽车产生运动，保证正常行驶。

3.1　汽车传动系

汽车发动机与驱动轮之间的动力传递装置称为汽车的传动系。传动系是确保汽车在各种行驶条件下所必须具有的牵引力、车速，以及牵引力与车速之间协调变化等功能，使汽车具有良好的行驶性能；确保汽车能实现倒车，以及左、右驱动轮能适应差速要求，并使动力传递能根据需要而平稳地结合或彻底、迅速地分离。因此，传动系具有减速、变速、倒车、中断动力、轮间差速和轴间差速等功能，与发动机配合工作，能保证汽车在各种工况条件下的正常行驶，并具有良好的动力性和经济性。

3.1.1　传动系的种类

汽车传动系可按能量传递方式的不同，划分为机械传动、液力传动、液压传动、电传动等。

1. 机械式传动系

机械式传动系结构简单、工作可靠，在各类汽车上得到广泛的应用。其基本组成情况和工作原理：发动机的动力经离合器、变速器、万向节、传动轴、主减速器、差速器、半轴传给后面的驱动轮，并与发动机配合，保证汽车在不同条件下能正常行驶。为了适应汽车行驶的不同要求，传动系应具有减速增扭、变速、使汽车倒退、中断动力传递、使两侧驱动轮差速旋转等具体作用。

2. 液力传动系

液力传动系组合运用液力和机械来传递动力。在汽车上，液力传动一般指液传动，即以液体为传动介质，利用液体在主动元件和从动元件之间循环流动过程中动能的变化来传递动力。液力传动装置有液力偶合器和液力变矩器两种。液力偶合器只能传递扭矩，而不能改变扭矩的大小，可以代替离合器的部分功能，即保证汽车平稳起步和加速，但不能保证在换挡时变速器中的齿轮不受冲击。液力变矩器则除了具有液力偶合器的全部功能外，还能实现无级变速，故应用得比液力偶合器广泛得多。但是，液力变矩器的输出扭矩与输入扭矩的比值范围还不足以满足使用要求，故一般在其后再串联一个有级式机械变速器而组成液力机械变速器，以取代机械式传动系中的离合器和变速器。液力机械式传动系能根据道路阻力的变化自动地在若干个车速范围内分别实现无级变速，而且其中的有级式机械变速器还可以实现自动或半自动操纵，因而可使驾驶人的操作大为简化。但是由于其结构较复杂、造价较高、机械效率较低等缺点，除了高级轿车和部分重型汽车以外，一般轿车和货车很少采用。

3. 液压传动系

静液式传动系又称容积式液压传动系，主要由油泵、液压马达、管路和控制装置等组成。发动机的机械能通过油泵转换成液压能，然后由液压马达再次转换为机械能。在一种方案中，只用一个马达将动力传给驱动桥主减速器，再经差速器、半轴传给驱动轮。另一方案是每一个驱动轮上都装一个马达。采用后一方案时，主减速器、差速器和半轴等机械传动件都可取消静压式传动系，由于机械效率低、造价高、使用寿命和可靠性不够理想，故只在某些军用车辆上采用。

4. 电力式传动系

电力式传动系主要由发动机驱动的发电机、整流器、逆变装置(将直流电再转变为频率可变的交流电的装置)和电动轮(内部装有牵引电动机和减速器的驱动轮)等组成。电力式传动系的性能与静液式传动系相近，但电机质量比油泵和液压马达大得多，故只限于在超重型汽车上应用。

3.1.2 传动系的组成及工作原理

汽车传动系一般由离合器、变速器、传动轴、万向传动装置、主减速器、差速器和半轴等组成。

1. 离合器

离合器位于发动机和变速箱之间的飞轮壳内，用螺钉将离合器总成固定在飞轮的后平面上，离合器的输出轴就是变速箱的输入轴，主要由主动部分、从动部分、压紧装置、分离机构和操纵机构组成。在汽车行驶过程中，驾驶人可根据需要踩下或松开离合器踏板，使发动机与变速箱暂时分离和逐渐接合，以切断或传递发动机向变速器输入的动力。离合器的功用主要有：

(1)保证汽车平稳起步

起步前汽车处于静止状态，如果发动机与变速箱是刚性连接的，一旦挂上挡，汽车将由于突然接上动力而突然前冲，不但会造成机件的损伤，而且驱动力也不足以克服汽车前冲产生的巨大惯性力，使发动机转速急剧下降而熄火。如果在起步时利用离合器暂时将发动机和变速箱分离，然后离合器逐渐接合，由于离合器的主动部分与从动部分之间存在着滑磨的现象，可以使离合器传出的扭矩由零逐渐增大，而汽车的驱动力也逐渐增大，从而让汽车平稳地起步。

(2)便于换挡

汽车行驶过程中，经常换用不同的变速箱挡位，以适应不断变化的行驶条件。如果没有离合器将发动机与变速箱暂时分离，那么变速箱中啮合的传力齿轮会因载荷没有卸除，其啮合齿面间的压力很大而难于分开。另一对待啮合齿轮会因二者圆周速度不等而难于啮合。即使强行进入啮合也会产生很大的齿端冲击，容易损坏机件。利用离合器使发动机和变速箱暂时分离后进行换挡，则原来啮合的一对齿轮因载荷卸除，啮合面间的压力大大减小，就容易分开。而待啮合的另一对齿轮，由于主动齿轮与发动机分开后转动惯量很小，采用合适的换挡动作就能使待啮合的齿轮圆周速度相等或接近相等，从而避免或减轻齿轮间的冲击。

(3)防止传动系过载

汽车紧急制动时，车轮突然急剧降速，而与发动机相连的传动系由于旋转的惯性，仍保持原有转速，这往往会在传动系统中产生远大于发动机转矩的惯性矩，使传动系的零件容易损坏。由于离合器是靠摩擦力来传递转矩的，所以当传动系内载荷超过摩擦力所能传递的转矩时，离合器的主、从动部分就会自动打滑，因而起到了防止传动系过载的作用。

2. 变速器

汽车变速器通过改变传动比，改变发动机曲轴的转矩，适应在起步、加速、行驶以及克服各种道路阻碍等不同行驶条件下对驱动车轮牵引力及车速不同要求的需要。通俗上分为手动变速器(MT)，自动变速器(AT)，手动/自动变速器，无级式变速器。虽然类型不同、组成部分不同，但功能几乎一样。显然自动变速器结构更为复杂，技术含量更高，操作更为简便，价格较为昂贵，维修较为不便。对变速器的要求包括以下几点：

(1)能防止变速器自动换挡和自动脱挡。

(2)能保证变速器不会同时挂入两个挡位。

(3)能防止误挂倒挡。

3. 传动轴

传动轴总成由外万向节(RF 节)、内万向节(VL 节)和花键轴组成，RF 节和 VL 节均为球笼式等速万向节。VL 节用螺栓与差速器传动轴凸缘相连接，RF 节通过外星轮端部的花键轴与前轮相连接，左、右前轮分别由一根等速万向节传动轴驱动。

4. 万向传动装置

万向传动装置在汽车上任何一对轴间夹角和相对位置经常发生变化的转轴之间传递动力。

(1)变速器(或分动器)与驱动桥之间

一般 FR 的输出轴线与驱动桥的输入轴线难以布置重合，并且汽车在负荷变化及在不平路面行驶时引起的跳动，将使驱动桥输入轴与变速器输出轴之间的夹角和距离发生变化，故需万向传动装置连接。

(2)变速器与离合器或与分动器之间

虽然变速器、离合器、分动器等都支撑在车架上，且它们的轴线也可以设计重合，但为消除车架变形及制造、装配误差等引起的轴线同轴度误差对动力传递的影响，其间也常装有万向传动装置。

(3)转向驱动桥和断开式驱动桥中

汽车的转向驱动桥需要满足转向和驱动的功能，其半轴是分段的，转向时两段半轴轴线相交且夹角变化，因此要用万向传动装置。在断开式驱动桥中，主减速器壳固定是在车架上的，桥壳上下摆动，半轴是分段的，也须用万向传动装置。

(4)转向操纵机构中

某些汽车的转向操纵机构受整体布置的限制，转向盘轴线与转向器输入轴线不重合，因此在转向操纵机构中装有万向传动装置。

5. 主减速器

主减速器是汽车传动系中减小转速、增大扭矩的主要部件。对发动机纵置的汽车来说，主减速器还利用锥齿轮传动以改变动力方向。

汽车正常行驶时，发动机的转速通常在2 000～3 000 r/min，如果只靠变速箱来将这么高的转速降低，那么变速箱内齿轮副的传动比则需很大，而齿轮副的传动比越大，两齿轮的半径比也越大，换句话说，也就是变速箱的尺寸会越大。另外，转速下降，而扭矩必然增加，也就加大了变速箱与变速箱后一级传动机构的传动负荷。所以，在动力向左右驱动轮分流的差速器之前设置一个主减速器，可使主减速器前面的传动部件如变速箱、分动器、万向传动装置等传递的扭矩减小，也可使变速箱的尺寸质量减小，操纵省力。现代汽车的主减速器广泛采用螺旋锥齿轮和双曲面齿轮。双曲面齿轮工作时，齿面间的压力和滑动较大，齿面油膜易被破坏，必须采用双曲面齿轮油润滑，绝不允许用普通齿轮油代替，否则将使齿面迅速擦伤和磨损，大大降低使用寿命。

6. 差速器

驱动桥两侧的驱动轮若用一根整轴刚性连接，则两轮只能以相同的角速度旋转。这样，当汽车转向行驶时，由于外侧车轮要比内侧车轮移过的距离大，将使外侧车轮在滚动的同时产生滑拖，而内侧车轮在滚动的同时产生滑转。即使是汽车直线行驶，也会因路面不平或虽然路面平直但轮胎滚动半径不等(轮胎制造误差、磨损不同、受载不均或气压不等)而引起车轮的滑动。车轮滑动时不仅加剧轮胎磨损、增加功率和燃料消耗，还会使汽车转向困难、制动性能变差。

为使车轮尽可能不发生滑动，在结构上必须保证各车辆能以不同的角速度转动。通常从动车轮用轴承支撑在心轴上，使之能以任何角速度旋转，而驱动车轮分别与两根半轴刚性连接，在两根半轴之间装有差速器。这种差速器又称为轮间差速器。多轴驱动的越野汽车，为使各驱动桥能以不同角速度旋转，以消除各桥上驱动轮的滑动，有的在两驱动桥之间装有轴间差速器。

现代汽车上的差速器通常按其工作特性分为齿轮式差速器和防滑差速器两大类。齿轮式差速器当左右驱动轮存在转速差时，差速器分配给慢转驱动轮的转矩大于快转驱动轮的转矩。这种差速器转矩均分特性能满足汽车在良好路面上正常行驶。但当汽车在坏路上行驶时，却严重影响通过能力。例如，当汽车的一个驱动轮陷入泥泞路面时，虽然另一驱动轮在良好路面上，汽车却往往不能前进(俗称打滑)。此时在泥泞路面上的驱动轮原地滑转，在良好路面上的车轮却静止不动。这是因为在泥泞路面上的车轮与路面之间的附着力较小，路面只能通过此轮对半轴作用较小的反作用力矩，因此差速器分配给此轮的转矩也较小，尽管另一驱动轮与良好路面间的附着力较大，但因平均分配转矩的特点，使这一驱动轮也只能分到与滑转驱动轮等量的转矩，以致驱动力不足以克服行驶阻力，汽车不能前进，而动力则消耗在滑转驱动轮上。此时加大油门不仅不能使汽车前进，反而浪费燃油，加速机件磨损，尤其使轮胎磨损加剧。有效的解决办法是挖掉滑转驱动轮下的稀泥或在此轮下垫干土、碎石、树枝、干草等。

为提高汽车在坏路上的通过能力，某些越野汽车及高级轿车上装置防滑差速器。防滑差速器的特点是：当一侧驱动轮在坏路上滑转时，能使大部分甚至全部转矩传给在良好路面上的驱动轮，以充分利用这一驱动轮的附着力来产生足够的驱动力，使汽车顺利起步或继续行驶。

7. 半轴

半轴是差速器与驱动轮之间传递扭矩的实心轴，其内端一般通过花键与半轴齿轮连接，外端与轮毂连接。现代汽车常用的半轴，根据其支撑形式不同，有全浮式和半浮式两种。

(1)全浮式

全浮式半轴只传递转矩，不承受任何反力和弯矩，因而广泛应用于各类汽车上。全浮式半轴易于拆装，只需拧下半轴突缘上的螺栓即可抽出半轴，而车轮与桥壳照样能支持汽车，从而给汽车维护带来方便。

(2)半浮式

半浮式半轴既传递扭矩又承受全部反力和弯矩。它的支撑结构简单、成本低，因而被广泛用于反力弯矩较小的各类轿车上。但这种半轴支撑拆取麻烦，且汽车行驶中若半轴折断，则易造成车轮飞脱的危险。

3.1.3 汽车传动系的布置形式

1. 前置后驱(FR)

FR即发动机前置、后轮驱动。这是一种传统的布置形式。国内外的大多数货车、部分轿车和部分客车都采用这种形式。FR的优点是附着力大，易获得足够的驱动力，整车的前后重量比较均衡，操控稳定性较好。缺点是传动部件多、传动系统质量大，贯穿乘坐舱的传动轴占据了舱内的地台空间。

2. 后置后驱(RR)

RR即发动机后置、后轮驱动。在大型客车上多采用这种布置形式，少量微型、轻型轿车也采用这种形式。发动机后置，使前轴不易过载，并能更充分地利用车厢面积，还可有效地降低车身地板的高度或充分利用汽车中部地板下的空间安置行李，也有利于减轻发动机的高温和噪声对驾驶人的影响。缺点是发动机散热条件差，行驶中的某些故障不易被驾驶人察觉。远距离操纵也使操纵机构变得复杂，维修调整不便。但由于优点较为突出，在大型客车上应用越来越多。

3. 前置前驱(FF)

FF即发动机前置、前轮驱动。这种形式操纵机构简单，发动机散热条件好。但上坡时汽车质量后移，使前驱动轮的附着质量减小，驱动轮易打滑；下坡制动时则由于汽车质量前移，前轮负荷过重，高速时易发生翻车现象。大多数轿车采取这种布置形式。越野汽车一般为全轮驱动，发动机前置，在变速箱后装有分动器将动力传递到全部车轮上。轻型越野汽车普遍采用4×4驱动形式，中型越野汽车采用4×4或6×6驱动形式，重型越野汽车一般采用6×6或8×8驱动形式。

4. 中置后驱(MR)

MR即发动机中置、后轮驱动。发动机放置在前、后轴之间，同时采用后轮驱动，类似F_1赛车的布置形式。还有一种“前中置发动机”，即发动机置于前轴之后、乘员之前，类似于FR，但能达到与MR一样的理想轴荷分配，从而提高操控性。MR的优点是：轴荷分配均匀，具有很中性的操控特性。缺点是：发动机占去了座舱的空间，降低了空间利用率和实用性，因此MR大都是追求操控表现的跑车。

5. 四轮驱动(4WD)

无论上面的哪种布局，都可以采用四轮驱动，以前越野车上应用得最多，但随着限滑差速器技术的发展和应用，四驱系统已能精确地调配扭矩在各轮之间的分配，所以高性能跑车出于提高操控性考虑也越来越多地采用四轮驱动。4WD的优点是：四个车轮均有动力，地面附着率最大，通过性和动力性好。

3.2 汽车行驶系

3.2.1 汽车行驶系概述

常见的汽车行驶系有轮式、半履式、车轮—履带式及水陆两用式等多种类型，但应用最为广泛的是轮式行驶系。

行驶系是通过车轮与路面之间的附着作用，将传动系传来的力矩变为汽车行驶的驱动力矩；支撑汽车总质量，传递路面作用于车轮上的各种力及力矩；缓和冲击，减小振动，保证汽车的行驶平顺性；行驶系还与转向系配合保证汽车的操纵稳定性。

1. 汽车行驶系的组成

轮式行驶系一般由车架、车桥、车轮和悬架组成，如图3-1所示。

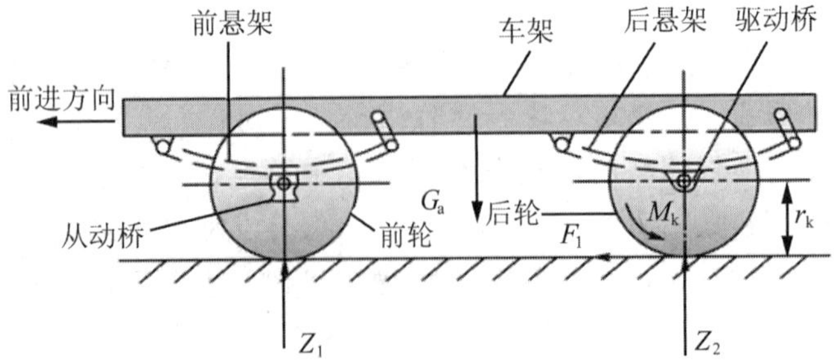

图3-1 轮式汽车行驶系的组成及部分受力情况

2. 汽车行驶系的功用

①接受传动系传来的转矩，并通过驱动轮与路面的附着作用，产生路面对汽车的

牵引力。

②传递并承受路面作用于车轮上的各向反力及其所形成的力矩。

③尽可能缓和不平路面对车身造成的冲击，减少车身振动，即保证汽车的行驶平顺性。

④与汽车转向系配合，保证汽车的操纵稳定性。

3.2.2 车架

车架是连接在各车桥之间形似桥梁的一种结构，是整个汽车的安装基础。车架上安装着汽车的各总成和部件，使各总成和部件间保持正确的相对位置，并承受来自车上和地面的各种静载荷及动载荷。

1. 车架的作用

车架俗称大梁，是汽车的基础件。

①车架上安装着发动机、变速箱、传动轴、前后桥和车身等总成和部件。

②支撑、连接汽车的各总成，使各总成保持相对正确的位置。

③承受车内外的各种载荷。

2. 对车架的技术要求

车架既然是整个汽车安装的基础，自然会对车架的结构及稳定性有比较高的要求，下面简要叙述车架应该满足的条件，也可以说成对车架的要求。

①车架的结构首先应满足汽车总体的布置要求。

②车架应具有足够的强度和合适的刚度，以满足承受各种静、动载荷。

③车架结构简单，质量应尽可能小，便于机件拆装、维修。

④车架的结构形状尽可能有利于降低汽车重心和获得大的转向角，以提高汽车行驶的稳定性和转向的灵活性。这一点对轿车和客车尤为重要。

3. 车架的类型和构造

汽车车架按结构形式可分为边梁式车架、中梁式车架、综合式车架和无梁式车架。许多轿车、公共汽车没有单独的车架，而以车身代替车架，主要部件联接在车身上，这种车身称为承载式车身。这种结构的车身底板用纵梁和横梁进行加固，车身刚度好，质量轻，但制造要复杂一些。

当汽车行驶时，车架有可能产生扭转变形以及纵向平面内的弯曲变形；当一边车轮遇到障碍时，还可能使整个车架变成菱形。这些变形将会改变安装在车架上的各部件之间的相对位置，从而影响其正常工作。

(1)边梁式车架(如图3-2所示)

边梁式车架是由两根纵梁和若干根横梁通过铆接或焊接而连接成的坚固的刚性构架。

纵梁用低合金钢板冲压而成。一般为16 Mn。根据不同需要，其断面形状有较多变化，如槽形断面、“Z”字形断面、箱形断面或“X”形断面。纵梁可以在水平面内或纵向平面内做成弯曲的，以及等断面或非等断面的。

横梁不仅用来保证车架的扭转刚度和承受纵向载荷，而且还用以支撑汽车上的主要部件。通常货车有5～6根横梁。

边梁式车架的结构特点是便于安装车身(包括驾驶室、车厢及一些特种装备等)和布置其他总成，有利于改装变形车和发展多品种汽车，因此被广泛应用于货车和特种汽车上。

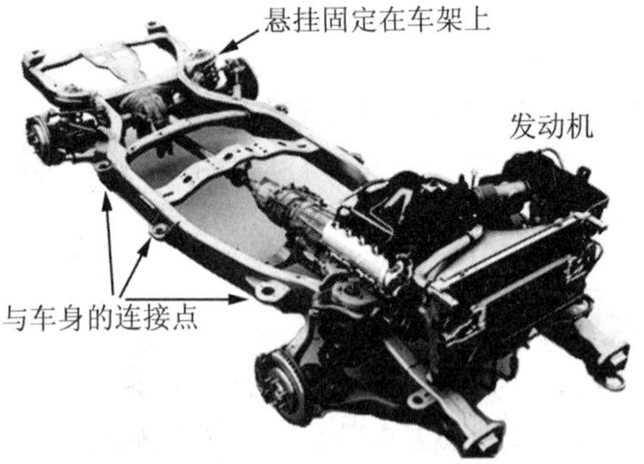

图 3-2　边梁式车架的汽车发动机及底盘结构图

(2)中梁式车架(如图3-3所示)

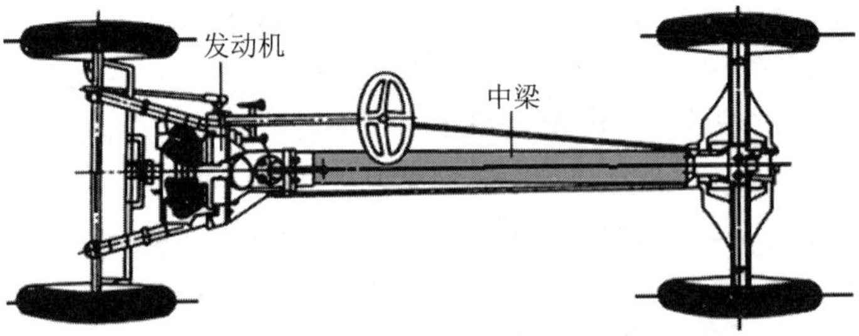

图 3-3　中梁式车架的汽车发动机及底盘示意图

①中梁是管式的(有做成箱形的)，传动轴装在管内，主减速器通常固定在中梁的尾端，而形成断开式驱动桥，中梁的前端做成伸出的支架，以固定发动机。它适用于独立悬架的货车和轿车。

②中梁式车架的特点是：能使车轮有较大的运动空间，便于采用独立悬架；与同吨位货车相比，其车架较轻，减小了整车质量；重心较低，行驶的稳定性好；车架的强度和刚度较大(尤其是扭转刚度大)；中梁还能起封闭传动轴的防尘套作用；制造工艺复杂，精度要求高，保养和修理不便。

目前，部分轿车和大型客车取消了车架，而以车身兼代车架的作用，即将所有部件固定在车身上，所有的力也由车身来承受，即所谓的承载式车身。

3.2.3 车桥

1. 车桥的功用

车桥通过悬架和车架(或承载式车身)相连，两端安装汽车车轮，用以在车架(或承载式车身)与车轮之间传递各向作用力并承受这些力所引起的弯矩和转矩。

2. 车桥的结构与分类

车桥可以是整体式的，有如一个巨大的杠铃，两端通过悬架系统支撑着车身，因此整体式车桥通常与非独立悬架配合；车桥也可以是断开式的，像两把雨伞插在车身两侧，再各自通过悬架系统支撑车身，所以断开式车桥与独立悬架配用。

根据驱动方式的不同，车桥也分成转向桥、驱动桥、转向驱动桥和支持桥四种。其中转向桥和支持桥都属于从动桥。大多数汽车采用前置后驱动(FR)，因此前桥作为转向桥，后桥作为驱动桥；而前置前驱动(FF)汽车则前桥成为转向驱动桥，后桥充当支持桥。

(1)转向桥

①转向桥的功能。

转向桥能使装在前端的左右车轮偏转一定的角度来实现转向，还能承受垂直载荷和由道路、制动等力产生的纵向力和侧向力，以及这些力所形成的力矩。

a. 利用铰链装置使车轮可以偏转一定角度以实现汽车的转向；

b. 除承受汽车的部分质量(垂直载荷)外，还要承受来自地面的各种反作用力，以及这些力所造成的力矩。

②转向桥的组成及构造。

转向桥一般由前轴、转向节、主销、轮毂部分组成。

图 3-4 所示为 EQ1090 型汽车转向桥。为提高抗弯刚度，前梁 12 断面呈工字形，系锻造而成。在接近两端处略呈方形，以提高抗扭强度。前梁中部有两处较宽，用以支撑钢板弹簧。中部向下弯曲，以降低发动机安装位置，从而降低汽车重心，扩展驾驶人视野，并减小传动轴与变速器输出轴之间的夹角。前梁两端的加粗部分呈拳状并有通孔。通过主销使之与转向节连接，用带螺纹的楔形销将主销固定在拳部孔内。

转向节与前梁用主销连接后，转向节可绕主销偏转一定的角度而使车轮转动。为减轻转向节销孔的磨损，在转向节销孔内压入了青铜衬套。为使转向节转动时轻便灵活，在转向节下主销孔的上平面与前轴连接处安装滚子推力轴承。在转向节上耳与拳部之间装有调整垫片用于调整间隙，装左、右梯形臂安装在左、右转向节下耳的键槽锥孔内。

车轮轮毂通过圆锥滚子轴承支撑在转向节的轴颈上，通过调整螺母调整轴承的松紧度。

③前轴和主销的结构。

前轴由横断面形状区分有工字形和管形两种。主销常见的形式有实心圆柱形、空心圆柱形、圆锥形和阶梯形 4 种。

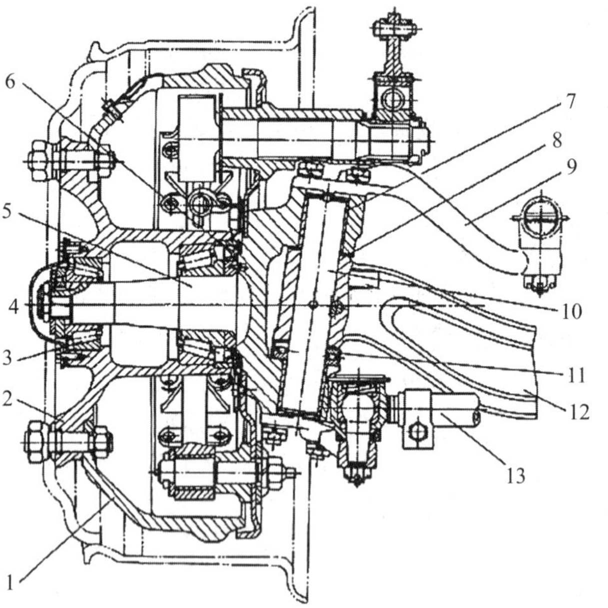

图 3-4　EQ1090 型汽车转向桥(前桥)

2—轮毂；3、4—轮毂轴承；5—转向节；6—油封；7—衬套；8—调整垫片；
臂；10—主销；11—滚子推力轴承；12—前梁(工字梁)；13—转向横拉杆

(2)车轮定位

①转向轮定位。

为了使汽车具有稳定的直线行驶能力和转向轮自动回正性，具有转向轻便性，减少汽车在行驶过程中轮胎和转向机件的磨损，汽车的转向车轮、转向节和车桥与车架的安装应保持一定的相对位置。这种具有一定的相对位置反映在主销和前轮的相对安装关系上，称为前轮定位。

前轮定位包括：主销后倾(角)、主销内倾(角)、前轮外倾(角)和前轮前束。

a. 主销后倾。

主销装在前轴上后，其上端略向后倾斜，这种现象称为主销后倾。在纵向垂直平面内，主销轴线与垂线之间夹角 γ 叫主销后倾角(如图 3-5 所示)。主销后倾的目的是提高汽车直线行驶的稳定性，即当转向轮在行驶中遇到障碍物发生偏向时，车轮能自动回正。

主销具有后倾角时，主销轴线与路面的交点 a 位于车轮与路面接触点 b 的前面，当汽车直线行驶时，若转向轮偶然遇到外力发生偏转，将使汽车行驶方向偏离，而在 b 点有地面对车轮作用一个侧向反力与此力构成一

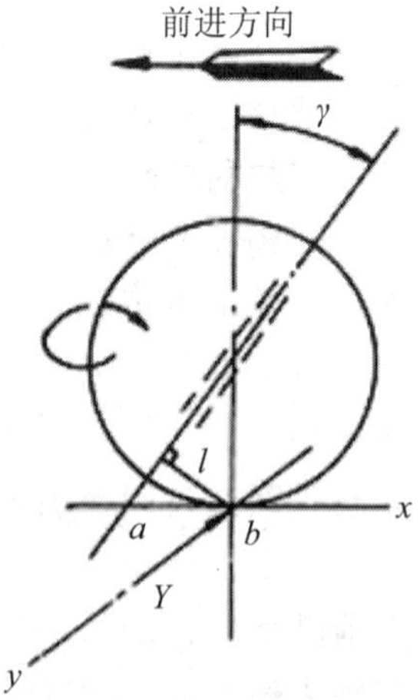

图 3-5　主销后倾角作用示意图

个绕主销的作用力矩，其作用方向正好与车轮偏转方向相反，使车轮恢复到原来位置，这种回正作用保证了汽车稳定的直线行驶，故此力矩称为稳定力矩。但是，当稳定力矩过大时会造成转向费力。

主销后倾是由前轴钢板托座的倾斜来实现的。γ 角一般不超过 $2^\circ\sim3^\circ$，现代高速汽车由于轮胎弹性增加，轮胎气压较低，行驶时轮胎与地面的接触面中心相应后移，引起稳定力矩增加，因此 γ 角可以减少到接近于零甚至为负值(如红旗轿车)。

b. 主销内倾。

主销上端安装在前轴上后，其上端略为向内倾斜，称为主销内倾。在横向平面内，主销上部向内倾斜的角度 β 称为主销内倾角(如图 3-6 所示)，主销内倾的目的是使转向轻便，并使车轮有自动回正作用。

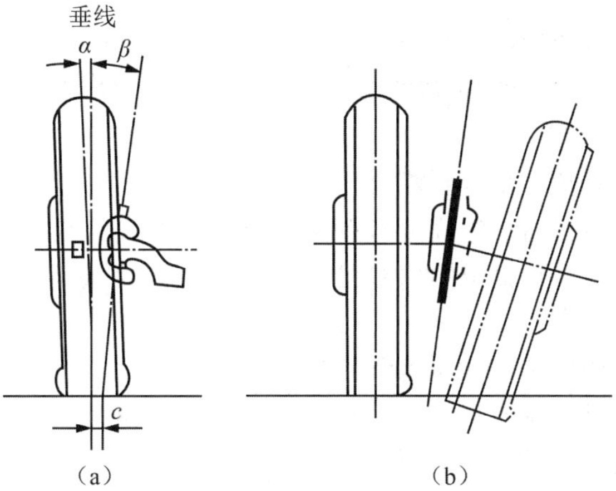

图 3-6　主销内倾角作用示意图

主销内倾角是在前梁设计中保证的，将前梁两端的主销孔轴线上端向内倾斜就形成了内倾角，通常主销内倾角为 $5^\circ\sim8^\circ$，距离 c 一般为 40～60 mm。

c. 前轮外倾。

前轮安装时，略向外倾斜一个角度 α，称为前轮外倾角，如图 3-6(b)所示。前轮外倾角作用是防止车轮内倾，同时亦与拱形路面更好地接触。

由于主销与衬套之间及轮毂轴承松紧等原因，均存在一定间隙。如空车时，车轮正好垂直于路面，满载时，车桥则因受载变形而可能出现车轮内倾，加速轮胎磨损。另外，车轮内倾使轮毂压向外端，加重了外轴承和轮载紧固螺母的负荷，降低它们的使用寿命。

前轮的外倾角是在设计时使转向节轴颈的轴线与水平面成一定角度，用 α 表示。其值一般为 1°左右，但在赛车上为 3°。

d. 前轮前束。

汽车两个前轮安装后，在通过车轮轴线而与地面平行的平面内，前端略向内束，使两个车轮的后端距离 A 大于前端距离 B，其差值 $A-B$ 即为前轮前束(如图 3-7 所示)。

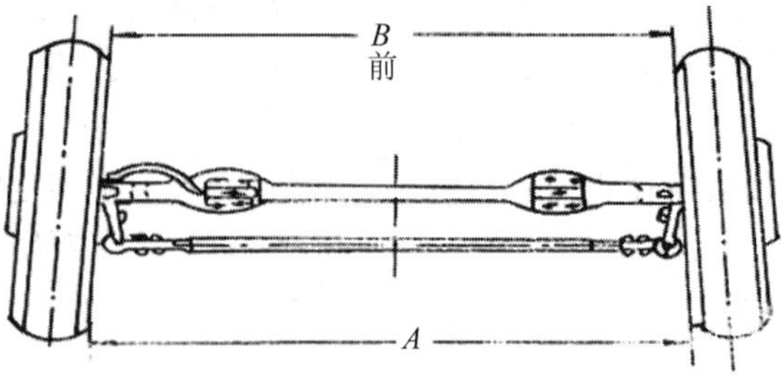

图 3-7　车轮前束

前束的作用是为了消除汽车在行驶中因前轮外倾而使前轮前端向外张开的不利影响。

车轮前束可通过改变横拉杆的长度来调整。调整时，可根据厂家规定的测量位置，使两前后距离差($A-B$)符合所规定的前束值。一般前束值都小于 8～12 mm。

②非转向轮定位。

对于汽车的后轮来说，也同样存在与后轴之间安装的相对位置，称后轮定位。随着车速的不断提高，为提高汽车高速行驶的稳定性，在结构设计上应确保汽车具有不足转向特性。为此，转向轮定位的内容已扩展到非转向轮(后轮)。汽车后轮具有一定程度的外倾角和前束。

后轮定位包括车轮外倾(角)和逐个后轮前束。

a. 后轮外倾角：为了对荷载进行补偿，采用后独立悬架的大多数车辆常带有一个较小的正后轮外倾角。

b. 后轮前束：后轮前束的作用与前轮前束基本相同。一般前驱车，前驱动轮宜采用正前束，后从动轮宜采用负前束；对于后驱汽车，前从动轮宜采用负前束，后驱动轮宜采用正前束。

(3)转向驱动桥

能实现车轮转向和驱动两种功能的车桥称为转向驱动桥。如图 3-8 所示，它具有一般驱动桥所具有的主减速器、差速器及半轴，也具有一般转向桥所具有的转向节、主销和轮毂等。

转向驱动桥广泛应用于全轮驱动的越野车、发动机前置前轮驱动的汽车上。

(4)驱动桥

驱动桥是将发动机传出的驱动力传给驱动车轮，实现降速增扭的作用，同时改变动力传递的方向。

驱动桥主要由主减速器、差速器、半轴、桥壳组成。FF 及 FR 的驱动桥安装位置、结构的区别为：FF 的离合器、变速器、主减速器、差速器、驱动桥组件都安装在变速器壳体中，位于汽车前部，动力传递给前轮；FR 的主减速器、差速器、驱动桥组件安装在驱动桥壳体内，位于汽车后部，动力传递给后轮。

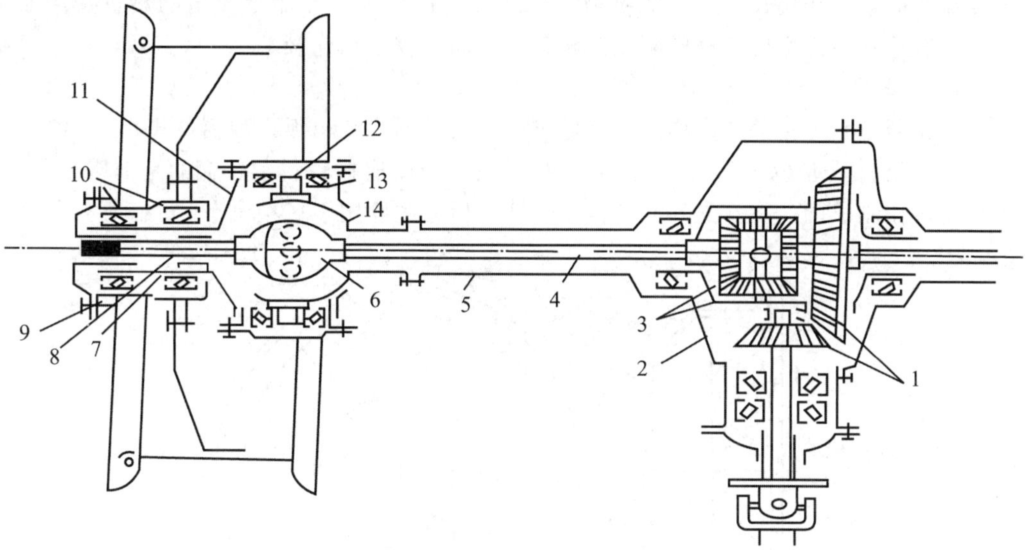

图 3-8 转向驱动桥示意图

1—主减速器；2—主减速器壳；3—差速器；4—内半轴；5—半轴套管；6—万向节；7—转向节轴颈；8—外半轴；9—轮毂；10—轮毂轴承；11—转向节壳体；12—主销；13—主销轴承；14—球形支座

(5)支持桥

支持桥的轮毂、制动鼓及车轮与车桥的连接方式与转向桥一样，通过轴承支撑，轴向定位。车桥只向其传递横、纵向推力或拉力，不传递转矩。

3.2.4 车轮与轮胎

1. 概述

汽车车轮总成由车轮和轮胎两部分组成，是汽车行驶系中极其重要的部件之一，它处于车轴和地面之间，主要功用是：

①支撑整车重量，包括汽车上下运动时产生的惯性动载荷。

②缓和由路面传来的冲击载荷。

③通过轮胎和路面之间的附着作用，产生驱动和阻止汽车运动的外力，即为汽车提供驱动力和制动力。

④产生平衡汽车转向离心力的侧向力，以便顺利转向，并通过轮胎产生的自动回正力矩，使车轮具有保持直线行驶的能力。

⑤承担跨越障碍的作用，保证汽车具有良好的通过性。

2. 车轮

车轮是介于轮胎和车桥之间承受负荷的旋转组件，其功用是安装轮胎，承受轮胎与车桥之间的各种荷载的作用。

(1)车轮的组成

汽车的车轮由轮毂、轮辋以及它们之间的连接部分所组成。轮辋用来安装轮胎，与轮胎共同承受作用在车轮上的负荷，并散发高速行驶时轮胎上产生的热量及保证车轮具有合适的断面宽度和横向刚度。轮毂与转向节或半轴连接。

(2)车轮的分类

①按照车轮连接部分的构造，车轮可分为两种形式：辐板式和辐条式。

a. 辐板式车轮(如图 3-9 所示)：这种车轮中用以连接轮毂和轮辋的是钢质的圆盘，大多是冲压制成的。少数是和轮毂铸成一体，后者主要用于重型汽车。

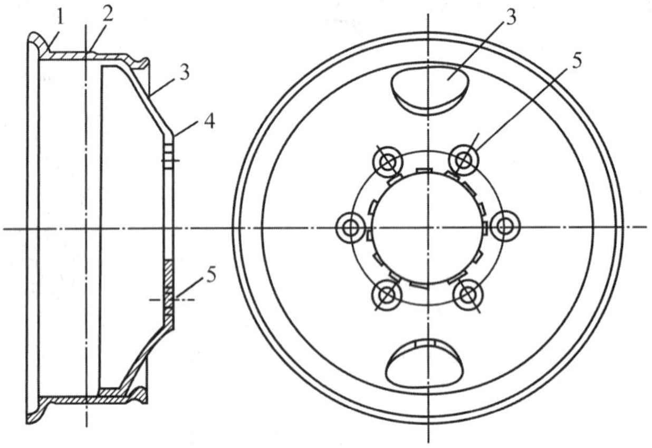

图 3-9　货车辐板式车轮

1—轮辋；2、3、5—孔；4—辐板

b. 辐条式车轮(如图 3-10 所示)：这种车轮的辐条是钢丝辐条或者是和轮毂铸成一体的铸造辐条。钢丝辐条价格昂贵，维修安装不方便，仅用于赛车或某些高级轿车上。

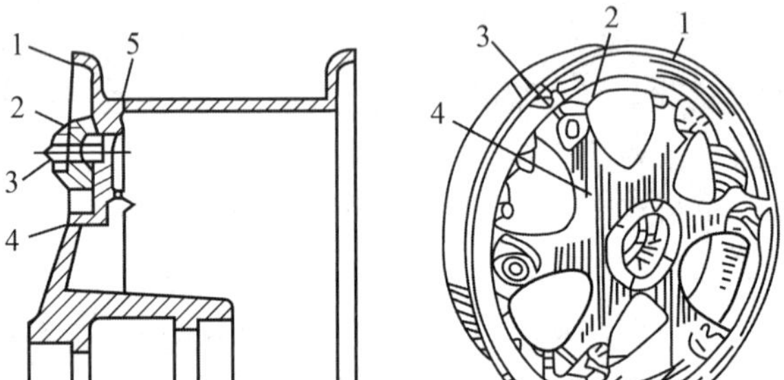

图 3-10　辐条式车轮

1—轮辋；2—衬块；3—螺栓；4—辐条；5—配合锥面

②按照轮辋的结构形式，主要有深槽轮辋、平底轮辋、对开轮辋。

a. 深槽轮辋[如图 3-11(a)所示]：主要用于轿车及轻型越野车。它有带肩的凸缘，用以安放外胎的胎圈，其肩部通常略向中间倾斜，其倾斜角一般是 4°～5°。

b. 平底轮辋：有多种结构形式，主要是便于装卸尺寸较大、胎圈较硬的轮胎[如图

3-11(b)所示]，是我国货车常用的一种形式。

c. 对开轮辋：由内、外两部分组成[如图 3-11(c)所示]，主要用于部分越野车及部分农业机械和工程机械上。

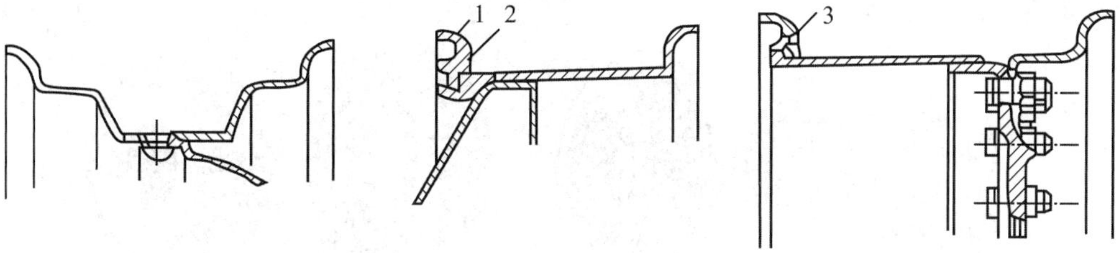

（a）深槽轮辋　　（b）平底轮辋　　（c）对开轮辋

图 3-11　轮辋断面图

1、3—挡圈；2—锁圈

③国产轮辋规格的表示方法。

轮辋规格用轮辋断面宽度和名义直径以及轮缘的形状尺寸来表示。尺寸均以英寸为单位(注：1 in＝2.54 cm)。

如 6.00T－20，最前面的数字表示轮辋断面宽度为 6.00 in，T 表示轮缘形状尺寸，最后的数字表示轮辋的名义直径为 20 in。直径数字前面的符号“－”表示该轮辋为两件或两件以上组成的；若此处的符号是“X”，则表示该轮辋为一件式。

3. 汽车轮胎

(1)轮胎的作用

轮胎安装在轮辋上，直接与路面接触，它的作用是：支撑汽车自重和负荷，传递驱动力和制动力，与汽车悬架共同来缓和汽车行驶时所受到的冲击，并衰减由此而产生的振动，以保证汽车有良好的乘坐舒适性和行驶平顺性；同时还应保证车轮与路面有良好的附着，以提高汽车的牵引性、制动性和通过性。

(2)轮胎的分类

①按胎体结构分类

汽车轮胎按胎体结构不同，可分为充气轮胎和实心轮胎。实心轮胎目前仅应用在沥青混凝土路面的干线道路上行驶的低速汽车或重型挂车上，现代汽车绝大多数采用充气轮胎。

②充气轮胎按胎内工作压力大小分类

可分为高压胎、低压胎和超低压胎 3 种。目前，由于制造轮胎材料不断发展，轮胎负荷能力也大幅度提高，相应的气压也提高了。

③按轮胎胎面花纹形式分类

充气轮胎可分为普通花纹轮胎、越野花纹轮胎和混合花纹轮胎 3 种(如图 3-12 所示)。

普通花纹轮胎适于较好路面。其中的纵向花纹[如图 3-12(a)所示]，轿车、货车均可选用；横向花纹[如图 3-12(b)所示]仅用于货车。

越野花纹的凹部深而粗，越野能力较强，适用于矿山、建筑工地以及其他一些松软路面上使用的越野汽车轮胎。

混合花纹介于普通花纹与越野花纹之间，适用于城市、乡村之间的路面上行驶的汽车轮胎。

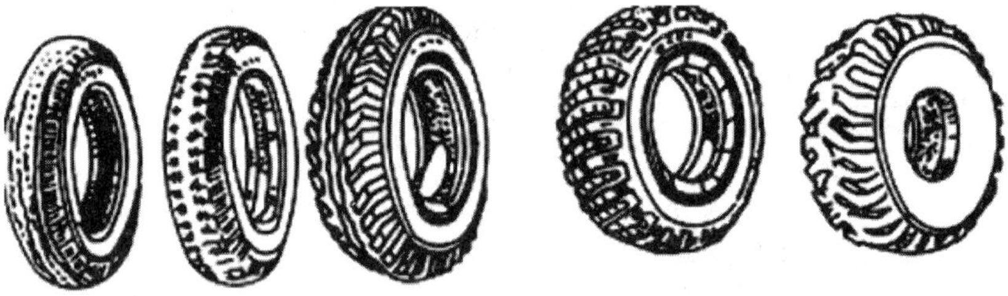

(a) 普通花纹 (b) 普通花纹 (c) 混合花纹 (d) 越野花纹 (e) 越野花纹

图 3-12　轮胎花纹

④按轮胎体中帘线排列的方向分类

充气轮胎还可分为普通斜线轮胎、带束斜交胎和子午线胎(如图 3-13 所示)。

子午线轮胎与普通斜线胎相比，弹性大，耐磨性好，滚动阻力小，附着性能好，缓冲性能好、承载能力大、不易穿刺。但是帘线的内摩擦较小，缺乏自身衰减振动的能力，胎侧较薄，易受损伤，制造技术要求高、成本高。

带束斜交胎的使用寿命和滚动阻力介于子午线轮胎和普通斜线轮胎之间，但带束斜交胎远不如子午线胎那样能够显著改善轮胎的使用性能。

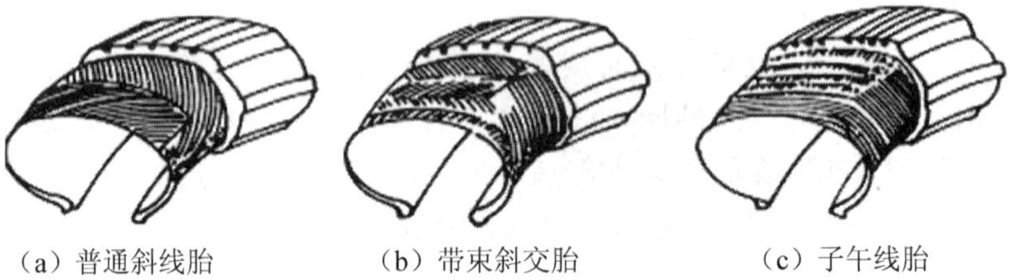

(a) 普通斜线胎　(b) 带束斜交胎　(c) 子午线胎

图 3-13　轮胎构造比较

⑤充气轮胎类型及组成

充气轮胎分为有内胎的充气轮胎和无内胎的充气轮胎两类。

a. 有内胎的充气轮胎

这类轮胎由外胎、内胎和垫带等组成(如图 3-14 所示)。内胎中充满着压缩空气；垫带放在内胎与轮辋之间，防止内胎被轮辋及外胎的胎圈擦伤，兼起防尘、防水作用；外胎是用耐磨橡胶制成的强度较高又富有弹性的外壳，它直接接触路面，保护内胎，使其不受伤害。

外胎通常由帘布层、胎面、缓冲层和胎圈等组成(如图 3-14 所示)。其中帘布层是外胎的骨架，主要作用是支撑负荷，其材料有棉线、人造丝、尼龙、钢丝等。

胎面是外胎的外表层，与路面直接接触，包括胎冠、胎肩及胎侧三部分。缓冲层位于胎面与帘布层之间，质软而有弹性，起加强胎面与帘布层之间结合的作用。胎圈一般由钢丝圈、帘布层包边和胎圈布组成，它是帘布层的根基，具有较大的强度和刚度。

b. 无内胎充气轮胎

其外形与普通轮胎相似(如图 3-15 所示)，但它无内胎和垫带，空气直接充入外胎中，其密封性由外胎和轮辋保证。其优点是当穿孔漏气缓慢时，胎压不会急剧下降，仍能继续行驶；行驶时轮胎升温不高，有利于高速行驶；结构简单，重量小和维修方便。缺点是途中修理较困难。无内胎轮胎一般配用深槽式轮辋，目前在轿车上应用较多。

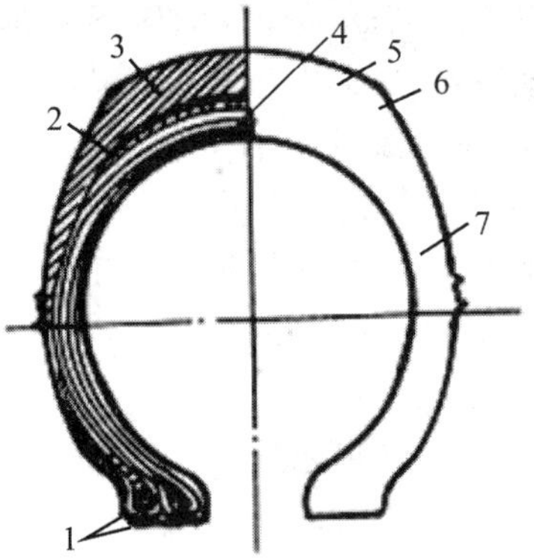

图 3-14　外胎的构造(普通胎)

1—胎圈；2—缓冲层；3—胎面；4—帘布层；5—胎冠；6—胎肩；7—胎侧

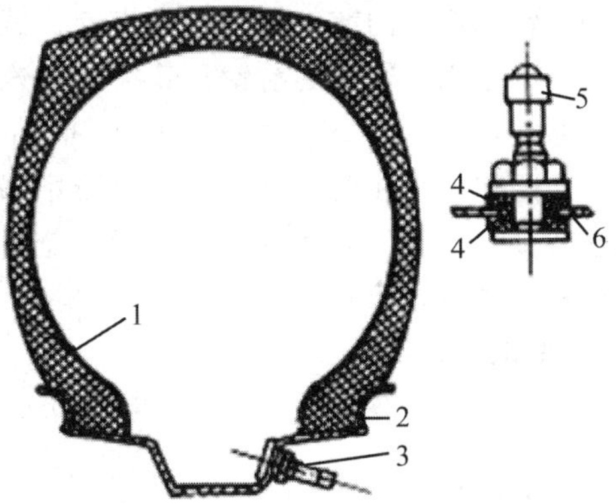

图 3-15　无内胎轮胎(真空胎)

1—气密层；2—胎圈橡胶密封层；3—气门嘴
4—橡胶密封垫；5—气门嘴帽；6—轮辋

(3)轮胎的规格

轮胎规格的表示方法基本上有公制和英制两个系统，目前大多数国家包括我国均采用英制。

高压胎一般用 $D \times B$ 表示，D 为轮胎名义直径，B 为轮胎断面宽度，“×”表示高压胎，单位均为英寸，如 34×7 表示轮胎外径 D 为 34 in，断面宽度 B 为 7 in。由于断面宽度 B 约等于断面高度 H，故安装外胎的轮辋直径 $d = D - 2H = D - 2B$。

汽车上常用的是低压胎，其尺寸标记用 $B - d$ 表示，例如标记为 7.50−16 即表示断面宽度 B 为 7.5 in，而轮辋直径 d 为 16 in，如果是子午线胎则用 7.5R16 标记。

3.2.5　汽车悬架

1. 概述

汽车悬架是车架与车桥之间一切传递动力连接装置的统称。汽车悬架弹性地连接车桥与车身，缓和行驶中车辆受到的由于不平路面引起的冲击力，保证乘坐舒适和货物完好；迅速减轻由于弹性系统引起的振动，传递垂直、纵向、侧向反力及其力矩；并起导向作用，使车轮按一定轨迹相对车身运动。

悬架一般由弹性元件、导向装置、减振器和横向稳定杆组成。各部件的功用是：

(1)弹性元件用来承受并传递垂直载荷，缓和不平路面、紧急制动、加速和转弯引起的冲击或车身位置的变化。

(2)导向装置用来使车轮按一定的运动轨迹相对车身运动，同时传递力的作用。

(3)减振器用来减轻由于弹性系统引起的振动。

(4)横向稳定杆目的是提高侧倾刚度，使汽车具有不足的转向特性，改善汽车的操纵稳定性和行驶平顺性。汽车行驶系的基本组成和结构形式，在很大程度上取决于汽车经常行驶的路段的路面性质。

我们常见轿车的前悬挂一般为麦弗逊式悬挂。麦弗逊式是当今最为流行的独立悬挂之一，一般用于轿车的前轮。其次是四连杆前悬挂系统，多用于豪华轿车，它通过运动学原理巧妙地将牵引力、制动力和转向力分离，同时赋予车辆精确的转向控制。四连杆式悬挂系统在奥迪 A4、A6 以及中华轿车上都可以看到。后悬架系统的种类要比前悬架多，原因是驱动方式的不同决定着后车轴的有无，并与车身重量有关，主要有连杆式和摆臂式两种。

2. 悬架的类型

汽车的悬架可分为非独立悬架和独立悬架两类(如图 3-16 所示)。

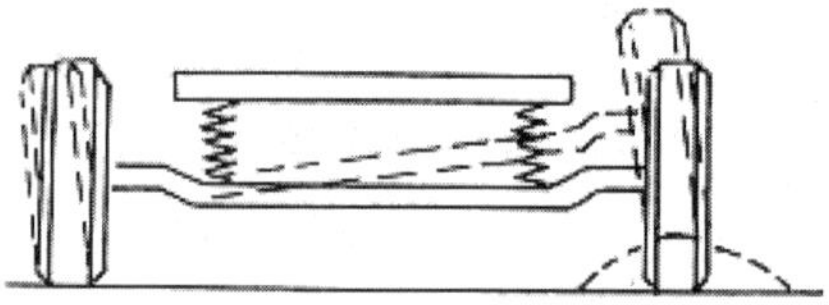

(a) 非独立悬架

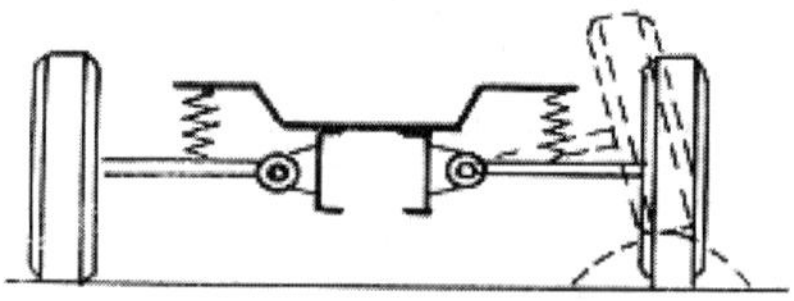

(b) 独立悬架

图 3-16　非独立悬架与独立悬架示意图

(1)非独立悬架

非独立悬架[如图 3-16(a)所示]的结构特点是：两侧车轮由一根整体式车架相连，车轮连同车桥一起通过弹性悬架系统悬架在车架或车身的下面。非独立悬架系统具有结构简单、成本低、强度高、保养容易、行车中前轮定位变化小的优点，但由于其舒适性及操纵稳定性都相对较差，在现代轿车中只有成本控制比较严格的车型才会使用，更多的用于货车和大客车上。

非独立悬架的优点是：

①左右轮在弹跳时会相互牵连，轮胎角度的变化量小使轮胎的磨耗小。

②在车身高度降低时还不容易改变车轮的角度，使操控的感觉保持一致。

③构造简单，制造成本低，容易维修。

④占用的空间较小，可降低车底板的高度。

非独立悬架系统的缺点是：左右轮在弹跳时，会相互牵连，而降低乘坐的舒适性及操控的安定性；因构造简单使设计的自由度小，操控的安定性较差。

(2)独立悬架

独立悬架[如图 3-16(b)所示]的车桥做成断开式的，每一侧的车轮单独地通过弹性悬架悬挂在车架(或车身)的下面。其优点是：质量轻，减少了车身受到的冲击，并提高了车轮的地面附着力；可用刚度小的较软弹簧，改善汽车的舒适性；可以使发动机位置降低，汽车重心也得到降低，从而提高汽车的行驶稳定性；左右车轮单独跳动，互不相干，能减小车身的倾斜和振动。不过，独立悬架系统存在着结构复杂、成本高、维修不便的缺点，同时因为结构复杂，会侵占一些车内乘坐空间。

现代轿车大都是采用独立式悬架系统，按其结构形式的不同，独立悬架系统又可分为横臂式、纵臂式、多连杆式、烛式以及麦弗逊式等。

3. 悬架的结构

汽车悬架包括弹性元件、减振器、导向装置和横向稳定杆四部分。

(1)弹性元件

现代汽车悬架通常采用的弹性元件有：钢板弹簧、螺旋弹簧、扭杆弹簧、橡胶弹簧、气体弹簧和油气弹簧等。

钢板弹簧：由若干片长度不同的细长弹簧片组合而成，多用于厢式车及卡车。现代轿车很少使用。

螺旋弹簧：它吸收冲击的能力强，乘坐舒适性好，是现代汽车上用得最多的弹簧。但是长度较大，安装时占用空间较大，使得悬架系统的布置难以做到很紧凑。

扭杆弹簧：是利用具有扭曲刚性的弹簧钢制成的长杆。一端固定于车身，一端与悬架上臂相连，车轮上下运动时，通过扭杆发生扭转变形而起到弹簧的作用。

橡胶弹簧：利用本身的弹性起弹性元件的作用。

气体弹簧：利用气体的可压缩性代替金属弹簧。具有可变的刚度，随气体的不断压缩渐渐增加刚度，且这种增加是一个连续的渐变过程，而不像金属弹簧是分级变化的。

油气弹簧：实质上是以惰性气体作为弹性介质，以油液为传力介质，因此可以把它看成是气体弹簧和相当于液力减振器的液压缸的组合。

(2)减振器

减振器用来衰减由于弹性系统引起的振动。减振器的类型有筒式减振器、阻力可调式减振器和充气式减振器。用于限制弹簧的自由振荡，从而改善汽车的行驶平顺性，提高乘坐舒适性(如图 3-17 所示)。

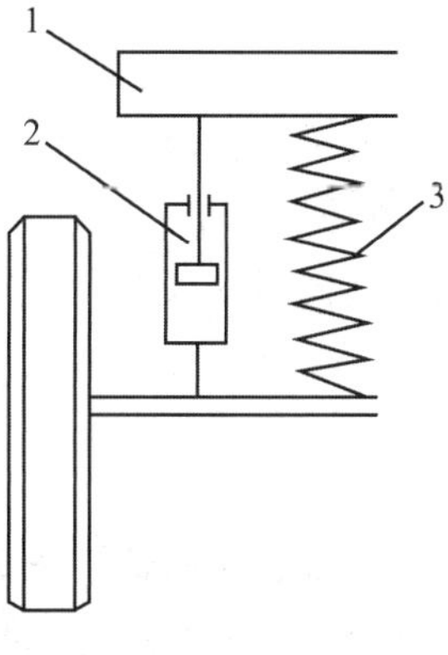

图 3-17　减振器和弹性元件示意图

1—车架；2—减振器；3—弹性元件

减振器的结构是带有活塞的活塞杆插入筒内，在筒中充满油。活塞上有节流孔，使得被活塞分隔出来的两部分空间中的油可以互相补充。阻尼就是在具有黏性的油通过节流孔时产生的，节流孔越小，阻尼力越大，油的黏度越大，阻尼力越大。如果节流孔大小不变，当减振器工作速度快时，阻尼过大会影响对冲击的吸收。

(3)导向装置

导向装置用来使车轮按一定运动轨迹相对车身运动，同时起传递力的作用。通常导向装置由控制摆臂式杆件组成，有单杆式和连杆式两种。钢板弹簧作为弹性元件时，它本身兼导向作用，可不另设导向装置。导向装置用于使上述部件定位，并控制车轮的横向和纵向运动。

(4)横向稳定器

横向稳定器也归属于导向装置。在有些轿车和客车上，为防止车身在转向等情况下发生过大的横向倾斜，在悬架系统中加设有横向稳定器，目的是提高侧倾刚度，使汽车具有不足转向特性，改善汽车的操纵稳定性和行驶平顺性。横向稳定器用于防止汽车横向摆动。

3.3 汽车转向系

3.3.1 汽车转向系的功用

汽车在行驶过程中，需按驾驶人的意志经常改变其行驶方向，即所谓汽车转向。就轮式汽车而言，实现汽车转向的方法是，驾驶人通过一套专设的机构，使汽车转向桥(一般是前桥)上的车轮(转向轮)相对于汽车纵轴线偏转一定角度。在汽车直线行驶时，往往转向轮也会受到路面侧向干扰力的作用，自动偏转而改变行驶方向。此时，驾驶人也可以利用这套机构使转向轮向相反方向偏转，从而使汽车恢复原来的行驶方向。这一套用来改变或恢复汽车行驶方向的专设机构，即称为汽车转向系统(俗称汽车转向系)。因此，汽车转向系的功用是，保证汽车能按驾驶人的意志而进行转向行驶。

3.3.2 转向系的分类及基本组成

1. 类型

转向系可按转向能源的不同，分为机械转向系和动力转向系两类。

(1)机械转向系

机械转向系是以驾驶人施加于转向盘上的体力作为转向能源，其中所有传力件都是机械的。通常由转向操纵机构、转向器和转向传动机构三部分组成。其布置情况如图 3-18 所示。

①转向操纵机构。

由方向盘、转向轴、转向管柱等组成，它的作用是将驾驶人转动转向盘的操纵力传给转向器，并具有一定的调节和安全性能。

转向轴是连接转向盘和转向器的传动件，并传递它们之间的转矩。转向导管安装在车身上，转向轴从转向柱管中穿过，支撑在柱管内的轴承和衬套上。转向盘利用键

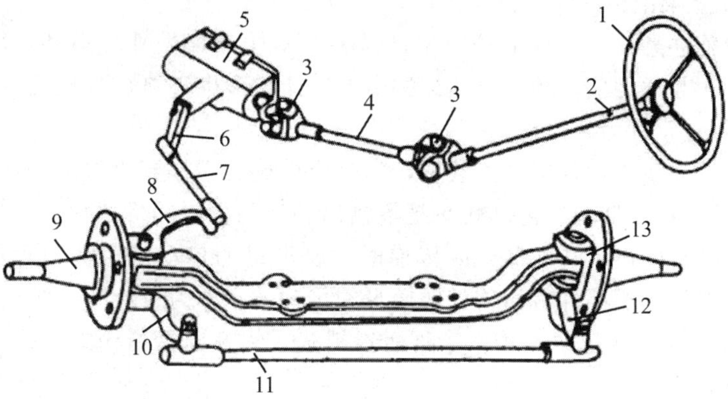

图 3-18　机械转向系示意图

1—转向盘；2—转向轴；3—转向万向节；4—转向传动轴；5—转向器；6—转向摇臂
7—转向主拉杆；8—转向节臂；9—左转向节；10、12—梯形臂；11—转向横拉杆；13—右转向节

和螺母将其固定在转向轴的轴端。

②转向传动机构。

转向传动机构的功用是将转向器输出的力和运动传到转向桥两侧的转向节，使两侧转向轮偏转，且使二转向轮偏转角按一定关系变化，以保证汽车转向时车轮与地面的相对滑动尽可能小。

a. 与非独立悬架配用的转向传动机构。

与非独立悬架配用的转向传动机构主要包括转向摇臂、转向直拉杆、转向节臂和转向梯形。在前桥仅为转向桥的情况下，由转向横拉杆和左、右梯形臂组成的转向梯形一般布置在前桥之后[如图 3-19(a)所示]。当转向轮处于与汽车直线行驶相应的中立位置时，梯形臂与横拉杆，与道路平行的平面(水平面)内的交角大于 90°。

在发动机位置较低或转向桥兼充驱动桥的情况下，为避免运动干涉，往往将转向梯形布置在前桥之前，此时上述交角小于 90°[如图 3-19(b)所示]。若转向摇臂不是在汽车纵向平面内前后摆动，而是在与道路平行的平面向左右摇动，则可将转向直拉杆横置，并借球头销直接带动转向横拉杆，从而推使两侧梯形臂转动。

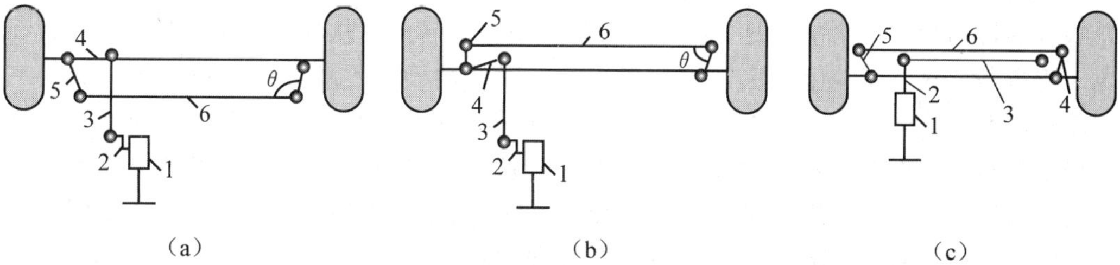

图 3-19　与非独立悬架配用的转向传动机构

1—转向器；2—转向摇臂；3—转向直拉杆；4—转向节臂；5—梯形臂；6—转向横拉杆

b. 与独立悬架配用的转向传动机构。

当转向轮独立悬挂时，每个转向轮都需要相对于车架做独立运动，因而转向桥必须是断开式的。与此相应，转向传动机构中的转向梯形也必须是断开式的。

③转向器(也常称为转向机)。

转向器是转向系中的降速增扭装置，是完成由旋转运动到直线运动(或近似直线运动)的一组齿轮机构。转向器传动效率是指输出功率与输入功率之比。当功率由转向盘输入，从转向摇臂输出，转向器正向传递时，所求得的传动效率称为正传动效率；相反，当转向摇臂受到道路冲击而传到转向盘的传动效率称为逆传动效率。

较常用的有齿轮齿条式、循环球曲柄指销式、蜗杆曲柄指销式、循环球一齿条齿扇式、蜗杆滚轮式等。

a. 齿轮齿条式转向器。

齿轮齿条式转向器分两端输出式(如图 3-20 所示)和中间(或单端)输出式两种。

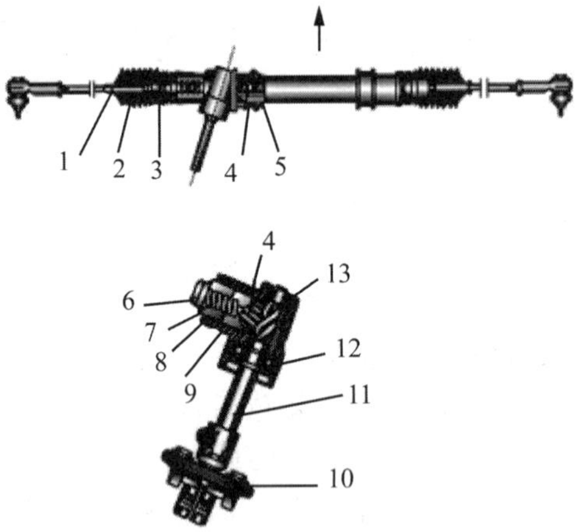

图 3-20　两端输出的齿轮齿条式转向器

1—转向横拉杆 2—防尘套 3—球头座 4—转向齿条；5—转向器壳体；6—调整螺塞；7—压紧弹簧；8—锁紧螺母；9—压块；10—万向节；11—转向齿轮轴；12—向心球轴承；13—滚针轴承

两端输出的齿轮齿条式转向器，作为传动副主动件的转向齿轮轴 11 通过轴承 12 和 13 安装在转向器壳体 5 中，其上端通过花键与万向节叉 10 和转向轴连接。与转向齿轮啮合的转向齿条 4 水平布置，两端通过球头座 3 与转向横拉杆 1 相连。弹簧 7 通过压块 9 将齿条压靠在齿轮上，保证无间隙啮合。弹簧的预紧力可用调整螺塞 6 调整。当转动转向盘时，转向器齿轮 11 转动，使与之啮合的齿条 4 沿轴向移动，从而使左右横拉杆带动转向节左右转动，使转向车轮偏转，从而实现汽车转向。中间输出的齿轮齿条式转向器，其结构及工作原理与两端输出的齿轮齿条式转向器基本相同，不同之处在于它在转向齿条的中部用螺栓 6 与左右转向横拉杆 7 相连。在单端输出的齿轮齿条式转向器上，齿条的一端通过内外托架与转向横拉杆相连。

b. 循环球式转向器。

循环球式转向器是目前国内外应用最广泛的结构形式之一，一般有两级传动副，第一级是螺杆螺母传动副，第二级是齿条齿扇传动副。为了减少转向螺杆转向螺母之间的摩擦，二者的螺纹并不直接接触，其间装有多个钢球，以实现滚动摩擦。转向螺杆和螺母上都加工出断面轮廓为两段或三段不同心圆弧组成的近似半圆的螺旋槽。二者的螺旋槽能配合形成近似圆形断面的螺旋管状通道。螺母侧面有两对通孔，可将钢球从此孔塞入螺旋形通道内。转向螺母外有两根钢球导管，每根导管的两端分别插入螺母侧面的一对通孔中。导管内也装满了钢球。这样，两根导管和螺母内的螺旋管状通道组合成两条各自独立的封闭的钢球“流道”。转向螺杆转动时，通过钢球将力传给转向螺母，螺母即沿轴向移动。同时，在螺杆及螺母与钢球间的摩擦力偶作用下，所有钢球便在螺旋管状通道内滚动，形成“球流”。在转向器工作时，两列钢球只是在各自的封闭流道内循环，不会脱出。

c. 蜗杆曲柄指销式转向器。

蜗杆曲柄指销式转向器的传动副以转向蜗杆为主动件，其从动件是装在摇臂轴曲柄端部的指销。转向蜗杆转动时，与之啮合的指销即绕摇臂轴轴线沿圆弧运动，并带动摇臂轴转动。

d. 转向直拉杆。

转向直拉杆的作用是将转向摇臂传来的力和运动传给转向梯形臂(或转向节臂)。它所受的力既有拉力，也有压力，因此直拉杆都是采用优质特种钢材制造的，以保证工作可靠。在转向轮偏转或因悬架弹性变形而相对于车架跳动时，转向直拉杆与转向摇臂及转向节臂的相对运动都是空间运动，为了不发生运动干涉，上述三者间的连接都采用球销。

e. 转向减振器。

随着车速的提高，现代汽车的转向轮有时会产生摆振(转向轮绕主销轴线往复摆动，甚至引起整车车身的振动)，这不仅影响汽车的稳定性，而且还影响汽车的舒适性，加剧前轮轮胎的磨损。在转向传动机构中设置转向减振器是克服转向轮摆振的有效措施。转向减振器的一端与车身(或前桥)铰接，另一端与转向直拉杆(或转向器)铰接。

(2)动力转向系统

动力转向系统是利用发动机的动力来帮助驾驶人进行转向操纵的装置。它把发动机的能量转换成液压能、电能或气压能，再把液压能、电能或气压能转换成机械能作用在转向轮上帮助司机进行转向，故应称之为动力助力转向系统。它最初主要是为了减小司机施加到方向盘上的转向力而应用到汽车上的。从 20 世纪 30 年代开始在汽车上应用动力转向系统，当时主要是在重型汽车上安装，采用的动力源包括气压和液压。到目前为止气压动力转向已被淘汰，最广泛应用的是液压动力转向，另外还有刚开始推广应用的电动动力转向，如图 3-21 所示。

目前在国内外不但重型车装有动力转向系统，而且在轻型车和轿车上也应用得极普遍。从 20 世纪 50 年代起，各汽车工业发达国家就竞相发展动力转向装置。在正常情况下，汽车转向所需的能量，绝大部分由发动机通过转向加力装置提供，只有一少部分由驾驶人提供。

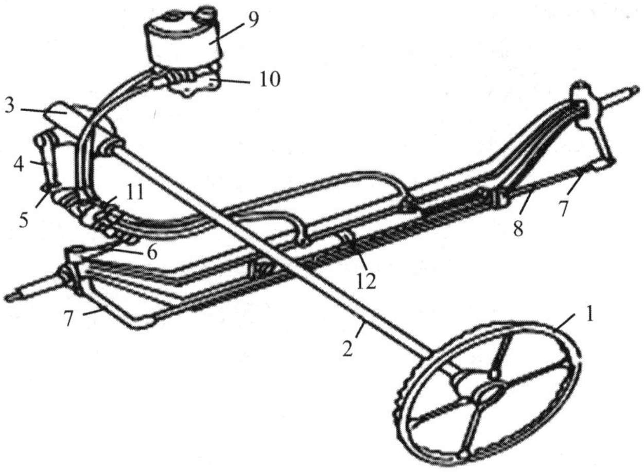

图 3-21　动力转向系示意图

1—转向盘；2—转向轴；3—机械转向器；4—转向摇臂；5—转向主拉杆；6—转向节；
7—梯形臂；8—转向横拉杆；9—转向油罐；10—转向油泵；11—转向控制阀；12—转向动力缸

转向加力装置失效时，一般还应当能由驾驶人独立承担转向任务。

因此，可以认为动力转向是在机械转向系的基础上加设一套转向加力装置而形成的。其优点是：

①减轻方向盘上的转向力，特别是在原地转向和低速大转角转向时减小转向力。

②提高了转向灵敏性。从汽车转向系统设计的两个主要要求即转向轻便与转向灵敏这一矛盾出发，动力转向解决了转向轻便问题，从而使得转向器设计可以根据整车布置的不同要求，选择更为合适的转向器速比以提高转向系统的灵敏性，可以更合理地选择方向盘的圈数。这一点对于经常在山区多弯(尤其是多急弯)公路上行驶的汽车，效果更为明显。

③减小了地面反冲对方向盘的影响。

④在某个车轮爆破的情况下，可以更好地阻止车轮的突然转向，从而改善安全性。

⑤转向车轮的允许负荷较大，可以增加总布置的自由度。

(3)转向中心与转向梯形理论特性关系式

汽车在转向时各车轮应同时做纯滚动而不发生侧滑，以免地面对汽车行驶产生附加阻力，加剧轮胎磨损。这就要求在转向的每一瞬间，汽车所有车轮的轴线都相交于某一点，此交点 O 称为转向中心，如图 3-22 所示。

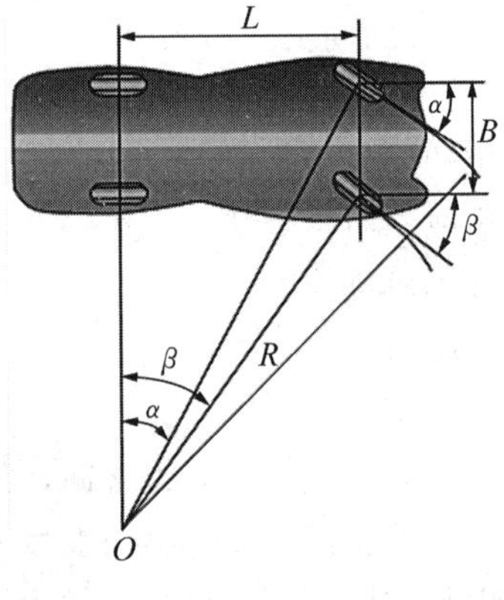

图 3-22　双轴汽车转向时理想的两侧转向轮偏转角的关系

由图 3-22 可见，汽车内侧转向轮偏转角 β 大于外侧转向轮偏转角 α，在车轮为绝对刚体的假设条件下，角 α 与角 β 的理想关系式为：

$$\cot\alpha=\cot\beta+B/L$$

式中　B——两侧主销轴线与地面相交点之间的距离；

　　　L——汽车轴距。

上式称为转向梯形理论特性关系式。该关系式在实际结构中是由转向梯形机构近似地予以满足的。

由转向中心到外转向轮与地面接触点的距离称为汽车转弯半径，用 R 表示。其值越小，机动性越好。当外转向车轮偏转到最大允许转向角时的转弯半径称为最小转弯半径，用 $R_{\min}$ 表示，它表征汽车通过狭窄弯曲地带或绕开不可超越的障碍物的能力。

$$R_{\min}=L/\sin\alpha_{\max}$$

现代汽车内转向轮的偏转角度在 35°～40°之间，货车的最小转弯半径为 7～13 m。

2. 转向传动机构

(1)转向传动机构的功用

将转向器输出的力和运动传到转向桥两侧的转向节，使两侧转向轮偏转，且使二转向轮偏转角按一定关系变化，以保证汽车转向时车轮与地面的相对滑动尽可能小。

(2)转向传动机构的组成

转向传动机构的组成和布置与转向器位置和转向轮悬架类型有关(如图 3-23、图 3-24 所示)。

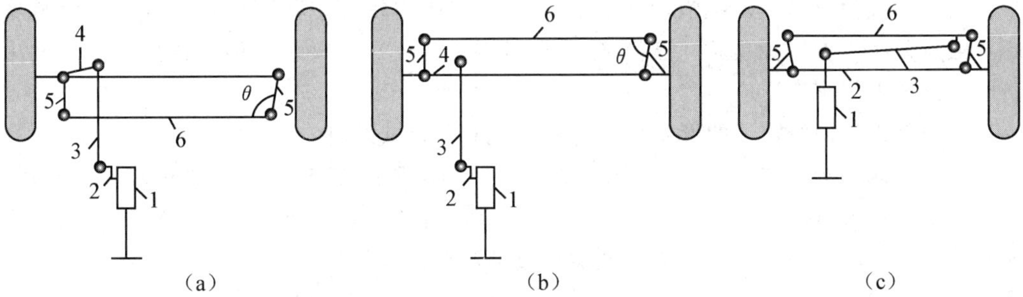

图 3-23　与非独立悬架配用的转向传动示意图

1—转向器；2—转向摇臂；3—转向主拉杆；4—转向节臂；5—梯形臂；6—转向横拉杆

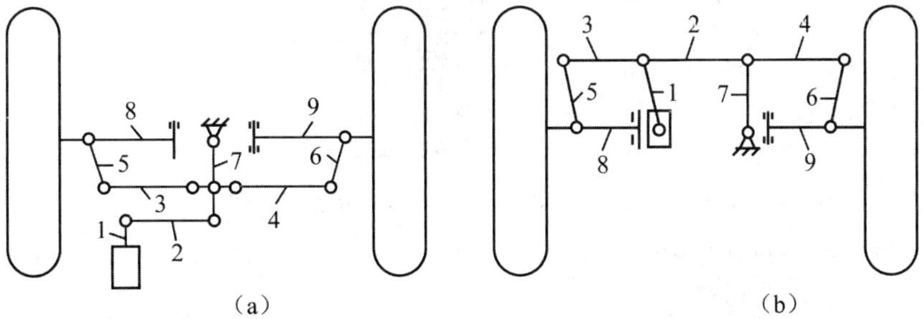

图 3-24　与独立悬架配用的转向传动示意图

1—转向摇臂；2—转向主拉杆；3—左转向横拉杆；4—右转向横拉杆；5—左梯形臂；6—右梯形臂；7—摇杆；8—悬架左摇臂；9—悬架右摇臂

3. 动力转向

(1)动力转向的目的及要求

对于高级轿车或前桥满载负荷3 t以上的各类汽车，为改善转向轻便性和机动性，减轻驾驶人劳动强度，常采用动力转向。动力转向应满足以下几点要求：

①工作可靠。一旦动力转向发生故障，机械转向仍能生效。

②方向盘上转角与转向轮的转角应保持一定关系，并能使转向轮保持在任一偏转角位置上。

③转向轻便灵敏。

④要有“路感”，能随时将路面阻力情况反映到方向盘上，使驾驶人能始终感觉到道路情况。

(2)动力转向的分类

按传力介质的不同，可分为气压式和液压式两大类。

①气压动力转向系统。

主要应用于一部分其前轴最大轴载质量为3～7 t并采用气压制动系的货车和客车，装载质量特大的货车也不宜采用气压动力转向。

②液压动力转向系统。

液压动力转向系统是在原有的转向系统中增加油罐、油泵、分配阀、动力缸和连接管路等部件而成。该系统液压动力转向的工作压力较大，其部件尺寸较小，结构紧凑，液压系统工作时无噪声，工作滞后时间短，有较好的吸震性能。因此，液压动力转向在汽车上得到广泛应用。

液压动力转向按液流的形式可分为常压式和常流式两种。

常压式液压动力转向装置(如图3-25所示)的液压系统工作管路中总是保持高压。有储能器积蓄液压能，可以使用流量较小的转向油泵，并且在油泵不运转的情况下也能保持一定的转向加力能力，这一性能对重型汽车而言尤为重要。

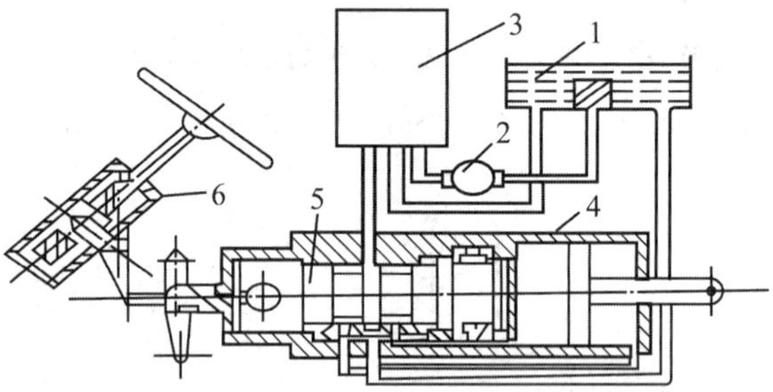

图3-25 常压式液压动力转向装置示意图

1—转向油罐；2—转向油泵；3—储能器；4—转向动力缸；5—转向控制阀；6—机械转向器

常流式液压动力转向装置如图3-26所示。该系统在汽车不转向时，其工作油压是低压，一直处于常流状态。该系统具有结构简单、油泵寿命较长、漏泄较少、消耗功率较小的特点。

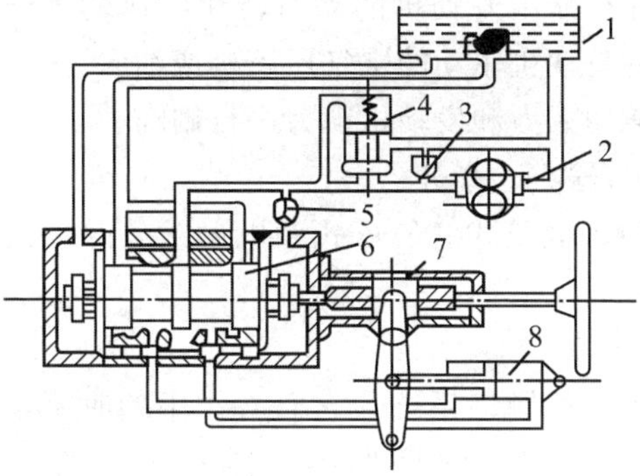

图 3-26　常流式液压动力转向装置示意图

1—转向油罐；2—转向油泵；3—安全阀；4—流量控制阀；
5—单向阀；6—转向控制阀；7—机械转向器；8—转向动力缸

③电动助力转向系统。

电动助力转向系统(Electronic Power Steering system，EPS)，是在机械转向机构的基础上，增加信号传感器、电子控制单元和转向助力机构。EPS 是利用电动机作为助力源，根据车速和转向参数等因素，由电子控制单元完成助力控制，其原理可概括如下：当操纵转向盘时，装在转向盘轴上的转矩传感器不断地测出转向轴上的转矩信号，该信号与车速信号同时输入到电子控制单元。电控单元根据这些输入信号，确定助力转矩的大小和方向，即选定电动机的电流和转动方向，调整转向辅助动力的大小。电动机的转矩由电磁离合器通过减速机构减速增矩后，加在汽车的转向机构上，使之得到一个与汽车工况相适应的转向作用力，能耗低，灵敏，电子单元控制，节省发动机功率，助力发挥比较理想。例如，福克斯的 EHPAS 电子液压系统由电脑根据发动机转速、车速以及方向盘转角等信号，驱动电子泵给转向系统提供助力，助力感觉非常自然。因此很多人对福克斯方向的感觉相当不错，转向操控感觉可以说是随心所欲。有些车也号称采用电子助力，但是只是电机助力，没有液压辅助，容易产生噪声，助力效果也远不如福克斯这一类型的电子助力。

3.4　汽车制动系

3.4.1　汽车制动系概述

1. 汽车制动系的功用

汽车制动系是使行驶中的汽车减速甚至停车，使下坡行驶的汽车的速度保持稳定，以及使已停驶的汽车驻留原地不动。

2. 制动系的分类

(1)按照制动能源来分

①人力制动系。它是以驾驶人肌体作为唯一制动能源的制动系。

②动力制动系。它完全靠由发动机的动力转化而成的气压或液压形式的势能进行制动。其制动能源可以是发动机驱动的空气压缩机或油泵。

③伺服制动系。它兼用人力和发动机动力进行制动。

(2)按照制动能量的传输方式来分

制动系可分为机械式、液压式、气压式和电磁式等，以及同时采用两种以上传能方式的组合式制动系。

3. 制动系的组成

汽车上设置有彼此独立的制动系统，它们起作用的时刻不同，但它们的组成是基本相同的，如图 3-27 所示，一般由以下四部分组成。

(1)供能装置

包括供给、调节制动所需能量以及改善传动介质状态的各种部件，如气压系统中的空气压缩机、液压制动系统中人的肌体等。

(2)控制装置

产生制动动作和控制制动效果的各种部件，如制动踏板等。

(3)传动装置

将驾驶人或其他动力源的作用力传到制动器，同时控制制动器的工作，从而获得所需的制动力矩，包括将制动能量传输到制动器的各个部件，如制动主缸、轮缸等。

(4)制动器

制动器是产生阻碍车辆运动或运动趋势的部件。

制动系由制动器和驱动装置两大部分组成(如图 3-27 所示)。

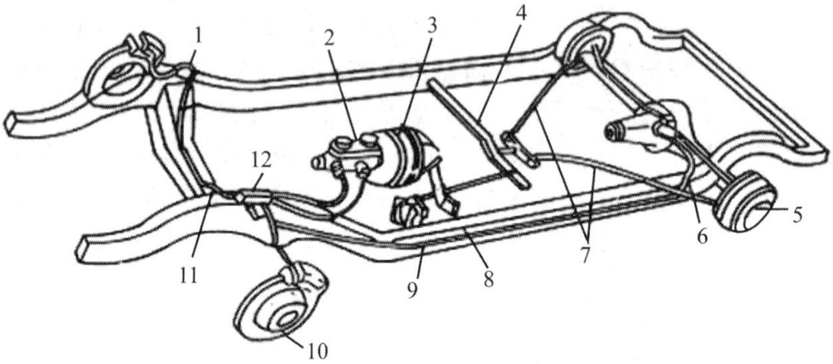

图 3-27　制动系的组成

1—制动软管；2—制动总泵；3—真空加力器；4—停车制动杠杆；5—后轮鼓式制动器；6—制动软管；7—驻车制动钢丝绳及其套管；8—制动踏板；9—驻车制动踏板；10—前轮盘式制动器；11—制动油管；12—制动力调节阀

3.4.2　车轮制动器

车轮制动器是产生阻碍车辆的运动或运动趋势的力(制动力)的部件。汽车上常用的制动器都是利用固定元件与旋转元件工作表面的摩擦而产生制动力矩，称为摩擦制动器。它有鼓式制动器和盘式制动器两种结构形式。目前各类汽车上均采用摩擦制动器，它利用固定元件与旋转元件工作表面的摩擦而产生制动力矩，主要分成鼓式和盘式两类。前者摩擦副中旋转元件为制动鼓，其工作表面为圆柱面；后者的旋转元件则为圆盘状制动盘，以端面为工作表面。

根据制动器的安装位置不同，分车轮制动器及中央制动器，前者的旋转元件固装在车轮或半轴上，而后者的旋转元件则固装在传动系的传动轴上。车轮制动器一般用于行车制动，也有兼用于第二制动(或紧急制动)和驻车制动。中央制动器一般只用于驻车制动。

1. 鼓式制动器

鼓式制动器如图 3-28 所示。制动时分泵 11 中油压升高，分泵活塞 8 推动蹄外张，使蹄上摩擦片紧压转动鼓内表面而产生制动摩擦力矩。

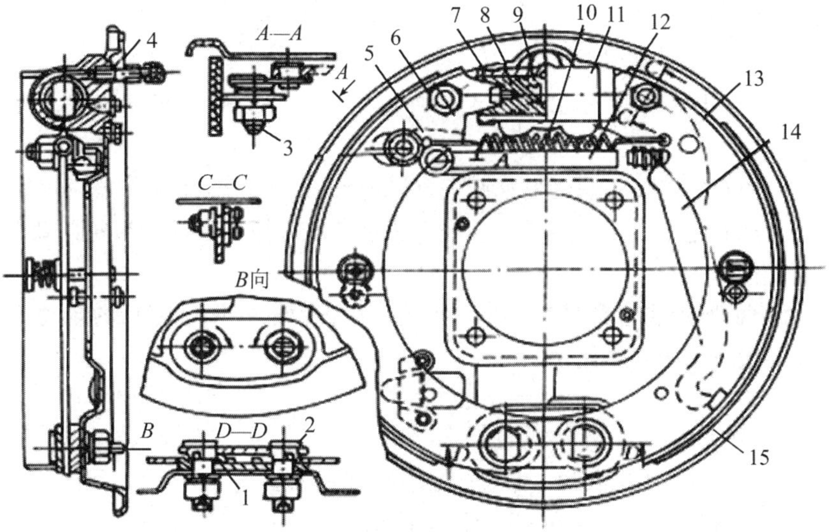

图 3-28　鼓式制动器

1—偏心块；2—支撑销；3—停车制动调整偏心；4—放气阀；5—摆杆；6—前制动器；7—防护套；8—活塞；9—支持环；10—制动蹄回位弹簧；11—分泵；12—驻车制动推杆；13—后制动器；14—驻车制动杠杆；15—制动底板

(1)领从蹄式

分轮缸促动和凸轮促动两种[如图 3-29(a)(b)所示]，由于车轮的旋转，鼓作用于蹄的摩擦力，对两制动蹄分别起加大与减小蹄与鼓间压力的作用。前者称领蹄，后者称从蹄。

这种制动器制动效能比较稳定，结构简单可靠，便于安装，广泛用作货车的前、后轮制动器和轿车的后轮制动器。

(2)双领蹄式

单向作用的双领蹄式[如图 3-29(c)所示]前进时制动效能好，倒车时为双从蹄式，制动效能低，但两蹄片的受力相同，磨损均等，且蹄片作用于鼓的力量是平衡的。由

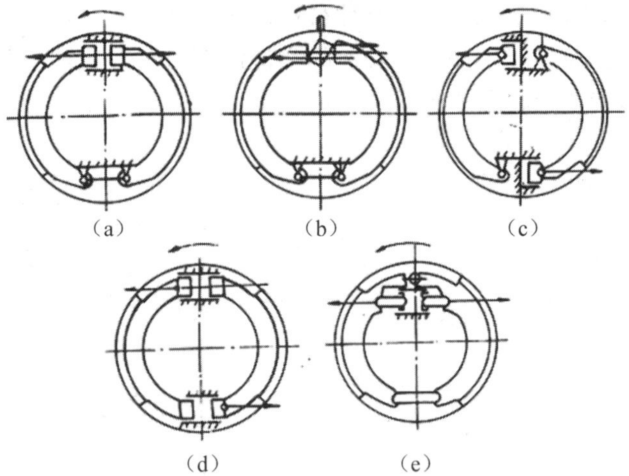

图 3-29　各种鼓式制动器的示意图

于双领蹄式在汽车倒车时制动效能大大下降，而且不便安装驻车制动器，故不用作后轮制动器。

双向作用的双领蹄鼓式制动器如图 3-29(d)所示。不论汽车前行或倒退，两制动蹄总是领蹄，制动效能不变。常用于中、轻型货车及部分轿车的前、后轮制动器。

(3)双向增力式

如图 3-29(e)所示。它是只有一个支撑销，用杆件连接两个领蹄的制动器。双向增力鼓式制动器很适用于驻车制动。

2. 盘式制动器

(1)盘式制动器的结构及工作原理

轿车的盘式制动器如图 3-30 所示。制动时制动钳中分泵油压升高，推动摩擦衬块使其紧压转动的制动盘而产生制动力矩。

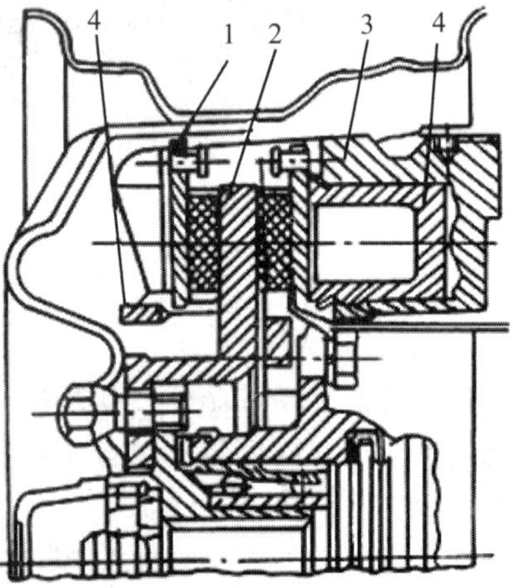

图 3-30　盘式制动器

1—制动块底板与摩擦衬块；2—制动盘；3—制动钳；4—活塞

(2)盘式制动器的特点

①盘式制动器的制动效能比较恒定，在强制动或反复制动时热衰退小，因而前轮装有盘式制动器的汽车，左右两侧制动力的变化小，制动方向稳定性好。

②由于衬块对盘的压力大，易于将水挤出，加上离心力及衬块对盘的擦拭作用，具有较好的抗水衰退性。

③输出制动力矩与输入力呈线性关系，制动力增长较缓和，制动较平稳。

(3)盘式制动器类型

盘式制动器有固定钳式与浮动钳式两种类型。

①固定钳式。

制动钳固定不动，制动盘两侧均有油缸。制动时两侧油缸中的活塞与摩擦衬块做相向运动。其优点是制动钳的刚度好，承受制动反作用力好。

②浮动钳式。

制动钳可平行滑动或绕一支撑销摆动。只在制动盘的一侧装油缸。浮动钳式也便于将驻车制动器装在一起。但由于制动钳是活动的，必须设法减少滑动处所产生的摩擦、磨损与噪声。

3.4.3 制动系驱动装置

制动系驱动装置是将驾驶人或其他能源的作用力传给制动器，使制动器产生制动力矩的装置，用以控制制动器的工作，以便能产生所需要的制动力矩。

1. 驱动装置的组成及要求

驱动装置主要由制动踏板、真空助力式加力器、总泵、制动油管、制动软管等组成。应具有工作可靠、操纵轻便省力、制动力矩与踏板力和踏板行程之间有一定的比例关系等特点。

2. 液压驱动装置

油液是液压驱动装置的传力介质。液压驱动装置具有机械效率较高、传力比较大、易于实现各车轮制动力的合理分配、作用滞后时间短、结构简单、尺寸小、重量轻、价格低等特点，广泛应用于微型、轻型汽车上。

(1)单回路液压驱动装置

单回路液压驱动装置如图 3-31 所示。它由制动踏板、推杆、主缸、轮缸、制动蹄、储油室和油管等组成。管路中充满制动液，踏板力通过总泵转变为液压，传到各车轮分泵，转变为推力，推动制动蹄而产生制动力矩。

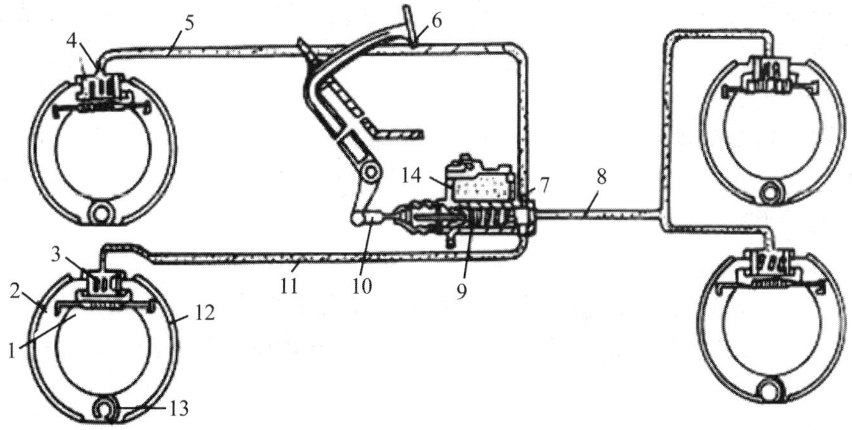

图 3-31 单回路液压驱动装置简图

1—回位弹簧；2—制动器；3—制动分泵；4—分泵活塞；5—油管；6—制动踏板；
7—制动总泵；8—油管；9—总泵活塞；10—总泵推杆；11—油管；12—摩擦片；13—支撑销；14—储液室

(2)双回路液压驱动装置

为了提高汽车制动系的可靠性，现代汽车越来越多地采用双回路驱动装置。双回路液压驱动装置的布置形式如图 3-32 所示。

图 3-32(a)：前、后轮各成独立的分系统，轿车装用时，若前轮管路失效，汽车的制动效能将显著降低。

图 3-32(b)：管路对角相连，每一前轮和对角上的后轮连成一个系统。一回路失效时，仍能保持 50%的制动效能。此时，前、后轴上各有一边有制动力，汽车前轮会跑偏而失去方向稳定性。

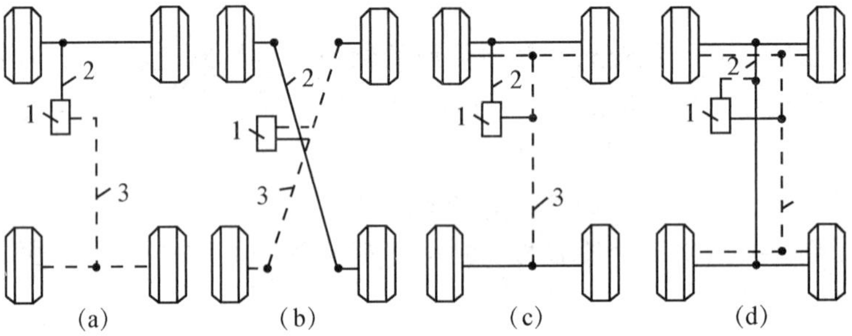

图 3-32　双回路液压驱动装置的基本形式

图 3-32(c)：每一前轮有两个分泵，其一与后轮连成一分系统；另一分泵互连成一个分系统，单独控制前轮。同样一系统失效，能保持 50%以上的制动效能。

图 3-32(d)：两个独立的回路均与每个车轮的分泵相连。这种形式的双回路系统，制动效能最好，但结构复杂。

3. 气压驱动装置

气压制动驱动装置的制动能源是空气压缩机产生的压缩空气。

气压驱动装置能对制动器提供大的驱动力，但其制动起作用时间长，结构复杂，尺寸、重量较大，主要应用于中、重型货车与客车。

(1)单回路气压驱动装置

单回路气压驱动装置如图 3-33 所示。空气压缩机将压缩空气充进储气筒，制动时踩下踏板，制动阀中的进气阀开启，输出一定压力的空气进入制动气室，驱动制动器，从而产生制动力矩。

(2)双回路气压驱动装置

东风 EQ1090 型汽车双回路气压制动系统布置如图 3-34 所示，其制动过程与单回路制动过程类似。它利用双腔的制动阀，组成两套彼此独立的管路，分别控制两桥的制动器。

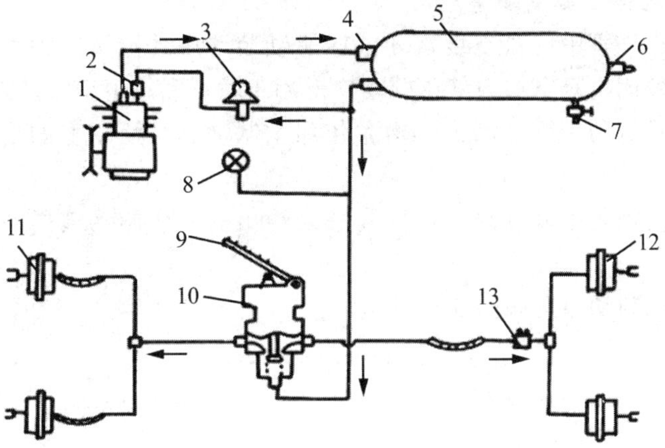

图 3-33　单回路气压式制动装置的组成

1—空气压缩机；2—卸荷阀；3—调压器；4—单向阀；5—储气筒；6—安全阀；7—油水放出阀；8—气压表；9—制动踏板；10—制动阀；11—前制动气室；12—后制动气室；13—制动灯开关

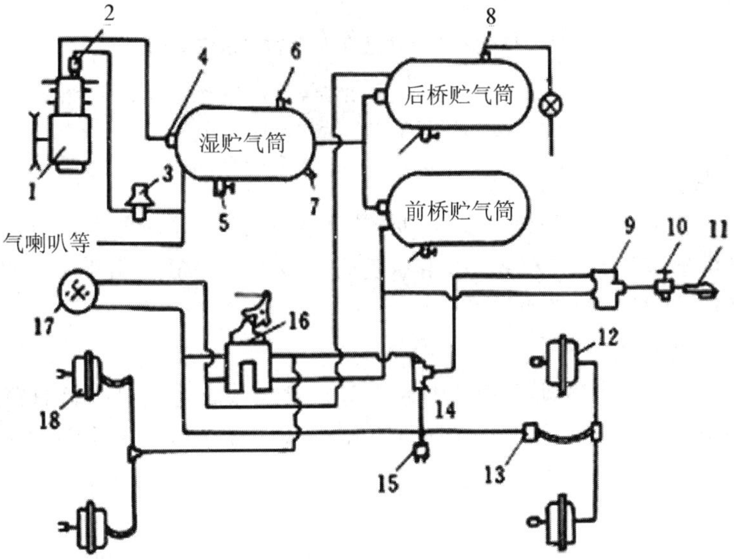

图 3-34　EQ1090 型汽车双回路气压式制动装置的基本组成

1—空气压缩机；2—卸荷阀；3—调压器；4—单向阀；5—放水阀；6—取气阀；7—安全阀；8—气压过低报警开关；9—挂车制动阀；10—分离开关；11—连接头；12—后轮制动气室；13—快放阀；14—双通单向阀；15—制动灯开关；16—制动阀；17—气压表；18—前轮制动气室

4. 气液综合式驱动装置

气液综合式驱动装置是由空气加力器与液压驱动装置组成的。常用空气加力器有真空加力器与压缩空气加力器两种。

5. **真空加力器液压驱动装置**

利用发动机进气管中的真空度，在液压驱动装置中装置真空加力器，以减轻踏板压力，增加制动效能。真空加力液压驱动广泛用于轿车和轻中型货、客车。

①真空助力式是利用真空动力，增大作用于制动总泵活塞上的推力，以提高汽车制动效能。

②真空增压式是利用真空动力，提高总泵输出的高压制动液的液压，以增加汽车制动效能。

真空增压液压制动布置如图 3-35 所示。

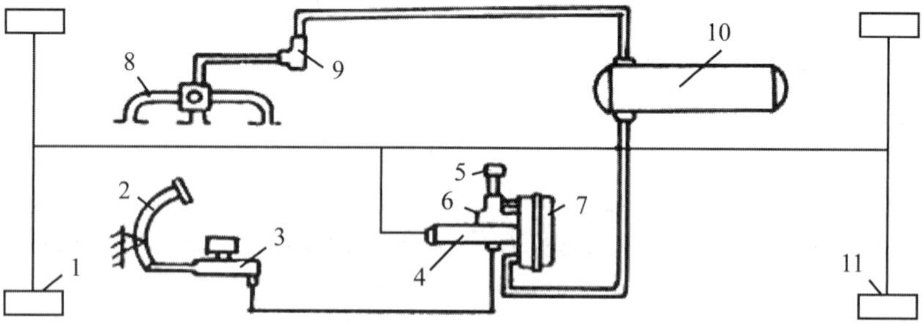

图 3-35　真空增压液压制动布置示意图

1—前分泵；2—制动踏板；3—总泵；4—辅助泵；5—空气滤清器；6—控制阀；7—真空伺服气室；8—发动机进气管；9—真空单向阀；10—真空筒；11—后分泵

6. **压缩空气加力液压驱动装置**

利用压缩空气推动液压驱动装置，即“气顶油”系统，操作省力，能对制动器提供大的驱动力，由于气压系管路短，作用滞后时间也短。一般多用于中、重型汽车，也有用于高级轿车的。

7. **全液压动力制动**

全液压动力制动即由发动机带动油泵，输出高压油，进入高压惰性气体储能器储存，用以驱动制动器。全液压动力制动具有制动效能高、易于采用制动调节装置和防抱死装置等优点。但其结构复杂，精密件多，系统的密封性要求高。

第 4 章　汽车车身和电气设备

4.1　汽车车身

4.1.1　车身概述

汽车车身的主要作用是保证驾驶人便于操纵，为驾驶人、乘客提供舒适的乘坐环境或安全地装载货物。

随着社会发展、科技进步和生活水平的提高，人们对乘坐汽车的舒适性和车身的美感要求越来越高，汽车除了作为交通运输工具之外，已经逐步成为美化市容、装饰自然环境的工艺美术品。近年来，各国汽车的车身造型趋向于向“大曲面、小拐角、薄顶盖、宽跨距”过渡，给人以轻快、挺拔、简练、流畅的感觉。

汽车车身的设计方法与其他机械产品设计方法相比，车身设计周期较长，生产准备工作量特别是冲压模具的工作量大，加之生产车身用的设备庞大繁多，工艺繁杂，因而车身的生产几乎成为汽车生产的质量和数量的关键。

车身由壳体、装饰及设备三大部分组成。

4.1.2　车身壳体结构

壳体结构的分类，按照车身壳体的结构形式，分为有骨架式壳体、半骨架式壳体和无骨架式壳体三类。

有骨架式壳体具有完整的骨架(或构架)。车身蒙皮就铆(焊)在装配好的骨架上。

半骨架式壳体只有部分骨架，如单独的立柱、拱形梁、加固件等，它们彼此之间直接连接，或借助于蒙皮间接相连。

无骨架式壳体则是利用各蒙皮板相互连接时所形成的加强筋来代替骨架，固定壳体形状。

按照受力方式，车身壳体结构又可分为承载式、半承载式及非承载式车身壳体结构。

承载式车身全部载荷均由车身承受，底盘各部件可以直接与车身相连，而取消了车架。承载式车身又可分为底座承载式及整体承载式两种，前者底座部分较强，它承担大部分载荷；后者是整个车身形成一个承载的整体。

后两种形式车身的下面都保留有车架。

半承载式车身与车架为刚性连接而成为一体，此时车身壳体也承受部分载荷。

非承载式车身与车架为弹性连接，车架的刚度大，载荷全部由车架承受。

轿车及货车驾驶室的壳体绝大多数是无骨架或半骨架的结构形式(如图 4-1 所示)。

为了保证乘坐舒适和减轻底盘振动、噪音对车身的影响，轿车只承受驾驶人和乘客的重量，因此多采用非承载式车身壳体，车身以橡胶软垫固装在车架上。货车的驾驶室也多采用这种结构(如图 4-2 所示)。为了充分利用材料、减轻车辆的自重、尽量降低车身高度，轻型轿车和微型汽车则广泛采用无骨架的承载式车身。

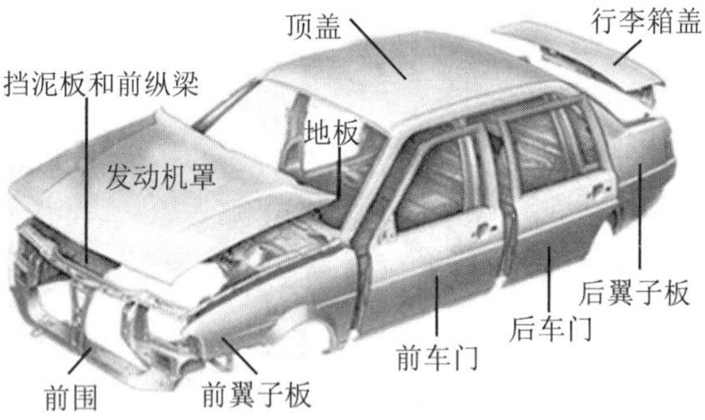

图 4-1　桑塔纳轿车车身总成

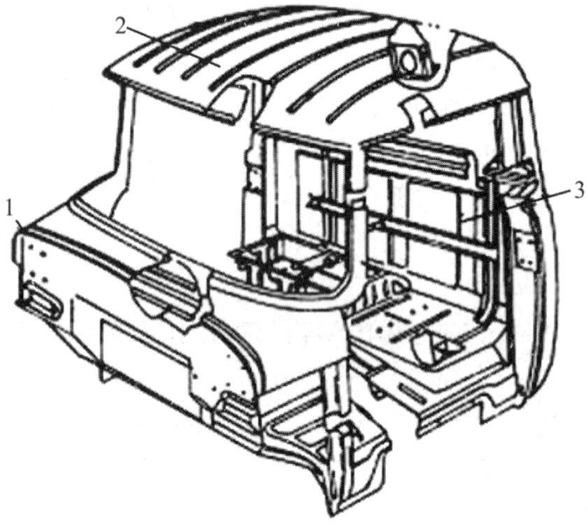

图 4-2　无骨架式货车驾驶室结构

1—前围；2—顶盖；3—后围板

现代大客车无论是小型、普通型或是大型的，由于均采用箱式外形，并且尺寸较大，形状较规则，易于构成完整的空间受力系统，故多采用有骨架的承载式车身壳体结构。

汽车车身用以保护驾驶人以及构成良好的空气力学环境。汽车车身结构从形式上说，主要分为非承载式和承载式两种。非承载式车身的汽车有刚性车架，又称底盘大梁架。车身本体悬置于车架上，用弹性元件连接。车架的振动通过弹性元件传到车身上，大部分振动被减弱或消除，发生碰撞时车架能吸收大部分冲击力，在坏路行驶时对车身起到保护作用，因此车厢变形小，平稳性和安全性好，而且厢内噪声低。但这种非承载式车身比较笨重，质量大，汽车质心高，高速行驶稳定性较差。

承载式车身的汽车没有刚性车架，只是加强了车头、侧围、车尾、底板等部位，车身和底架共同组成了车身本体的刚性空间结构。这种承载式车身除了其固有的乘载功能外，还要直接承受各种负荷。这种形式的车身具有较大的抗弯曲和抗扭转的刚度，质量小，高度低，汽车质心低，装配简单，高速行驶稳定性较好。但由于道路负载会通过悬架装置直接传给车身本体，因此噪声和振动较大。

半承载式的车身本体与底架用焊接或螺栓刚性连接，车身与底架成为一体共同承受载荷。这种形式实质上是一种无车架的承载式车身结构。

4.1.3 车门

车门按其开启方式可分为顺开式、逆开式、水平移动式、上掀式和折叠式等几种。顺开式车门即使在汽车行驶时仍可借气流的压力关上，比较安全，而且便于驾驶人在倒车时向后观察，故被广泛采用。逆开式车门在汽车行驶时若关闭不严就可能被迎面气流冲开，因而用得较少，一般只是为了改善上下车方便性及适于迎宾礼仪需要的情况下才采用。水平移动式车门的优点是车身侧壁与障碍物距离较小的情况下仍能全部开启。上掀式车门广泛用作轿车及轻型客车的后门，也应用于低矮的汽车。折叠式车门则广泛应用于大、中型客车上。

轿车、货车驾驶室的车门以及客车驾驶人出入的车门通常由门外钣、门内钣、窗框(等组成。门内钣是各种附件的安装基体，在其上装有门铰链、升降玻璃及其导轨、玻璃升降器、门锁、车门开度限位器等附件。有的轿车门内还布置有暖气通风管道和立体声收放音机的扬声器等。

4.2 汽车空调

4.2.1 概述

汽车空调设备是为车中驾驶人和乘客得到舒适的环境，维持一定的温度、湿度和洁净度而设置的。

4.2.2 汽车空调的组成和工作原理

轿车上的空调装置如图 4-3 所示。

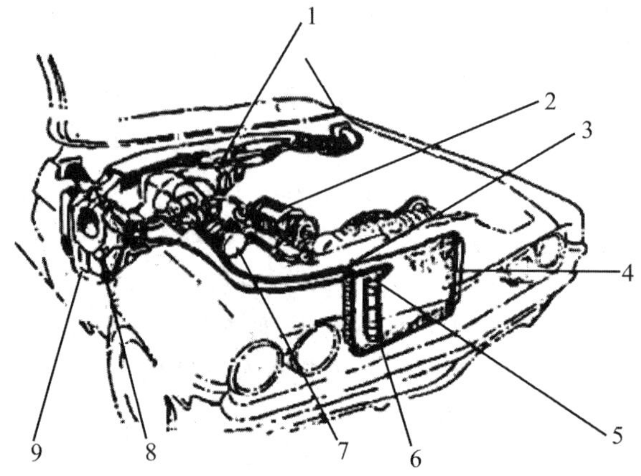

图 4-3　轿车上的空调安装位置实例

1—吹风管道；2—压缩机；3—高压管道；4—冷凝器；5—观察玻璃；
6—贮液罐；7—消声器；8—膨胀阀；9—蒸发器

1. 汽车空调的组成

(1)压缩机

汽车空调设备包括压缩机、冷凝器、膨胀阀、蒸发器、风机、管路和控制部件等。其组成如图 4-4 所示。

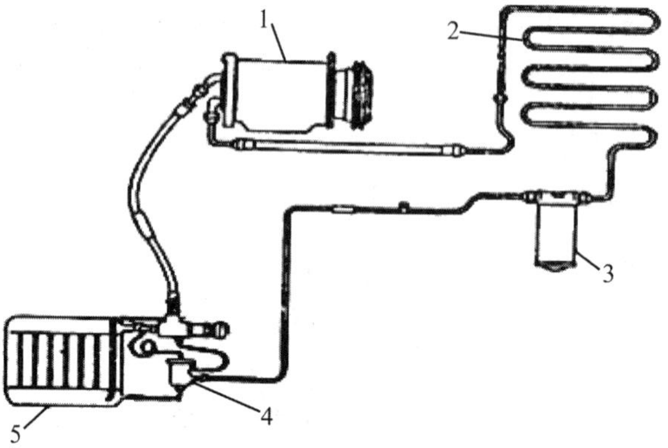

图 4-4　汽车空调设备的组成

1—压缩机；2—冷凝器；3—贮液罐；4—膨胀阀；5—蒸发器

压缩机是制冷系统的核心部件。压缩机的功用可把制冷剂由低温、低压，变为高温、高压。并可维持连续不断的制冷剂循环，完成吸热、放热过程。

(2)冷凝器

冷凝器是一种换热器。它把从压缩机压出来的高温、高压气态制冷剂冷却凝结为高压液体，其热量由排风扇向外排出。进入冷凝器的制冷剂气体温度可为 80～120℃。

(3)贮液罐

贮液罐是贮存冷凝后的制冷剂进行干燥处理，除去制冷剂的水分，将残存在制冷剂液体中的气体分离，过滤杂质。

(4)膨胀阀

膨胀阀是一种感压感温自动阀(小型空调只起感温作用)，用以调整和控制进入蒸发器的制冷剂量。

(5)蒸发器

蒸发器也是一种热交换器，装于车内。液态的制冷剂在吸热时蒸发，从车内吸收热量而制冷。蒸发器不仅可使空气降温，还有去湿作用。

(6)管路

在整个制冷系统中，通过管路将制冷部件连接起来，组成封闭的循环系统。

(7)控制元件

控制元件一般装在驾驶室面板上，便于操作，其按钮或开关用来调节送风温度和送风量。

(8)制冷剂

汽车空调机的制冷剂一般采用氟利昂，是制冷的工作介质。在普通室温下，吸收周围空气中的热量，立即蒸发成气体。在压缩作用下，若周围散热良好，又可散出热量凝缩还原为液体。

(9)电磁离合器

电磁离合器是装在压缩机前，用以控制压缩机开或停的装置。离合器内装有线圈，当有电流通过时产生磁力，吸引离合器片而带动压缩机转动。

有的空调离合器线圈的电流是受车厢内温度控制的，温度低，电流切断，压缩机停转。同时线圈电流还受发动机的转速控制。当发动机转速慢时，通过自动控制器的电流就小，继电器跳开，线圈中电流切断，压缩机停转。

2. 汽车空调设备的工作原理

汽车空调设备的工作原理如图4-5所示。

(1)在未打开空调开关前

压缩机的皮带轮虽然随发动机转动，但由于皮带轮内的电磁离合器是分离的，压缩机并不转动，空调设备不工作。

(2)当打开空调开关后

压缩机的电磁离合器和风机的电动机同时接通电源，开始运转。当压缩机的活塞下行，活塞上方的容积增大，进气阀开启，把连接蒸发器管路内的低压制冷剂气体吸入压缩机。

当活塞上行时，关闭进气阀，将制冷剂气体压缩后通过排气阀压入冷凝器。由于制冷剂气体受到压缩，温度升高到80～90℃，变为高温高压气体进入冷凝器。

(3)冷凝器表面的散热片

冷凝器的散热条件很好，表面有散热片，加上发动机风扇运转或单独的风机散热

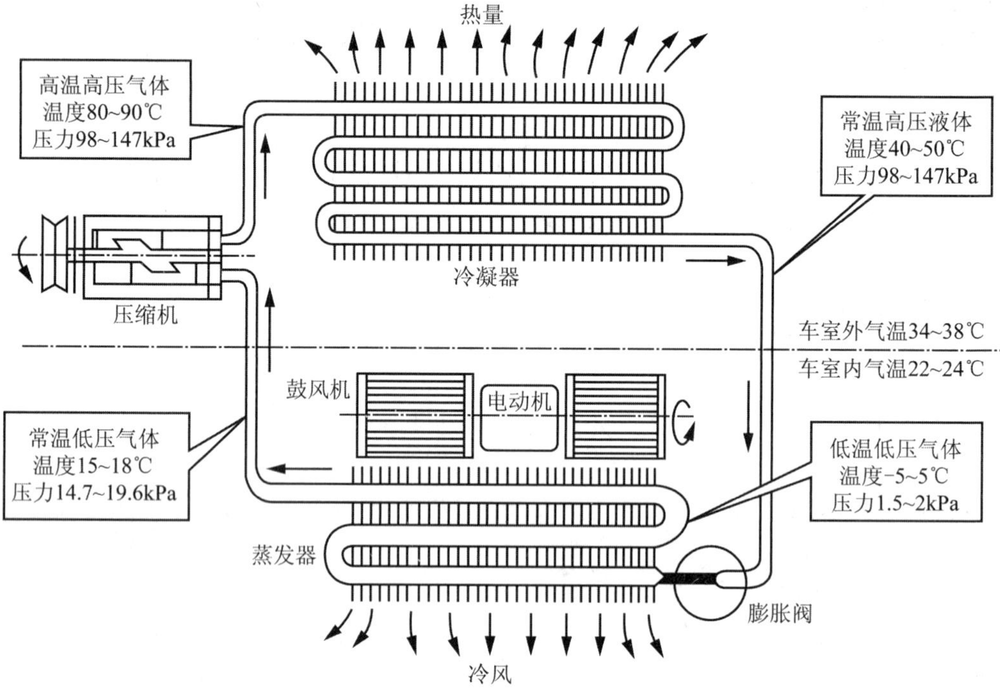

图 4-5 汽车空调设备的工作原理

以及汽车前进自然风的冷却，使进入冷凝器的制冷剂气体温度下降，逐渐冷凝为液体，沿管路进入车室内。

在车室内的这一管路中有一个膨胀阀，此阀和压缩机将整个空调的管路系统分隔为高压和低压两个区域。由压缩机至膨胀阀即车室外的冷凝器一侧为高压区。由膨胀阀至压缩机即车室内的蒸发器一侧为低压区。正常工作时，高压区压力在 98～147 kPa，低压区压力在 44.7～49.6 kPa。

(4)常温高压的制冷剂液体经过膨胀阀进入蒸发器时

由于蒸发器内部的空间较大及蒸发器的出口连接在压缩机上，受压缩机的不断吸抽，蒸发器内的压力很低。在这种环境下，制冷剂液体剧烈地沸腾起来，不断地气化和膨胀，变为气体，并吸收大量的汽化热，放出大量的“冷”，使蒸发器温度不断下降，由风机驱动的空气流经蒸发器翅片后得到冷却和除湿，就变为“冷气”。

(5)蒸发器里的低温低压制冷剂气体间接地吸收空气里的热量后

蒸发器里的低温低压制冷剂气体间接地吸收空气里的热量后，变为常温 15～18℃的低压气体，再次被吸入压缩机内，压入冷凝器进行下一次循环，这样不断地把车内热量通过制冷机散发到车外，使车内温度降低，达到制冷的目的。

4.3 仪表及报警装置

为了使驾驶人能够随时掌握汽车及各系统的工作情况，在汽车驾驶室的仪表板上装有各种指示仪表及各种报警装置(如图 4-6 所示)。

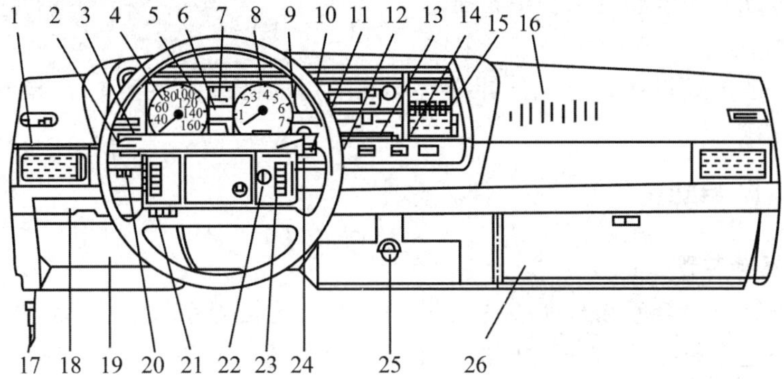

图 4-6　上海桑塔纳轿车仪表板

1—出风口；2—灯光开关；3—阻风门与制动信号灯；4—车速里程表；5—电子钟；6—报警灯；7—水温表；8—带有燃油表的发动机转速表；9—暖风及信风控制杆；10—收音机；11—空格；12—雾灯开关；13—后风窗加热开关；14—紧急灯开关；15—出风口；16—喇叭放音口；17—发动机盖锁钩脱开手柄；18—小杂物盒；19—熔断器保护壳；20—转向信号及变灯灯拨杆开关；21—阻风门拉手；22—转向器锁与点火开关；23—喇叭按钮；24—风窗刮水器及风窗洗涤器拨杆；25—点烟器；26—杂物箱

4.3.1　汽车仪表

1. 电流表

电流表用来显示蓄电池充、放电的电流大小。一般把其看成双向的，表盘中间为“0”，两旁各有读数，并有“＋”“－”标记，充电时指针指“＋”，放电时指针指“－”。

2. 水温表

水温表用来显示发动机冷却液的工作温度是否正常。发动机冷启动后，必须低速运转，预热升温，待冷却液温度达到 50℃以上时方可起步行驶，行驶中冷却液温度应在规定范围内。

3. 油压表

油压表用来显示发动机润滑系统工作是否正常。该表指示发动机主油道内润滑油的压力。对汽油车，行驶中润滑油压力应保持在 294～392 kPa，而柴油车则应在 392～441 kPa。

4. 燃油表

燃油表用来显示燃油箱内存油量的多少。“0”表示燃油箱内的燃油量有 10L 左右，“1/2”表示燃油箱内燃油量为半满，“1”表示燃油箱内的燃油是满的。

5. 车速里程表

车速里程表是用来指示汽车行驶速度和累计汽车行驶里程数的仪表，由车速表和里程表两部分组成。现在大多数车辆都装有测量两地间距离的里程表，可用于记录某次行程的里程数。

6. 发动机转速表

发动机转速表用来测定发动机转速。

7. 气压表

气压表一般为双指针式，上指针指后轮制动用的储气筒气压，下指针指前轮制动用的储气筒气压。

4.3.2 报警装置

1. 车速报警装置

为了保证行车安全而在车速表内装设有速度音响报警系统。当汽车行驶速度达到或超过某一限定车速(如 100 km/h)时，则车速表内速度开关使蜂鸣器电路接通，发出声音报警。

2. 驻车制动指示灯

当驻车制动器操纵杆置于制动位置时，此指示灯亮，从而提醒驾驶人在进行汽车起步时及时松开操纵杆。松开操纵杆后指示灯灭。

3. 气压警报灯

当行车制动系统发生故障或管路漏气，储气筒气压下降至一定值时，此指示灯亮。行驶中若灯亮，必须停车检查、排除故障，灯灭后方可行驶。

4. 机油粗滤器堵塞指示灯

当机油粗滤器的滤芯阻力增大，滤芯内外压差达到 147 kPa 左右时，此指示灯亮，用来提醒驾驶人及时更换滤芯。

5. 电源指示灯

当电源系统发生故障，发电机不发电时此指示灯亮，排除故障后，指示灯灭。

6. 油压警报灯

当发动机润滑油压力低于一定值时，此警报灯亮。行驶中若灯亮，必须停车检查、排除故障，灯灭后方可行驶。

7. 燃油指示灯

当燃油箱中的燃油量少于规定值时，此灯亮，提醒驾驶人及时加油。

8. 启动预热指示灯

这种指示灯只用于柴油车。启动柴油车时，按下启动预热按钮，指示灯亮，完成启动后必须关闭此灯。

9. 汽车发动机指示灯

发动机指示灯是用来显示发动机的工作状态，其颜色以黄色为主。拧动钥匙，车辆进行自检时该指示灯也会亮起，启动汽车后指示灯自动熄灭。如启动汽车后指示灯常亮，则表示发动机系统可能存在故障。

10. 汽车 ABS 指示灯

ABS 指示灯用以显示车辆 ABS 系统的工作状态，其颜色以黄色为主。拧动钥匙，车辆进行自检时该指示灯会亮起，启动汽车后指示灯自动熄灭。如汽车自检时指示灯不亮，或启动汽车后指示灯常亮，均表示 ABS 系统可能存在故障。

随着现代汽车性能的不断增强，车身稳定系统、人工智能系统、发动机启停技术等功能的增多，各种相应设备故障的报警装置也随之增多。

4.4 汽车整车电路

汽车整车电路按车辆结构形式、电气设备的品种数量、安装方式的不同而不同，但一般整车线路符号有以下原则：

(1)单线制，即从电源到用电元件只用一根导线连接，而汽车底盘、发动机等金属体为另一公共导线。汽车电路系统用负极搭铁，即蓄电池负极与车架相连；

(2)各用电元件均为并联；

(3)除用电量大而工作时间短的起动机外，电流表能测量蓄电池充、放电电源；

(4)为防止汽车电路短路而烧坏电缆和用电元件，须装有必要的保险装置。

例如，奥迪轿车整车电路图如图 4-7 所示。

①找出独立功能的电路系统，画出该系统简图。

②查找各电气元件的功能及主要技术参数。如空调系统中的低压开关、高压开关处在一定压力时，触点才能闭合，接通压缩机电源，使压缩机工作。这样设计能够保护压缩机不致损坏。

③开关多为组合开关，每个开关可控制多条电路，并有多种状态，应注意每种状态不同的导通情况。

④在轿车电路中较多地使用了继电器。对于一般只含有线圈和触点的继电器，可以看成是由线圈代表的控制电路和触点控制的主电路组成。控制电路一般工作电流较小，而主电路往往通过较大的电流，需要继电器触点加以切换。

⑤整车电路的线路较多，常常分成几部分印制[如图 4-7(a)(b)(c)(d)所示]。部分接线不易在一张图内印全，故在接线端标有数字，表示此导线接到标有该数字的接线柱。

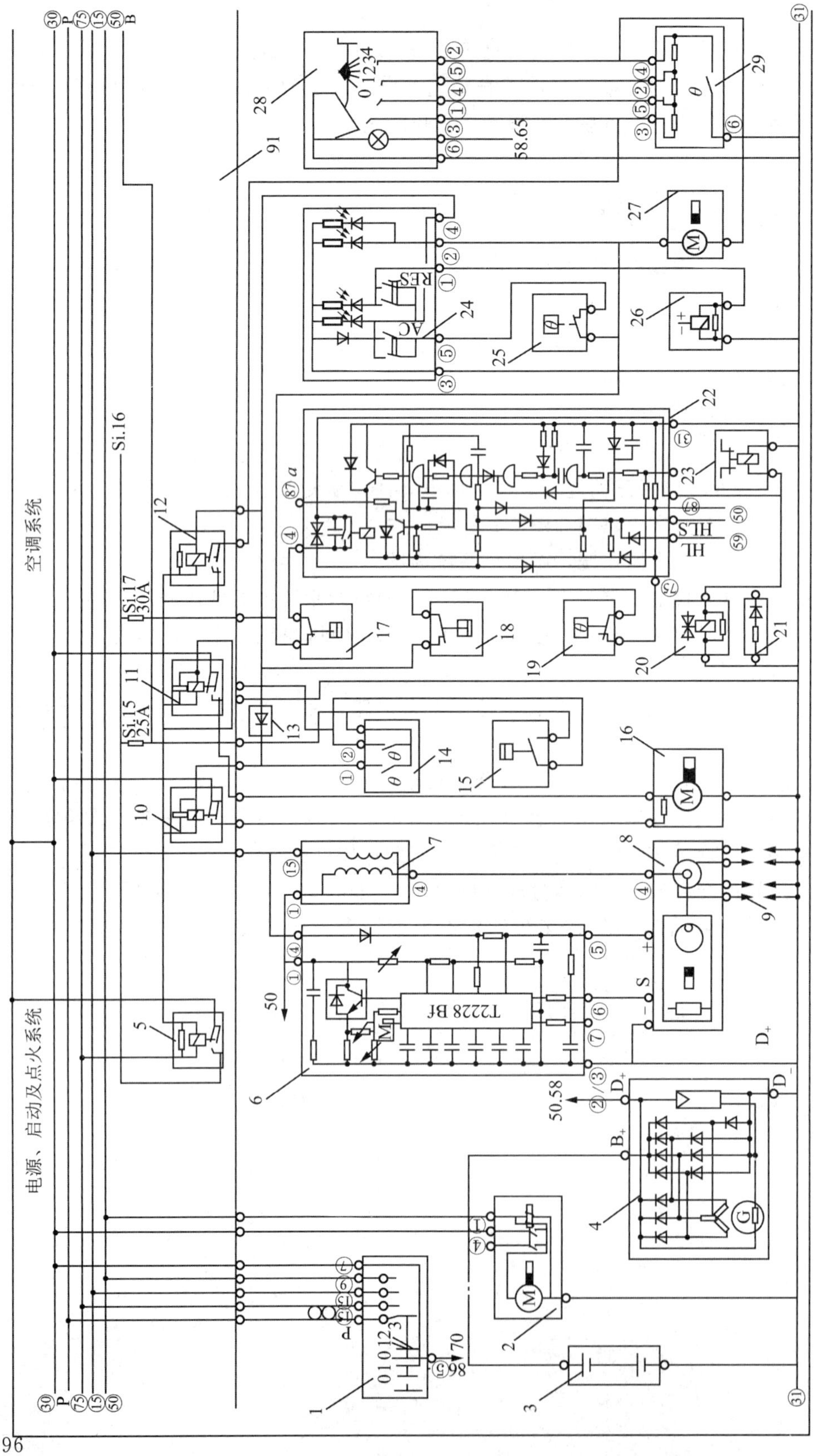
空调系统
电源、启动及点火系统
Si.16
Si.17
30A
Si.15
25A
T2228 Bf
RES
AC
58.65
50.58
HLS
HL
D+
D-
B+

(a)

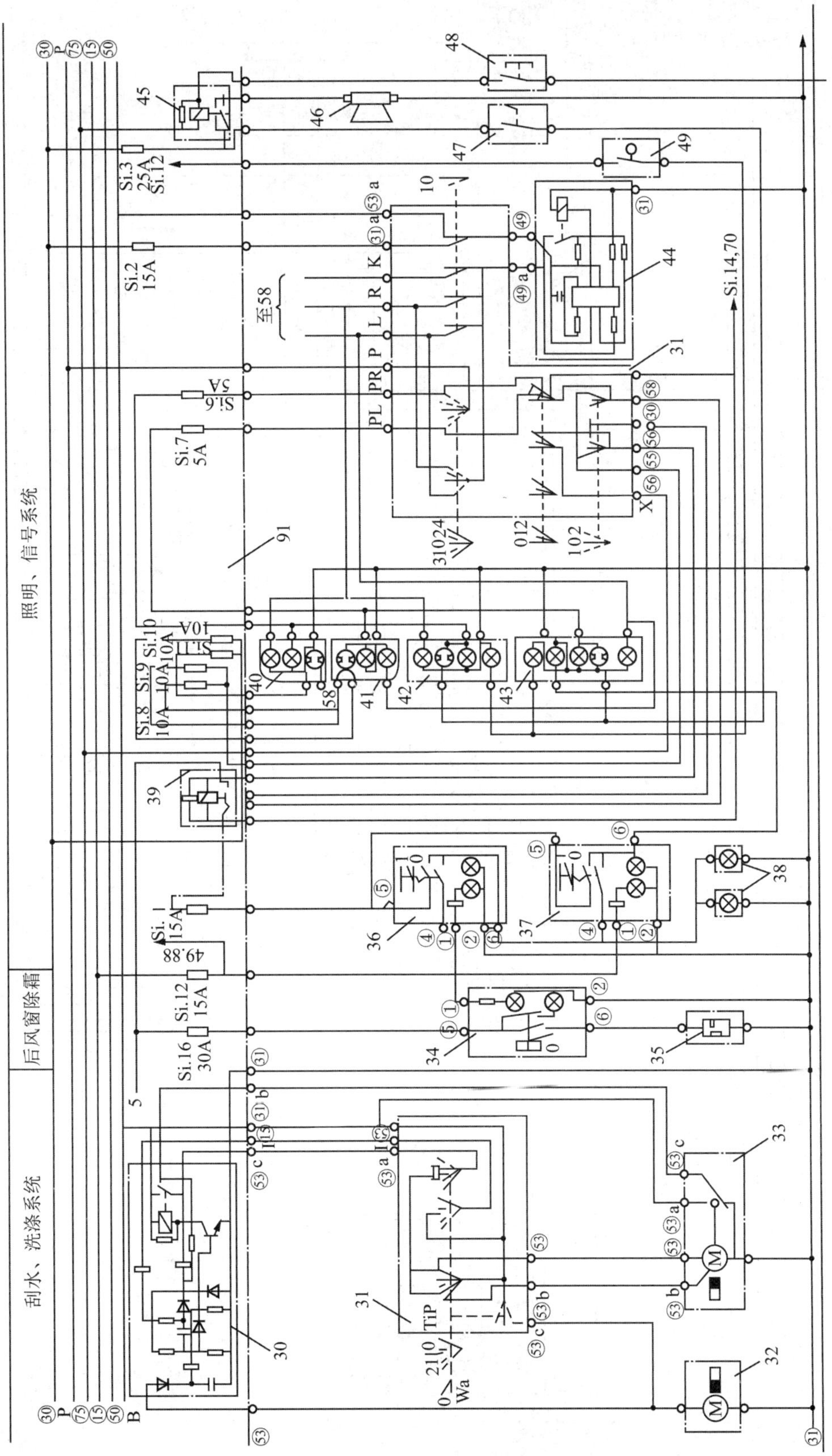

（b）

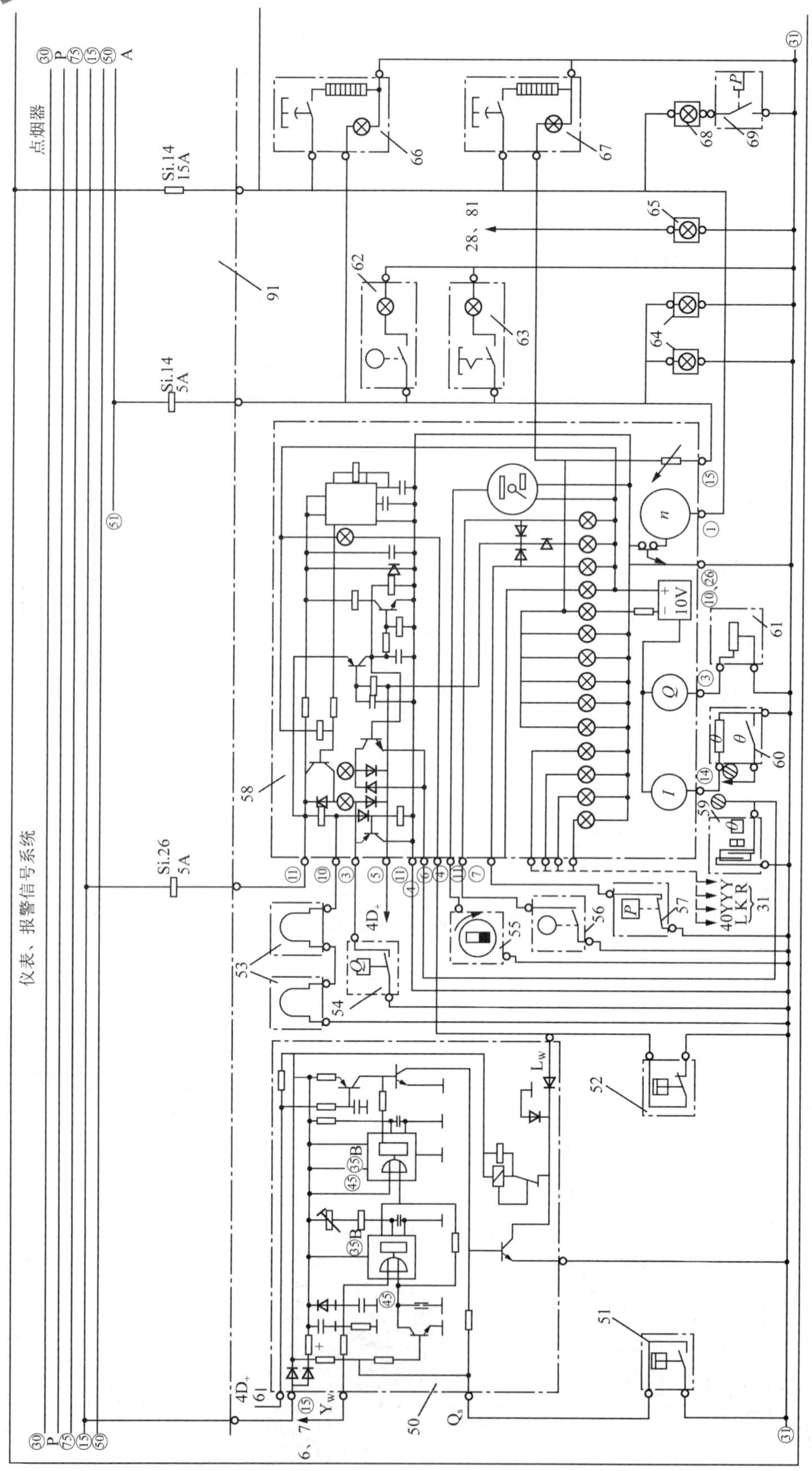
点烟器
仪表、报警信号系统
Si.14 15A
Si.14 5A
Si.26 5A
10V
40YYY LKR
31
30
15
50
75
P
A

（c）

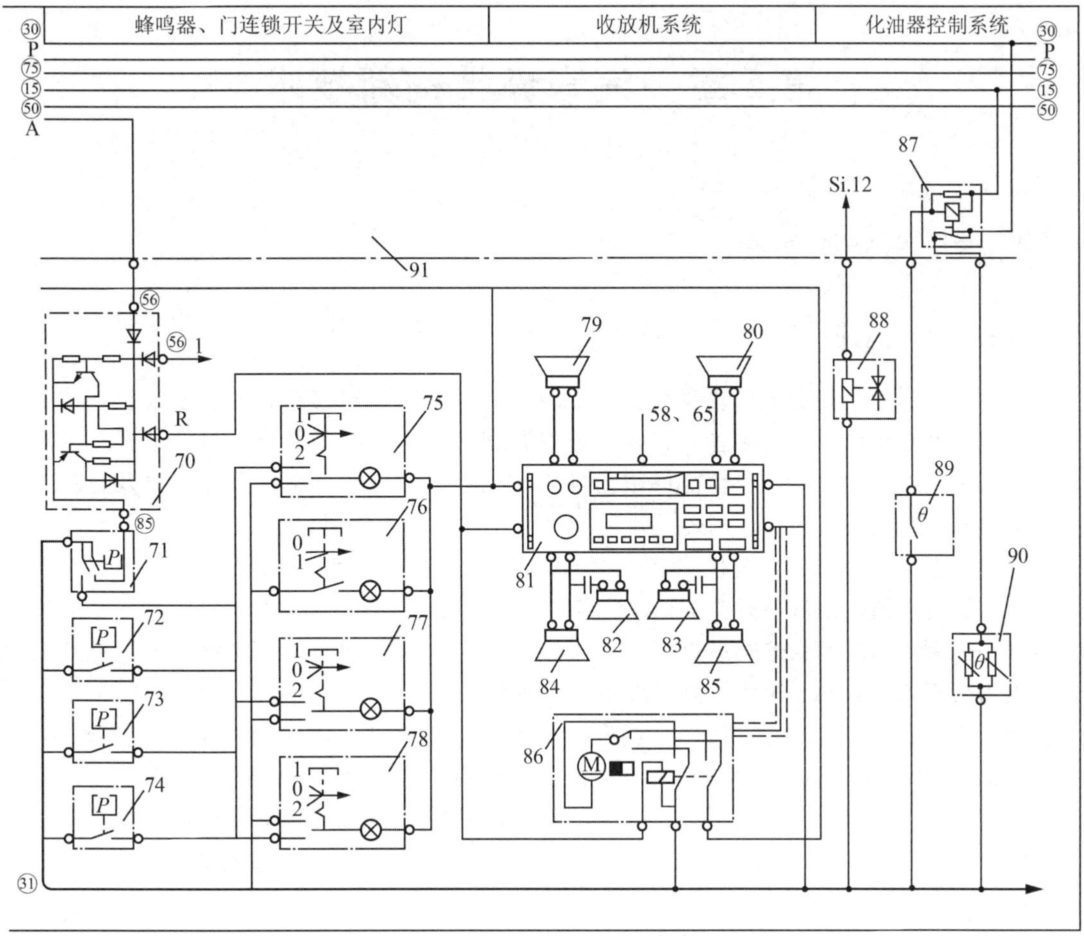

(d)

图 4-7　奥迪轿车整车的电路

第5章　汽车新结构新技术

5.1　自动变速箱

5.1.1　概述

自动变速箱是相对于手动变速箱而出现的一种能够根据汽车车速和发动机转速来进行自动换挡操纵的变速装置。自动变速箱是根据汽车的行驶状态，自动选择与发动机相匹配的挡位。自动变速箱能够根据动力传动系统内部和外部的状态，以及行驶工况的需求，自动地选择合适的传动比。

世界上第一台用于大规模生产的全自动变速器于1940年产自美国的通用汽车公司，这台变速器使用液力耦合器(而不是液力变矩器)和三排行星齿轮，提供四个前进挡和一个倒挡。自动变速器最重要的技术改进是在“二战”期间，别克汽车为坦克开发了液力变矩器，有助于避免坦克在战场上因换挡不慎而造成引擎熄火，到1948年，这种液力变矩器与其他部件结合成为液力变速器而定型成为现代通用的自动变速器。1968年法国雷诺汽车公司率先在自动变速器上使用了电子元件。据资料统计，20世纪70年代末，日本在生产的汽车中装备自动变速箱的仅占3%，1982年上升到26%，1988年上升到65%，1992年上升到74%；1992年美国自动变速箱的装车率是87%；欧洲几乎100%的城市客车都已采用了自动变速箱。

自动变速箱，分有级和无级变化传动比两类。无级变速具有理想的恒功率传动性能，变速过程连续平稳，没有动力中断，是人们一直追求的目标，而采用电子技术特别是微电子技术控制变速系统，已经成为现代汽车实现自动变速功能的主要方法。

5.1.2　自动变速的特点

1. 驾驶性能优良

汽车驾驶性能的好坏，除与汽车本身的结构有关外，还取决于正确的控制和操纵。自动变速器可以按照预先设定的最佳换挡规律自动变换挡位，让汽车在不同的运行条件下都能同时兼顾发动机的最低油耗和变速器的最高效率，因此，更具有良好的驾驶性能。

2. 自适应能力强

自动变速装置的挡位变换不但快，而且平稳，提高了汽车的乘坐舒适性。通过液体传动或微电脑控制换挡，一方面能在一定范围内实现无级变速，大大减少了行驶过程中的换挡次数，另一方面可以消除或降低动力传动系统中的冲击和动载。试验结果表明，在坏路段行驶时，自动变速的车辆传动轴上，最大动载转矩的峰值只有手动变速器的20%～40%，原地起步时最大动载转矩的峰值只有手动变速的50%～70%，从而延长发动机和传动系统零部件的寿命。

3. 行车安全性高

在车辆行驶过程中，驾驶员必须根据道路、交通条件的变化，对车辆的行驶方向和速度进行调节。以城市大客车为例，平均每分钟换挡3～5次，而每次换挡有4～6个手脚协同动作。正是由于这种连续不断的频繁操作，使驾驶员的注意力被分散，而且易产生疲劳，造成交通事故增加。装用自动变速器的车辆，取消了离合器踏板，只要控制油门踏板，就能自动变速，从而改善了驾驶员的劳动强度，使行车事故率降低，平均车速提高。

4. 废气排放低，环保性能好

手动换挡变速器由于经常换挡，需要切断动力，使发动机的转速变化较大，节气门开度变化急剧，非稳定工况强烈，从而导致排放中的污染物多。而自动变速器的应用，可使发动机经常处于经济转速区域内运转，也就是在较小污染排放的转速范围内工作，从而减少了发动机排气中有害物质的数量，降低了排气污染，有利于环境卫生。

5. 经济性较好

自动变速器能自动适应行驶阻力的变化，选择最佳的换挡时刻，从而提高了汽车的动力性和经济性。自动变速器由于液力变矩器的变矩性能及能连续地自动换挡，起步加速性可得到极大的提高；自动换挡过程中传动系统传递功率不中断，而且没有手动换挡减小供油操作，再加上自动换挡在时刻控制上能保证发动机功率得到充分的利用，所以自动换挡可以得到良好的加速性能，提高了行驶的平均速度。试验统计资料表明，装有自动变速器的公共汽车，起步加速至20 km/h的车速所需时间比手动机械式变速器节省20%，而加速至车速40km/h时，则可节省10%的时间，因此可使车辆平均车速提高10%。

当然，与手动变速器相比，自动变速器结构复杂，重量也稍有增加，零部件加工难度较大，生产成本较高，此外，在使用维修、故障分析处理等方面也较麻烦，要求有较高的技术水平。

5.1.3 自动变速器的分类及结构特点

根据工作原理的不同，目前汽车中常见的自动变速箱有四种形式，分别是液力自动变速箱(AT)、机械式无级自动变速箱(CVT)、电控机械自动变速箱(AAMT)和双离合器自动变速箱(DCT)。

1. 液力自动变速箱(AT)

液力自动变速箱通过液力传动和行星齿轮组合的方式来实现自动变速，一般由液力变矩器、行星齿轮机构、换挡执行机构、换挡控制系统、换挡操纵机构等装置组成。根据驱动方式的不同，又可分为前置后驱型和前置前驱型。

AT不用离合器换挡，挡位少变化大，连接平稳，因此操作容易，既给开车人带来方便，也给坐车人带来舒适。但缺点也多，一是对速度变化反应较慢，没有手动变速箱灵敏；二是费油不经济，传动效率低、变矩范围有限，近年引入电子控制技术部分改善了这方面的问题；三是结构复杂，修理困难。在液力变矩器内高速循环流动的液压油会产生高温，所以要用指定的耐高温液压油。另外，如果汽车因蓄电池缺电不能启动，不能用推车或拖车的方法启动。如果拖运故障车，要注意使驱动轮脱离地面，以保护自动变速箱齿轮不受损害。

2. 机械式无级自动变速箱(CVT)

机械式无级自动变速箱的特点是变速比不是间断的点，而是一系列连续的值，从而能更好地协调车辆外界行驶条件与发动机负载，可充分发挥发动机潜力，提高整车燃料经济性，它使汽车具有没有漏洞的牵引性能，从而显著地提高整车性能。目前多采用钢带或链条传动方式进行动力传递。

3. 电控机械自动变速箱(AMT)

电控机械自动变速箱在传统的手动齿轮式变速器基础上改进而来，是综合了AT(自动)和MT(手动)两者优点的机电液一体化自动变速器。AMT既具有液力自动变速器自动变速的优点，又保留了原手动变速器齿轮传动的效率高、成本低、结构简单、易制造的长处。

在机械变速箱总体传动结构不变的情况下，通过加装微机控制的自动操纵系统来实现换挡的自动化，因此AMT实际上是由一个自动换挡系统来完成操作离合器和选、换挡的工作过程。由于AMT能在现生产的手动波基础上进行改造，生产继承性好，投入的费用也较低，容易被生产厂接受。AMT的核心技术是微机控制，电子技术及质量将直接决定AMT的性能与运行质量。手动电液换挡是由驾驶人通过换挡器(一个普通的转换开关电路)控制阀，进而控制换挡阀实现换挡。在此系统中增加一个自动电子线路控制系统，便可实现电液自动换挡。同液压自动换挡一样，这种形式的换挡操纵，也需根据节气门位置和车速信号转换为电信号自动进行，以代替驾驶人操作。由电子计算机选择最佳换挡时刻和合适的挡位，完全代替驾驶人进行判断和操作。

4. 双离合器自动变速箱(DCT)

双离合器自动变速箱采用两套离合器，通过两套离合器的相互交替工作，来达到无间隙换挡的效果。DCT综合了AT和AMT的优点，传动效率高、结构简单、生产成本较低，不仅保证了汽车的动力性和经济性，而且极大地改善了汽车运行的舒适性。

5.1.4 使用自动变速器的保养知识

1. 经常检查自动变速箱油液位是否正常

启动发动机，将变速箱油预热到50℃左右，再将选挡杆在各挡位停留2 s后置于停车挡，此时油尺正常油面应位于最高与最低线之间，如不够，应及时添加相同品质的油品。

2. 掌握好自动变速箱油的更换周期

大部分自动变速箱换油周期一般为两年或4万～6万km(可以车辆使用手册为准)。建议提前2 000～3 000 km换油。

3. 正确地更换变速箱油

截止到2010年，较好的换油方法是动态换油，采用专用的变速箱换油设备，在变速箱运转的过程中，将旧油充分循环，排放干净后再加入新的变速箱油，从而使换油率高达90%以上，保证良好的换油效果。科学养车，才能保证车辆处于良好的技术状态，保证行车安全。

5.2 发动机电子控制汽油喷射系统

5.2.1 概述

传统的汽油发动机中，汽油是经过化油器后和空气混合而进入汽缸的。现代汽车的汽油是通过喷油器喷进汽缸的，其中有的是直接喷入汽缸，有的是喷入进气管内，这种系统称为汽车的燃油喷射装置。

电控汽油喷射系统是由发动机控制单元(ECU)控制汽油机燃油喷射时刻、喷射脉宽和喷射规律的系统。由于汽油易于挥发的特性，便于在汽缸外部形成均质的可燃混合气，因此在很长时间内采用了装在进气总管上的化油器供给方式。这种燃料供给系统由于不能根据不同工况精确控制混合器的空燃比，因此被电控汽油喷射方式所取代。汽油喷射方式按喷油器安装位置与工作原理的不同，可分为进气道多点喷射(MFI)、进气总管或中央单点喷射(SPI)和缸内直接喷射(GDI)三种。

20世纪50年代至70年代，欧洲、美国曾进行过缸内直喷(直接喷射)汽油机的研发，采用分层燃烧，由于当时的喷油技术和控制技术不够成熟，未广泛应用。20世纪90年代以后对缸内直喷技术进行了新一轮研发，1996年最先投入市场的缸内直喷汽油机，在大负荷范围内燃油在进气行程中喷入，实现均质混合燃烧，在中小负荷范围内燃油在压缩行程后期喷入，用油束、气流和燃烧室形状的配合形成浓度分层的混合气，采用分层燃烧。

20世纪90年代以来，由于电子技术的迅猛发展，小型电脑的出现，电控汽车燃油喷射装置得到了广泛的应用。

5.2.2 电子燃油喷射装置的特点与形式

汽油机燃料供给系统主要是根据发动机各种不同工况的要求，将所需空燃比的混合气供给汽缸，直接或间接检测发动机吸入的空气量，按设定的空燃比供给燃油量。

1. 电子控制燃油喷射装置的性能特点

(1)混合气分配均匀性好

在多点式燃油喷射装置(MPI)中，喷油量由控制器(ECU)根据发动机转速和负荷的变化进行精确的控制，故能使汽油均匀地分配给各缸；无论发动机的转速与负荷如何变化，每个汽缸配备的喷油器都能连续地、精确地供应相应空燃比的混合气。另一方面，空燃比可以用改变喷油器的开启时间进行控制，因而能较好地满足各种工况的要求，这些有利于改善发动机排放控制和燃油经济性。

(2)加速响应性好

而在多点式燃油喷射装置中，由于喷油器装在进气门附近，汽油又以一定的压力经喷孔喷出，形成雾状，极易与空气混合，使送至汽缸的混合气浓度及时地随节气门开度变化而立即改变，故其加速响应性较好。

(3)具有良好的启动性能

脉动阻尼器可以消除喷油时油压产生的微小波动，进一步稳定油压，电磁喷油器按照发动机控制的喷油脉冲信号把汽油喷入进气道。当冷却水温度低时，冷启动喷油器将汽油喷入进气总管，以改善发动机低温时的启动性能。

(4)具有减速断油功能

减速时，节气门关闭，发动机还是高速运转，进入汽缸的空气量减少，进气管内的真空度增大。在化油器发动机中，此时会使黏附于进气管壁面的汽油，由于进气管内真空度急骤升高而蒸发后进入汽缸，使混合气变浓，导致燃烧不完全，排气中的 HC 含量增加。

在电子燃油喷射发动机中，当节气门关闭而发动机转速超过预定转速时，喷油就会停止，使排气中的 HC 含量减少，并可降低燃油消耗。

(5)适合汽车全车电子控制的要求

如采用电子控制点火、电子控制自动变速器、电子控制防抱死制动装置等。

总之，使用电子控制燃油喷射装置，可提高动力性，可改善燃油经济性(可降低燃油消耗)，降低了排气污染(比化油器更好地解决排污问题)，改善了发动机的冷启动性能，改变工况响应迅速，怠速稳定性提高，具有良好的转矩特性，更适应道路状况等。

2. 电控器与控制策略

电控器是一个微型的计算机管理中心，它以信号(数据)采集作为输入，经过计算处理、分析判断、决定对策，然后输出控制指令指挥执行器动作，有时它还要给传感器提供稳压电源或参考电压。发动机电控系统的控制方式有开环控制和闭环控制两种。

5.2.3　电子燃油喷射装置的基本原理

在电控汽油喷射系统中，汽油由电动汽油泵从油箱中泵出，经汽油滤清器等输送到电磁喷油器和冷启动喷油器调节器与喷油器并联，保证供给电磁喷油器内的汽油压力与喷射环境的压力之差(喷油压差)保持不变。燃油泵按其安装位置可以分为外装泵和内装泵两种。外装泵将泵装在油箱之外的输油管路中，内装泵则是将泵安装在燃油箱内。与外装泵相比，内装泵不易产生气阻和燃油泄漏，而且噪声小。

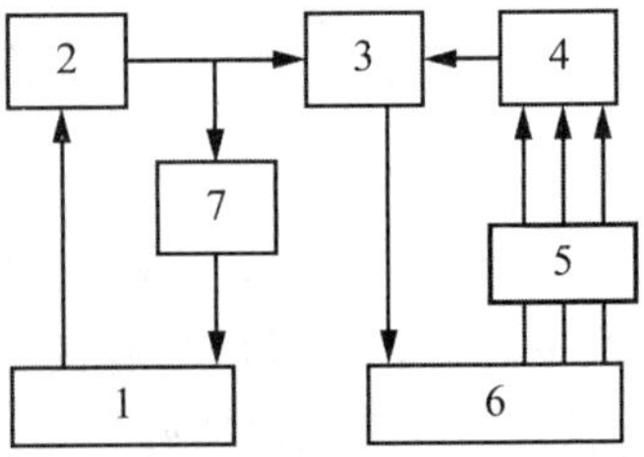

图 5-1　电子燃油喷射装置的基本原理框图

1—油箱；2—汽油泵；3—喷油器；4—控制器；5—各种传感器；6—发动机；7—压力调节器

电子控制器 4 对各种传感器传输的发动机

负荷、转速、加速、减速、吸入空气流量和温度、冷却水温度等信号作出判断，控制喷油器以一定的压力，正确地控制喷油器中针阀的开启时刻和持续时间，从而供给汽缸最佳汽油量，同时配合电子控制点火系统在最佳时刻点燃可燃混合气。

5.2.4 电子燃油喷射装置的组成与功用

现代车用汽油机电控系统的种类与型号很多，但结构与原理均大同小异，它们也和柴油燃料供给系统的电子控制一样分为传感器(Sensor)、电控器(ECU)与执行器(Actuator)三部分。

各种传感器与开关，它们可以将驾驶员的意图、汽油机的工况与环境信息及时、真实地传输给电控器，电控器根据来自各个传感器的输入信号以及其他开关信号，用控制软件并结合存贮的各种标定数据与图表进行分析运算，决定应如何控制，并以相应的电信号向各个执行器发出各种控制指令，执行器产生相应的动作以实现所要求的控制。

在所有的传感器输入量中，发动机转速和表示发动机负荷的空气流量(或进气歧管绝对压力)是两个最基本的输入量。电控器根据两者决定点火提前角和喷油脉宽的基本值，而冷却液温度、进气温度等都是用来对基本点火提前角和喷油脉宽进行修正的条件参数。曲轴(或凸轮轴)转角位置信号用来确定相对各缸上止点的点火时刻和喷油时刻。节气门开度传感器信号对于怠速工况判断、过渡工况喷油量补偿等都是必需的。当汽油机装有三效催化转化器时，必须有一个装在催化转化器前的(也有在催化转化器前后各安装一个的)能反映空燃比的氧传感器，为进行部分负荷及热怠速工况的空燃比闭环控制输入反馈信号。爆燃传感器检测出的爆燃强度和频度则作为电控器决定推迟点火以避免爆燃的依据。根据发动机的具体情况，可能还配有其他传感器(例如增压压力、机油压力、汽车车速和蓄电池的电压等)。

典型的多点进气道电控汽油喷射系统，其特点：燃油采用的顺序喷射方式(SFI)；点火系统采用了无分电盘的独立点火方式；具有许多汽车发动机控制所需的辅助功能；采用电控节气门。

电子燃油喷射装置由进气系统、燃油供给系统和电子控制系统组成。

1. 进气系统

进气系统的作用是测量和控制汽油燃烧时所需要的空气量，以控制发动机输出的功率。进气系统的组成及流程如图 5-2 所示。

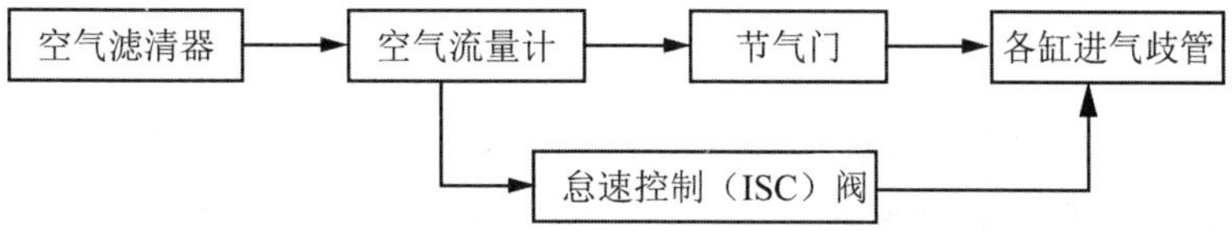

图 5-2 进气系统流程图

2. 燃油供给系统

燃油供给系统的功用是：用电动汽油泵向喷油器提供足够压力的汽油，喷油器根据来自电子控制器(ECU)的控制信号，向进气歧管内进气门上方喷射定量的汽油。

燃油供给系统的组成和流程如图 5-3 所示。

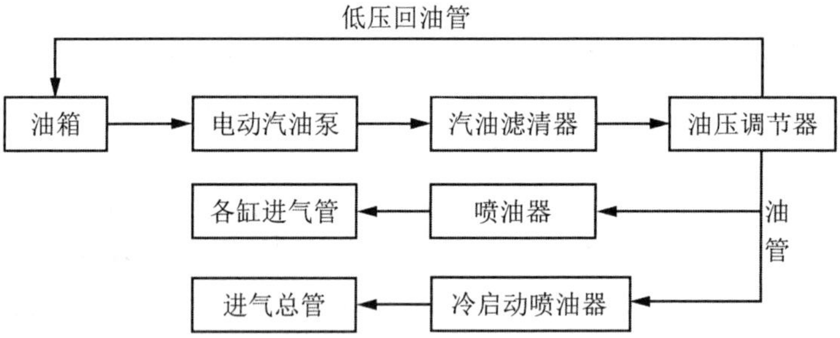

图 5-3 燃油供给系统流程图

3. 电子控制系统

电子控制系统的功用有：

(1)根据各传感器输送来的信号，决定喷油量以获得最佳的空燃比；

(2)根据转速、进气歧管绝对压力、水温等传感器输送来的信号，决定最佳点火提前角；

(3)检测各传感器的故障，并将故障内容储存和输出，同时使仪表板上的故障指示灯发亮。

电子控制系统的工作示意图如图 5-4 所示。

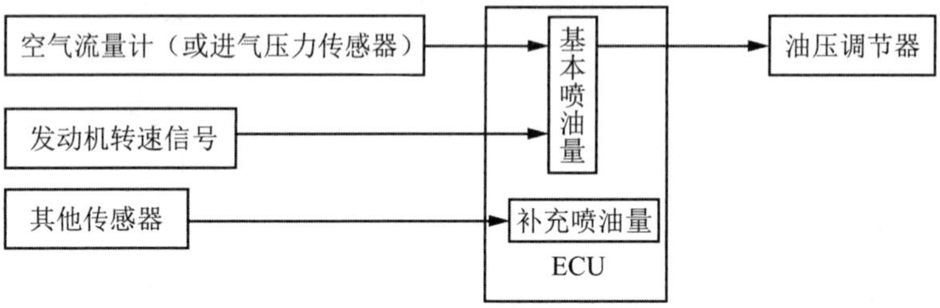

图 5-4 电子控制系统工作示意图

5.3 电子控制动力转向系统

动力转向装置是进行车辆转向操纵时，为了减轻转向盘的操纵力，由发动机驱动的油泵作动力源的液压增力装置。作为动力源有发动机驱动油泵和电动泵两种方式。通常停车或低速转向时，为了使转向省力而设定某一压力。但是，若增力比固定不变，则高速行驶时转向操纵力将过分减轻，可能导致危险的出现。

电子控制动力转向是通过控制电磁阀，按照车速改变动力转向装液压控制油压，以保证停车转向和较低速转向时操纵省力，而中低速以上时应使其具有良好的路感。图 5-5 所示为根据动力转向装置的有无而表现出来的转向操纵力特性的差异。

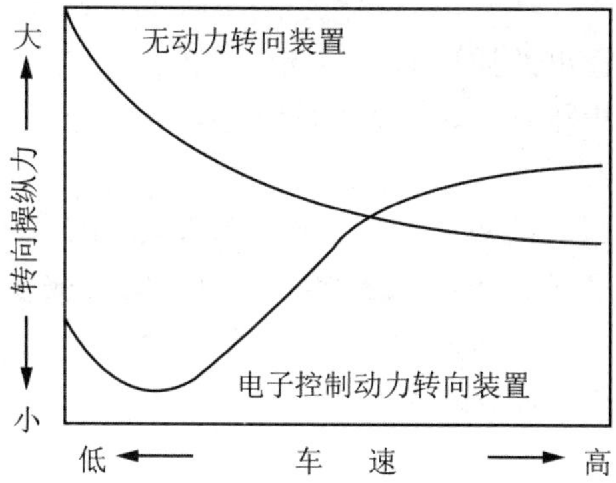

图 5-5 转向操纵力特性

5.3.1 电子控制动力转向系统组成

电子控制动力转向系统组成如图 5-6 所示。

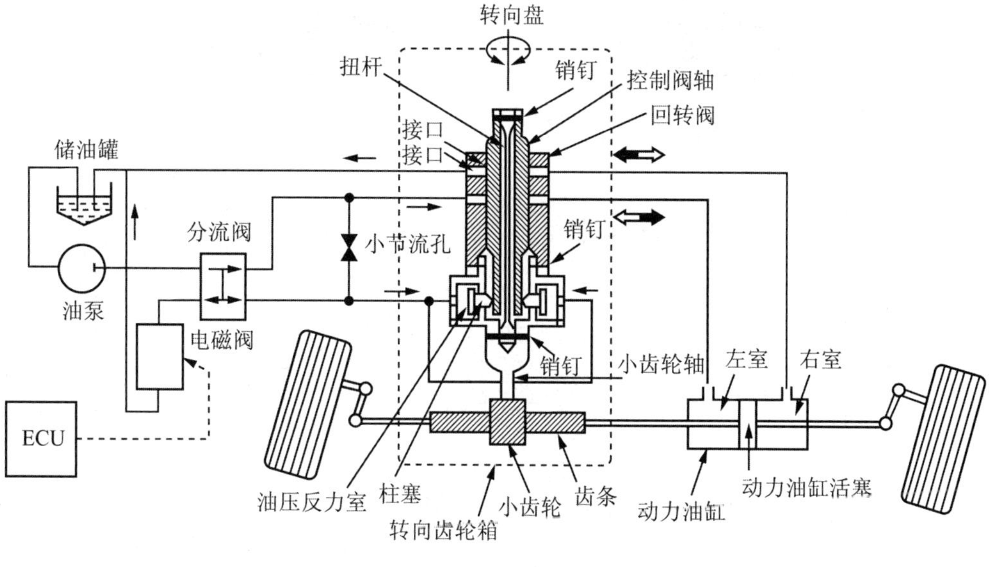

图 5-6 电子控制动力转向系统组成

1. 转向齿轮箱

扭杆的上端与控制阀轴、下端与小齿轮轴通过销钉分别相连，小齿轮轴上端与回转阀通过销钉相连。转向盘借助转向轴与控制阀轴相连接。转向盘的回转力也是通过扭杆以及控制阀轴，传递到小齿轮轴上的。

当扭杆产生扭转时，控制阀和回转阀就回转相应的量并改变与各个接口的连通状态，以控制动力油缸的流量以及切换动力油缸的左室或右室的油路。当高压作用于油压反力室时，柱塞强制压住控制阀轴。此时，扭杆即使要产生扭转，也要由于柱塞的压力而抑制控制阀轴与回转阀之间的相对旋转。

2. 分流阀

分流阀能将从油泵输出的油液向回转阀和电磁阀分流。由于车速和转向操纵，回转阀侧和电磁阀侧的油压即使有变化也总是向电磁阀侧供给一定流量的油液。

3. 电磁阀

图 5-7 所示为电磁阀的结构和特性。通过改变电磁线圈电流的 ON/OFF 占空比，能够改变电磁阀的节流面积。电磁线圈电流大时，阀芯被吸引，使阀的节流面积大，排回到贮油罐的油量增加。车速低时，增大电流并减少节流使油返回贮油罐。随着车速的增高，减少电流使油的排泄减少。

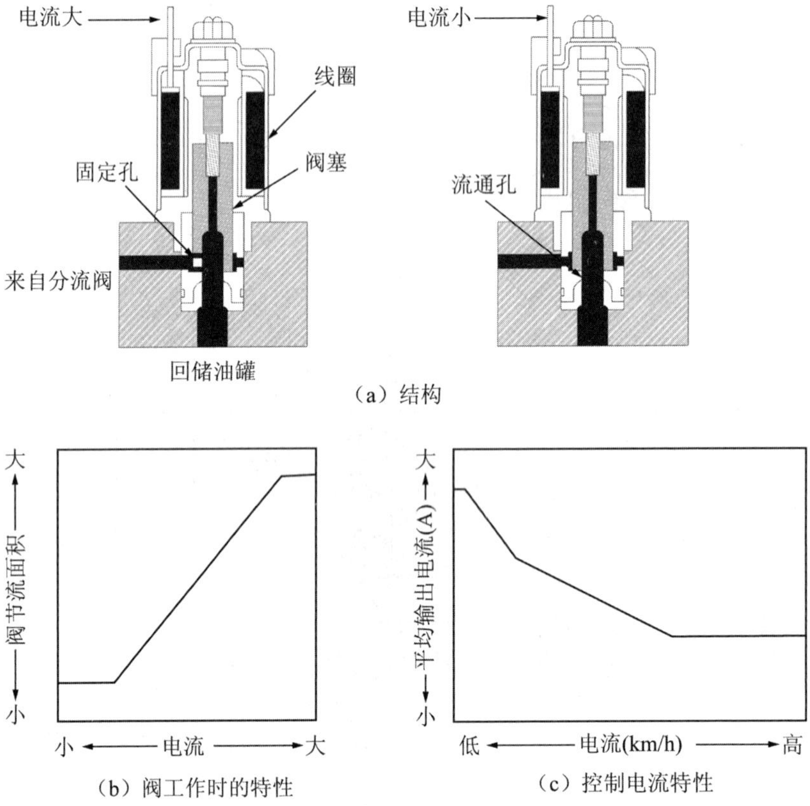

图 5-7 电磁阀的结构和特性

5.3.2 控制逻辑

动力转向装置有下列三种控制状态，即 ECU 根据来自车速传感器的输入信号，判断停止、低速和中高速三种状况，并按照上述状态对电磁线圈的电流进行线性控制。

1. 停车以及低速时的控制

当通过电磁阀线圈的电流增大时，分流阀分流的油液经过电磁阀返回到贮油罐的油较多。所以，作用于柱塞的背压(油压反力室压力)较小。因此，柱塞压力控制阀轴的力(反力)也小。所以，在转向盘回转力的作用下，扭杆将产生大的扭转。回转阀固定在小齿轮轴上，控制阀的回转量相当于扭杆的扭转角的量，从而能连通两个阀的接口。它对动力缸的右室(左室)作用油压，使动力活塞向左方向(右方向)移动，从而增加了转向操纵力。

2. 中高速直行时的控制

车直行时转向操纵角小，所以由扭杆引起的相对扭转也小，而且减少回转阀与控制阀的连通口开度，回转阀侧的压力就上升。由于分流阀的作用，电磁阀侧的流量增加。另外，随着车速的上升，电磁线圈的电流就变小。所以，电磁阀的节流开度变小，而作用于油压反力室的油压反力增加，使柱塞压力控制阀轴的力变大。因此，作为转向操纵力是由加到扭杆引起的扭矩，在柱塞的反力作用下增加路感，并得到稳定的直行感。

3. 中高速转向时的控制

从有油压反力的中高速区进行转向操纵时，扭杆的扭转更小。回转阀与控制阀之间的连通口开度减少，回转阀侧的油压就更加上升。随着回转阀侧油压的上升，从固定的小节流孔向油压反力室进油。除了从分流阀向油压反力室供给的一定流量的油以外，再加上来自固定的小节流孔的油，压柱塞的力就更大了。因而，根据转向操纵角，转向操纵力直线上升，所以能够得到高速时的稳定的转向操纵感。

5.4 灯光自动控制系统

5.4.1 前照灯自动控制

当前照灯开关放到“AUTO”位置时，由安装在仪表板上部的光传感器检测周围的明暗，并根据亮度自动开闭尾灯及前照灯的一种装置。图5-8所示为它的工作说明，光传感器为光电二极管。

1. 周围环境明亮时

当车门关闭，点火开关处于“ON”状态时，触发器的S、R都是“Hi”。所以，输出$\bar{Q}$成为“Lo”，使晶体管TR_1叫成为导通(ON)，并向所有电路供电。当周围环境的亮度比夜幕检测电路的熄灯照度L_2(约550 lx)及夜间检测电路的熄灯照度L_4(200 lx)更亮时，夜幕检测电路与夜间检测电路无论哪一个输出，都成为“Lo”，晶体管TR_2和TR_3成为截止(OFF)。

2. 夜幕及夜间时

当周围的亮度比夜幕检测电路的点灯照度L_1(约130 lx)暗时，夜幕检测电路的输出成为“Hi”，使TR_2成为导通(ON)。此时，尾灯电路接通并点亮尾灯。当变成更暗

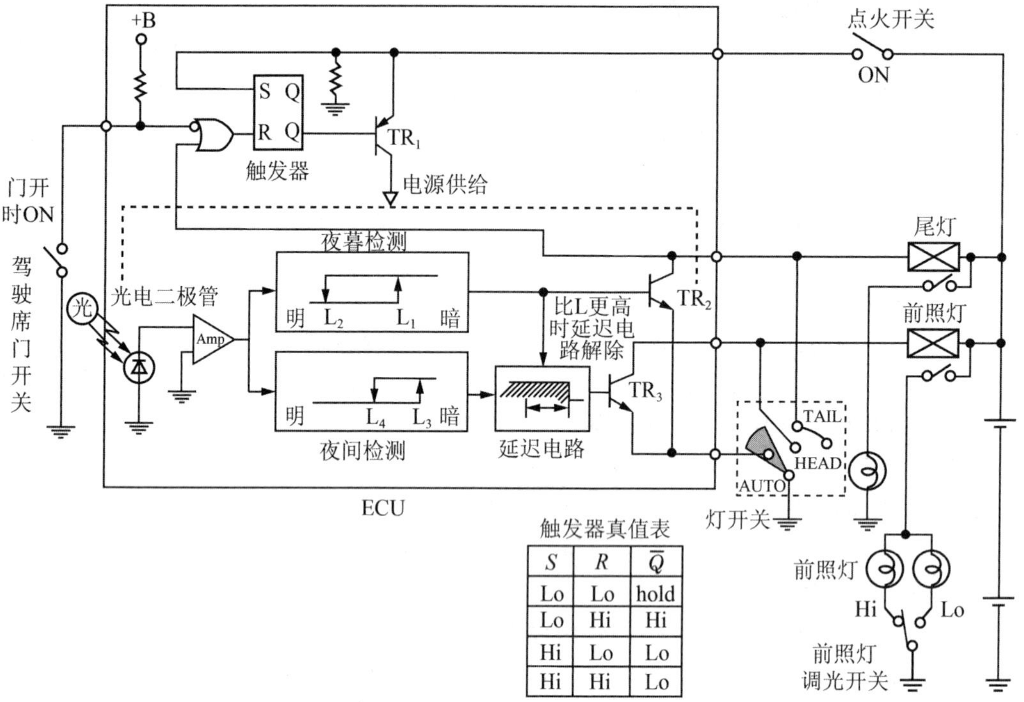

触发器真值表

S	R	$\overline{Q}$
Lo	Lo	hold
Lo	Hi	Hi
Hi	Lo	Lo
Hi	Hi	Lo

图 5-8 前照灯自动控制电路

的状态，达到夜间点灯电路的点灯照度 L_3(约 50 lx)以下时，夜间检测电路的输出也成为“Hi”。此时，延迟电路的输出也成为“Hi”，使晶体管 TR_3 导通(ON)。前照灯继电器变为 ON，点亮前照灯。

3. 接通后周围亮度变化时

在前照灯亮着时，由于路灯等原因周围环境突然变为明亮的情况下，夜间检测电路的输出变为“L。”。但在延迟电路的作用下。在时间 T 期间，TR_3 仍保持导通(ON)状态，所以前照灯不熄灭。在周围的亮度比夜幕检测电路的熄灯照度更亮的情况下，从夜幕电路输出“L。”，而解除延迟电路，所以尾灯和前照灯都立即熄灭。这种情况是相当于白天车从隧道出来时的情况。

4. 自动熄灯

使点火开关 OFF 而停止发动机时，触发器 S 接头上输入“Lo”。但是，TR_2 仍是 ON 状态，所以 R 接头上也输入“Lo”，而且不改变触发器的输出 $\overline{Q}$ 的状态，仍保持为“Lo”。在这种状态下打开驾驶室门时，触发器 R 接头上就输入“Hi”，而输出就反转成为“Hi”。向所有电路供应电源的晶体管 TR_1 成为截止(OFF)，TR_2 及 TR_3 也成为截止(OFF)，而所有灯就熄灭。上述情况，在夜间黑暗的车库等处下车前夕因为周围照射的明亮，所以为下车等提供方便。

5.4.2 前照灯光束调整

车辆的姿势因乘车人员数或载重量的变化而变化时，前照灯光束的照射位置也发生变化，因而不能适当地照亮前方路面。前照灯光束调整机构是根据车辆姿势，微调前照灯照射角度的装置。图 5-9 所示为前照灯的调整机构。前照灯部件以枢轴为中心回转微小角度并改变光束的照射角度。调整螺钉来回移动带动前照灯部件，而调整螺钉是由电机和齿轮机构组成的执行器，使它正反向旋转。

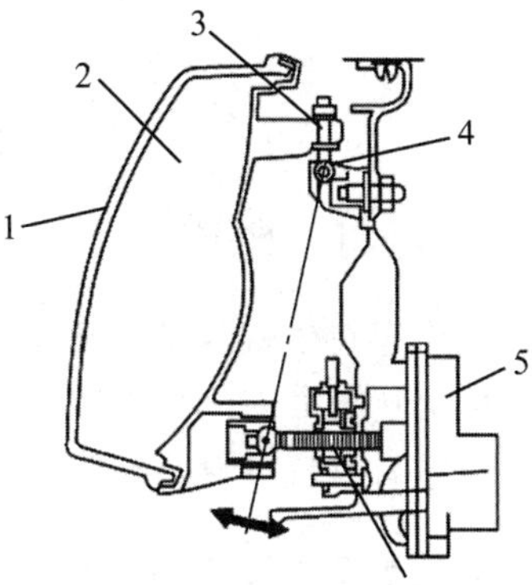

图 5-9　前照灯调整机构

1—透镜；2—前照灯部分；3—枢轴臂；4—枢轴；5—执行器；6—调整螺钉

图 5-10 所示为前照灯的调整控制电路。执行器内组装有称为互换机构的位置检测传感器。它同电机连动，使可动触点回转，并检测前照灯部件的位置。调整只能在灯控制开关为接通(ON)状态时才有可能。图 5-10 所示以 5 级光束切换位置为例做了说明，其中以位置“0”为基准位置，位置“4”为最向上位置。

若想从图 5-10(a)所示的位置“0”转换到位置“3”的情况下，前照灯光束控制开关就选择“3”的位置。继电器 1 是通过固定触点 UP→可动触点 1→固定触点 3→光束控制开关触点 3 后接地，继电器触点就向 UP 一侧闭合，使电机进行 UP 旋转。由于电机的 UP 旋转，图 5-9 中的调整螺钉伸出，使前照灯部件向上。此时，可动触点作顺时针方向回转。如图 5-10(b)所示，当可动触点离开固定触点 3 的位置时，通向继电器 1 的电切断，所以电机就自动停止下来。若是使光束从图 5-10(b)的位置“3”想要向下，则选

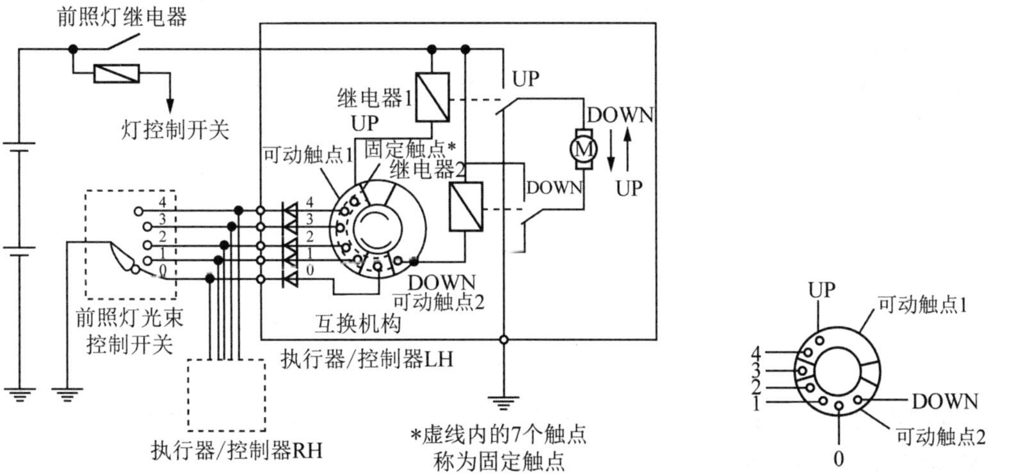

(a) 互换机构在位置“0”时的控制电路　　(b) 互换机构在位置“3”时的控制电路

图 5-10　前照灯调整控制电路

择控制开关“2”～“0”。这次是在可动触点 2 的作用下，继电器 2 变为 ON，使电机作 DOWN 旋转。

5.5 汽车行驶卫星定位系统

5.5.1 概述

汽车在生疏地带行驶，特别是在难以看清道路标志和周围景色的夜间行车时，很可能会迷失方向。故也需要各种导向行驶系统（又称导航系统）来确定其本身位置，这种技术就是汽车自动导航技术。

5.5.2 导航系统类型

1. 汽车电子地图导向系统

该类型的汽车导航系统，由显示、人机对话装置、CD-ROM、CPU、RAM、车速传感器、气流传感器（前进方向传感器）等部分组成。激光盘只读存储器，在其中以数据库形式存储了绝大部分地图。该系统在工作时，用车速传感器可检测已行驶的距离，用气流传感器检测前进方向的变化，并根据这两个检测数据求出行驶轨迹。该系统采用完全独立的方式检测本车的当时位置与方向，因此不会受到人造卫星或地磁方式定位的导航系统与外部联系的电波通信障碍和磁性干扰等。

2. 导向行驶系统

利用地磁作为导向的基准，它有一个双线圈发动机型地磁矢量传感器，作为方位传感器。地磁水平分量的磁感应强度十分微弱，对外界干扰很敏感，故抗干扰、误差修正是该系统的关键。

3. 惯性行驶系统

惯性行驶系统实际上是一个电子陀螺仪，方向传感器是封入氦气的气体速度陀螺，它可以输出汽车的偏转率，同时汽车速度传感器可以输出汽车的速度函数，行驶计算机根据每时每刻由传感器输入的行驶方向与距离等信号，进行下列累加计算：

$$X = \int v(t)\cos Q(t)\,\mathrm{d}t \tag{5-1}$$

$$Y = \int v(t)\sin Q(t)\,\mathrm{d}t \tag{5-2}$$

式中

$$Q(t) = \int \omega(t)\,\mathrm{d}t \tag{5-3}$$

最后微机通过接口把 X 与 Y 的累加结果及距目的地距离随时显示在 CRT 上。此系统随后改用液晶显示器、全球定位系统（GPS）并用一种光学纤维型陀螺测试仪取代了气体阻尼陀螺。随后，该系统又做了改进，新型导航系统的心脏是一部具有 RISC 结构和 32 位的中央处理器，而且该混合导航系统采用了一个 Sumitomo-Electric 振动陀螺和全球定位系统（GPS）。该导航系统能自动地确定到达目的地的路线并发出导航音频，同时，自动变换不同比例尺的地图显示屏幕是一种 6 英寸的液晶显示器。

4. 无线电导向系统

无线电导向系统可分为卫星导向系统和地面无线电固定导向台导向系统两类。这种“汽车导航系统”由控制器、导航计算机、安装于后备箱内的卫星信号接收机、车内的磁性探测仪和后备箱盖上的卫星天线组成。该系统的计算机存储器，存储所有汽车干线、公路地图和城市交通图，并装有一个电视接收机调谐装置。行车前，驾驶人把要去的城市和街道名称输入计算机。导向计算机协助卫星系统，或地面无线电导向台信号，根据传感器提供的数据确定所去地点的方位，并在地图上精确地显示出汽车任意时刻的位置。在输入数字地图资料后，还可查明要去地点的最佳行车路线。

5.5.3 自动导航系统的基本功能

1. 汽车导航系统

汽车导航系统，包括安装在汽车内部的计算机、位置检测器和电视显示器。行车前，司机只需将地名和邮政编码输入计算机，计算机就能给出应选择的大致行车方向，并以合成音提醒司机在何处转弯。当汽车接近一个信号灯时，计算机通过装在后视镜后的红外收发机闪示朝这个信号灯逼近的一个数字信号，中央计算机接到信号后就为司机提供一份高度准确的当地地图，该地区的交通情况和到达目的地的一份大致行车路线图。随后，汽车中的计算机就算出到达下个信号灯或目的地的最佳路线。

汽车导航系统关键技术在于全球定位系统和安装在防抱死系统里检测车轮转动的传感器。

2. 全球定位系统

目前，提供汽车现在位置和运动轨迹的信息，主要是采用微波导航中的定位系统(GPS)。这是由美国空军装备的、利用导航卫星检测位置的位置检测系统。其原理是：导航卫星在围绕圆形轨道运动时，发出事先决定的图像信息。接收侧根据卫星发出信号至接收到其反射信号的滞后时间，算出接收侧与卫星的距离，以这个距离为半径 R，以卫星为圆心，就形成一个球面。当接收侧同时知道三颗导航卫星的距离时，就可形成三个球面，三个球面的交点就是接收侧的位置，也就是汽车的位置(如图 5-11 所示)。

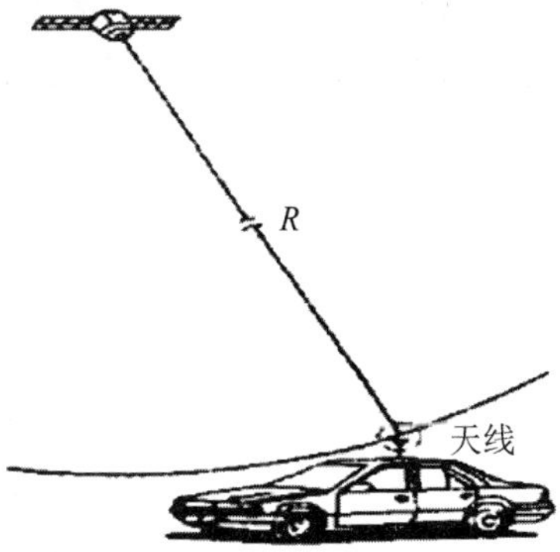

图 5-11　车载 GPS 示意图

5.6 汽车防盗报警装置

防盗报警装置作为防盗的辅助手段，对以违法手段想侵入车内的行为发出警报，并且兼有停止车辆行驶功能的安全措施。偷盗的手段有多种多样，所以安全防盗系统也有各种各样。

5.6.1 系统启动设定

在所有的车门、发动机罩以及行李箱都关闭的状态下，进行车门的闭锁操作，系统就成为待机警戒状态。系统被设定时，在车外能见到的地方启动显示灯并开始闪亮。它的目的就是为车主确认待机状态，其次是对偷盗者产生心理冲击效果。

5.6.2 侵入检测

车门被非正常的方法打开时，应对可能侵入室内的行为进行检测。这种方法实际上是与偷盗者的智慧比高低。一般应做下列检测：

(1)对车门等的开闭状态或锁止机构的状态，用机械或电气方式进行检测。

(2)检测电流电压，看有没有由于开门点亮室内照明灯等而使电气元件工作。

(3)检测玻璃破裂或室内有人在行动时声波的紊乱状态。

(4)检测由于人上车或拖曳车而倾斜时的车辆状态。

5.6.3 警报

检测到对车辆的不法侵入时，采取下列措施：

(1)断续地使喇叭或报警器等鸣响。

(2)闪亮前照灯或尾灯等。

(3)切断启动机电路或燃油喷射电路，使发动机不能启动。

(4)发射电波向在远处的车主报警。现已研究出与汽车车主电话线连动的防盗通报系统。

汽车音响等高价物品被盗窃的概率较大，但有的汽车音响本身就具有安全防盗功能，这种设备从车上卸下后，如果不输入密码就不能再使用。

第 6 章　现代汽车制造工艺与材料

6.1　汽车制造工艺

汽车的生产方式就总体而言是流水作业，但不同的工艺，其流水作业的程度有一定的差异，例如铸造、锻造、冲压等工艺的生产周期短，采用容易变换程序进行批量生产的通用生产线比专用生产线更为有利。而机械加工与焊接工艺过程则宜采用专用生产线进行流水作业。涂漆与装配工艺，一般都采用流水线作业。因此汽车的制造工艺比较复杂。

6.1.1　铸造工艺

现代汽车铸造都采用各种自动化生产，在造型方面有振动造型、金属型铸造、气化模铸造、树脂砂铸造、压力铸造、低压铸造等新技术。金属型铸造是用铸铁、钢材等做铸型，以浇注各种铸件的工艺方法，其型芯可采用金属型或砂型。与砂型铸造相比，金属型铸造工艺的铸件质量稳定，废品率低，有较高的尺寸精度和良好的表面粗糙度(可达 $R3.2\mu m$)，并且能提高铸件的力学性能，同时，生产率较高，便于机械化自动化。在国外，金属型铸造多采用多工位转盘式浇注机，带有液压和电气控制系统，并配有型芯装配及放置、型具清理和上涂料、浇注机械手等装置。

现代轿车生产中的大量铝合金铸件一般以压铸生产率最高，成本也最低，并且铸件的力学性能高、尺寸精度高、表面粗糙度值小(可达 $R3.2\mu m \sim 0.04\mu m$)。目前，压铸普遍实现了自动定量浇注，自动取样，自动喷丸，自动温控，压射活塞自动润滑、自动切边等自动化操作。模具寿命接近 10 万次。

6.1.2　锻造工艺

一般轿车的锻件有 50 多种，并且这些锻件的形状复杂、精度要求高。汽车锻件生产除采用普通的模锻工艺外，还大量采用精锻、热挤、冷挤、热镦、轧制等工艺，以提高生产率和毛坯质量，如变速箱同步器齿环采用精锻工艺后，齿形可不再进行机械加工；等速万向节壳形状复杂、精度高、尺寸大，采用铸造→机加工→冷挤压工艺后，基本上不需要再做机加工，便可直接装车。

随着汽车生产专业化分工越来越广泛的发展，汽车厂家往往把一些普通铸锻件转让给其他专业铸锻厂生产，而自己生产与汽车产品质量有关的重要铸锻件，以有利于降低成本，提高生产率和实现自动化。如发动机缸体、缸盖、变速器壳体等铸件和连杆、曲轴、气门、半轴、转向节、重要齿轮等，通常由汽车厂家自己生产。

6.1.3 冲压工艺

汽车特别是轿车的车身绝大部分是冲压件，质量要求很高，曲面形状复杂，要求较高的尺寸精度和较小的表面粗糙度值。在生产顶盖、挡泥板、车身侧板、地板、发动机罩、车门内外板、行李箱盖板、中门柱、保险杠等，这些零部件要求冲压的模具制造精度高，工作性能稳定。

冲压生产线通常有两种形式，一种是单机连线，另一种是采用多工位压床生产线。近年来，汽车生产出现多工位压床代替单工位压床的趋势，多工位压床是目前最先进、自动化程度最高的冲压设备，有 5 工位、6 工位、8 工位等。多工位机床占地面积小，电力消耗低，生产效率高，其作业成本比一般压床流水线低得多。先进的多工位压床使用微处理机控制的可编程序控制装置，使自动化程度更高。例如日本本田公司装备一台 4 800 t 的多工位压床，工作效率由原来的 7～8 件/分，提高到 14～15 件/分。

6.1.4 机械加工工艺

现在汽车零件机加工的自动化水平相当高，绝大部分采用计算机控制的全自动生产线。汽车零件的机加工工艺的主要特点是：

(1)粗、精加工一次即达到工序的精度要求；

(2)广泛采用多面加工、多件加工或多工位加工，以实现工序集中，在一个工位上完成尽可能多的工序内容；

(3)用无屑加工代替切削加工；

(4)采用大流量的切削液，以满足高效切削的需要，切削液和铁屑集中处理；

(5)尽可能使用高效加工工艺，以铣代车、以磨代车等；

(6)广泛使用不重磨刀片、高速钢层涂刀具、超硬刀具等，可调刀具在线外调刀，更换刀具迅速；

(7)大量使用主动测量系统，大部分生产过程实现在线检测，并采用自动补偿技术；

(8)采用工位故障报警系统，当某一工位出现故障，系统立即报警，全线即时停止运动。

图 6-1 是用车拉机床加工曲轴主轴颈的示意图，加工时工件高速旋转，刀具装在鼓轮上慢速旋转，鼓轮旋转一周，即完成全部主轴颈加工。

图 6-1 用车拉机床加工曲轴主轴颈的示意图

6.1.5 焊接工艺

车身通常采用焊装，即将车身的冲压零件组装和焊接成符合产品设计要求的白车身。

汽车各大总成和白车身在焊装完后，均要进行严格的质量检验，检测装配、焊接质量和尺寸是否符合设计要求。白车身焊装完成后，用三坐标测量机进行抽检。

车身焊装所用的电阻焊的焊接方法占焊接总量的90%，主要是点焊和凸焊，其生产率高、成本低。所用设备有悬挂式点焊机、固定点焊机、多点焊机、螺柱焊机、焊接机器人等。焊接机器人的应用越来越广泛，并出现了机器人焊装线和无人操作机器人焊装车间等。焊接机器人的焊接质量稳定，但投资较大。目前激光技术正迅速发展。正在研究的逆变电源变压器，将使焊接变压器的体积大大缩小，进一步推进自动化焊接技术的快速发展。

6.1.6 涂漆工艺

轿车、客车的车身和货车的驾驶室的涂漆不仅装饰性要求高(涂层光亮、平滑、丰满、美感强)，而且还要求高的抗蚀性(抗蚀性是指：外油压锈蚀、穿孔腐蚀、损坏结构腐蚀出现的使用时间)。

为保证喷涂质量，要求车间厂房及其环境非常干净，并将尘区与喷漆工作区分开。被喷漆的对象在喷漆前需要进行多道工序的预处理，将金属车身脱脂清洗后，通过中温低锌磷化，生成一层磷化膜，并经钝化后，进一步增强其耐腐蚀性。喷漆生产多采用往复式喷涂机、喷漆机器人等构成自动化程度较高的生产线。由于轿车面漆的返修率较高，一般在车间安排有一条较大的返修生产线，供正常返修用。

6.1.7 总装工艺

汽车总装是将已加工好的各零部件总成，根据技术条件要求装配成一辆完整合格的汽车。在总装过程中需要对零件的质量进行最终的检查，将变形、损坏、碰伤和不合格的零件剔除。总装后的汽车要进行严格的检查、调整和整车检测，包括发动机的综合测试、废气排放测试、灯光测试、前轮定位测试、密封性测试和电气检验等。对一定比例的整车还要在试车跑道上进行抽检。

总装配生产线由一系列输送设备构成"立体装配"，并设置许多装配台架和电动、风动工具。根据投资强度和生产批量，总装配生产线上安装一定数量的自动化设备，如不少汽车厂安装仪表板、前后挡风玻璃、座椅、车轮、发动机、车桥等时都实现了自动化装配。但与焊装相比，总装配仍有不少环节需人工进行。

6.2 汽车材料

6.2.1 汽车材料的特点

汽车材料必须具有严格的均一性，材料的化学成分、力学性能、热处理淬透性以及材料尺寸等的波动应当尽可能小，而材料的价格则应低廉，来源充足。

6.2.2 汽车材料的质量要求

以切削加工为主的材料，应有高的切削系数以便容易切削加工。因此各国历来使用加硫或加铅的钢，以改善其可加工性能，并缩短加工时间、延长刀具的使用寿命、保证加工精度和表面粗糙度的要求。

汽车中有不少无需表面加工而局部保留锻造或铸造黑皮的零件，用于锻造这种零件的原材料型钢的表面不容许有缺陷，钢厂不能忽略对钢锭表面去氧化皮和钢板的酸洗作业。

对需要进行热处理的零件，在同样的条件下，用流水作业方式逐次加工出来的零件，经过同样的热处理工艺，应具有相同的硬度和金相组织。对表面渗碳用的钢，则应选择不产生淬火软点的材料。

汽车制造所用的材料除了要确保质量外，还应降低成本，要在保证质量的前提下，尽量避免采用合金钢，多用符合上述加工条件的优质碳素钢。

6.2.3 汽车材料的选用

上述对汽车材料的要求只是一般的要求，在设计时，对于不同零件还有许多不同的要求，例如有些零件要求材料在高温下不变形；有的零件要求耐磨性好；有的要求抗疲劳强度大；有的要求焊接性好；有的要求在燃烧或腐蚀性气氛中不被烧损或侵蚀等。设计人员应该熟悉材料知识，明确零件的工作条件及其对材料的要求，根据这些要求和零件的负荷计算来选用材料。为了确切了解零件部件的工作条件，必须对零部件进行静态和动态试验。在设计和选材时，还应该考虑应力集中的问题，考虑由于表面脱碳、表面状况不良等造成的强度下降，为此必须掌握实际试验资料。

6.2.4 材料标准、检验与采购

由于汽车对材料的要求较高，一般工业标准已不能满足要求，应使用汽车工业特有的标准，对汽车用材料的检验，就是检验它是否符合汽车工业特有的标准。

为了保证产品的质量，汽车生产企业必须对材料进行严格的检验，把好材料质量关。检验方式有对全部材料进行检验和抽样检验两种。对于需要按符合标准的程度分等级加以使用的材料，必须进行全部检验。对于没有必要进行全部检验的材料，应该进行抽样检验。汽车生产企业需要积累有关材料检验的数据，如平均值 X、范围 R、不合格率等质量管理参数的统计资料图表，以保证全部产品质量的稳定性。此外，制定严格合理而简明的检验规程，对降低汽车造价、提高产品质量有重要意义。

6.2.5 汽车材料的发展

汽车最初采用铁木结构，以后主要采用钢铁。近年来，新材料在汽车上的应用层出不穷，但对大部分汽车而言，钢材仍占最高比例。例如，法国雪铁龙 AX 系列轿车，其所用钢材占车重的 64.5%，其中结构钢占 10%，弹簧钢 1.5%，钢板(主要是各种镀

层板)占 53%。铸铁比例则不断下降，其主要原因是为了使汽车轻量化，许多铸铁件向铝件和工程塑料件转化。例如变速箱壳体、汽缸盖甚至汽缸体往往采用铸铝件，进气歧管开始采用铝或聚乙烯、强化玻璃纤维树脂等工程塑料。另外，铸件材料本身性能的提高使铸件的重量减轻。为了适应高生产率，原有的铸铁向型材、冲压、烧结、压铸件等转化，这也使铸铁用料的比例下降。

铝合金由于具有密度小、比强度较高、熔点较低、易于大批量生产和再生利用等特点，而被越来越多地在汽车上应用。目前，国际上轿车材料的用铝量，一般占车重 5%左右，个别型号已超过 10%。如日本本田的 NXS 车采用全铝车身，德国波尔舍 926 型高级轿车用铝量高达 236 kg。为汽车轻量化作出贡献的除铝外，树脂材料功不可没。美国通用汽车公司在其 20 世纪 90 年代推出的 Saturn 车上引人注目地使用了大量的树脂材料，如用热可塑树脂(聚苯醚、ABS 材料等)喷射成形的挡泥板、车门外板、小柜板、后围、仪表板等，用聚丙烯发泡工艺生产的前保险杠，用蜂窝结构聚乙烯材料制成的后保险杠，用高密集聚乙烯材料经氟树脂处理后制成的燃油箱等。日产公司在 Neox 车上采用有三层树脂结构的传动轴，丰田公司在 4500GT 车上采用树脂复合材料的扭力杆、离合器踏板和进气歧管。

陶瓷材料由于其优良的耐热、耐磨和轻质等特点而受到重视。目前，正研究用 Si_3N_4 做气门、增压器转子的材料等。

汽车上还大量使用橡胶、玻璃等材料。汽车应用的橡胶品种有天然橡胶(NR)、三元乙丙橡胶(EPDM)、丁腈橡胶(NBR)、丙烯酸酯橡胶(ACM)和硅橡胶等。橡胶材料也存在轻量化和废物再生利用的要求，为此，在研究低密度、不加硫、省能源，并有优良物化性能的新型材料——聚酯型热塑弹性体。

汽车上玻璃品种较多，都属于安全玻璃，如钢化玻璃、层压玻璃。为了减轻车重提高安全性和降低生产成本，目前，光学塑料正在取代汽车用玻璃，所用的材料主要是聚丙烯和聚碳酸酯。

一些高性能复合材料也正在获得应用，如在铝合金中加入大量的超细粉末陶瓷，复合成兼具铝的轻量化与钢的高强度的新材料，用它制成发动机连杆，重量比钢制的轻 30%，这对降低发动机燃油消耗率、改善振动和噪声有明显效果。

除结构性材料外，各种新型的功能性材料在汽车上有广泛的应用前景，如光纤材料、传感材料、催化剂金属、形状记忆合金、导电玻璃、光致变色材料等。

第 7 章　汽车技术与道路交通安全

道路交通安全主要与“人—车—路—环境”组成的系统有关，汽车是这一系统中潜在危险性最大的环节。汽车作为交通系统中的主体，其结构和性能对交通安全有直接影响。汽车安全性分为被动安全性和主动安全性。汽车被动安全性是指发生交通事故后，汽车本身减轻人员受伤和货物受损的性能，又可分为内部被动安全性和外部被动安全性。汽车主动安全性是指汽车本身防止或减少道路交通事故发生的能力，主要取决于汽车制动性、行驶稳定性、操纵性、动力性及驾驶人工作条件等。

7.1　汽车性能及结构对交通安全的影响

7.1.1　汽车操纵稳定性及其对交通安全的影响

汽车的操纵稳定性包含互相联系的两个方面内容，即操纵性和稳定性。操纵性是指在驾驶人不感到过分紧张、疲劳的情况下，汽车能遵循驾驶人通过转向系及转向车轮给定的方向行驶；稳定性是指汽车遇到外界干扰时，能抵抗干扰而保持稳定行驶的能力。汽车的操纵稳定性不仅影响到汽车驾驶的方便程度，而且也是决定高速汽车安全行驶的主要性能之一，所以人们称之为“高速车辆的生命线”。

1. 操纵稳定性包含的内容及评价

汽车操纵稳定性所包含的内容较多，它需要采用多个物理量从多个方面进行评价，其主要内容包括：稳态响应、瞬态响应、回正性、直线稳定性、转向轻便性及抗侧翻能力等。

(1)稳态响应

汽车等速直线行驶是一种稳态，若在汽车等速直线行驶时，急速转动转向盘至某一转角时，停止转动转向盘并维持此转角不变，汽车经过较短时间后便进入等速圆周行驶状态，这也是一种稳态。在稳态下由于“干扰”(操纵转向盘转向、横向风作用、路面不平等)而引起的车辆响应称为稳态响应。

汽车的等速圆周行驶状态虽然在实际行驶中不常出现，但对操纵稳定性的影响却有着十分重要的意义，等速圆周行驶的稳态响应又称为汽车的稳态转向特性。汽车的稳态转向特性分为三种类型：不足转向、中性转向和过多转向。如图 7-1 所示。这三种不同转向特性的汽车具有如下行驶特点：在转向盘保持一固定转角 δ_w，缓慢加速或以不同车速等速行驶时，随着车速的增加，不足转向汽车的转向半径 R 增大，中性转向汽车的转向半径维持不变，而过多转向汽车的转向半径则越来越小。

具有不足转向特性的汽车操纵稳定性较好。因为汽车转弯时，离心力与速度的平方成正比，与转弯半径 R 成反比，因此具有不足转向特性的汽车，由于转向半径的增

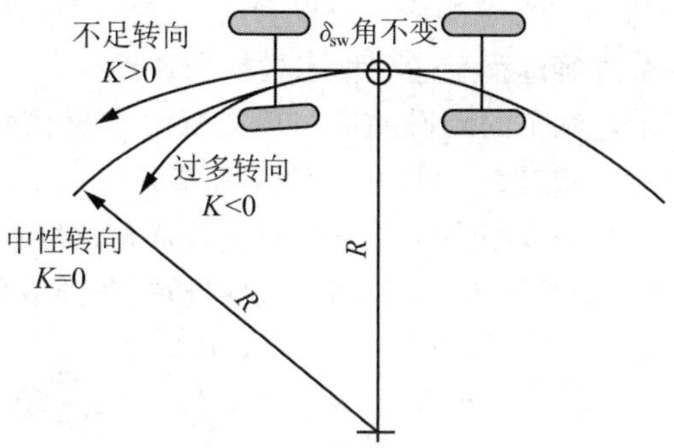

图 7-1　汽车三种不同转向特性

大，使离心力减小，对安全行驶有利。

具有过多转向特性的汽车，随着车速的增加，转向半径减小，离心力增大，对安全行驶不利。

具有中性转向特性的汽车，虽然转弯半径不随车速变化，但是在使用条件变化时，有可能转变为过多转向特性而失去稳定，对汽车的安全行驶极为不利。

综上所述，汽车通常设计成具有适度的不足转向特性，而不是具有中性转向特性或过多转向特性。

(2)瞬态响应

在等速直线行驶与等速圆周行驶这两个稳态运动之间的过渡过程便是一种瞬态，相应的态运动响应称为瞬态响应。瞬态响应的好坏直接影响汽车的操纵稳定性。比如变换车道行驶、避让障碍行驶以及对意外情况的处理，驾驶人都会遇到猛打转向盘及迅速回正的问题。

汽车瞬态响应的运动状态随时间变化而变化。图 7-2 所示为一辆等速行驶的汽车在 $t=0$ 时，驾驶者急速转动转向盘至角度 θ 并维持此转角不变时的汽车瞬态响应曲线。

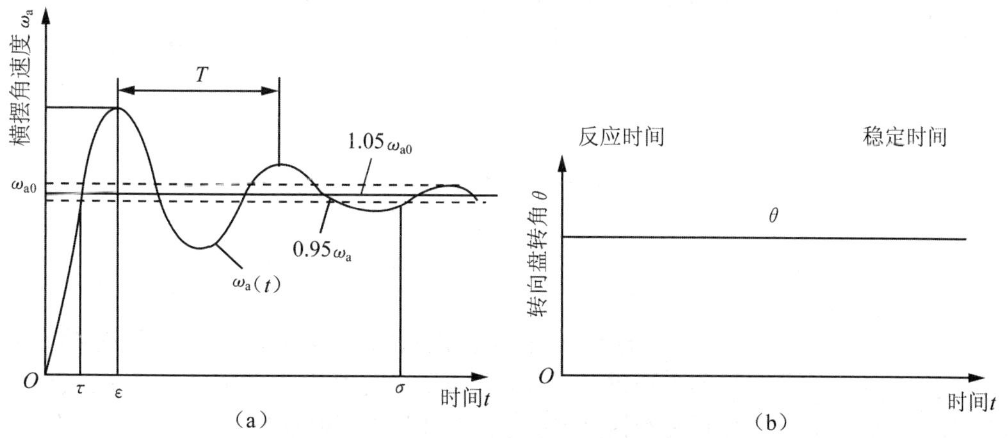

图 7-2　转向盘转角阶跃输入下的汽车瞬态响应

用横摆角速度 ω_a。描述汽车的瞬态响应，可以看出，给汽车以转向盘转角阶跃输入后，汽车横摆角速度经过一个过渡过程后达到稳态横摆角速度 ω_{a0}，此过渡过程即为汽车的瞬态响应。如图 7-2 所示，汽车的瞬态响应与反应时间 t(横摆角速度由 0 达到稳态横摆角速度 ω_{a0} 的时间)有关。反应时间越短，驾驶者感到转向响应越迅速、及时，否则就会觉得转向迟钝。另外与进入稳态所经历时间 σ(横摆角速度达到稳态值 95%～105% 之间的时间)有关。进入稳态所经历时间越短，说明横摆角速度收敛得越好，汽车很快达到新的稳定状态。

(3)回正性

汽车完成变道、避让转弯等行为后要进行回正，要求汽车能自动回正，即驾驶人松开转向盘时，转向盘应能迅速回正。回正性是衡量汽车操纵性的指标之一，回正能力差的汽车不容易操纵，即操纵性不佳。

(4)直线稳定性

直线行驶的汽车，驾驶人并没有转动转向盘，有的汽车会在某一车速或某一车速以上，甚至偶遇路面不平便会左右反复摆动，这种现象称为摆头。摆头使驾驶人紧张疲劳，汽车操纵稳定性变差，降低了行车安全性。

(5)转向轻便性

转向轻便性是衡量汽车操纵性的指标之一，《机动车运行安全技术条件》(GB 7258—1997)中要求转向时施加于转向盘外缘的最大切向力不得大于 245 N，当车辆转向桥轴载质量大于 4 000 kg 时，必须采用转向助力装置。

(6)抗侧翻能力

汽车在侧坡上直线行驶时，若侧坡角过大，就可能发生侧翻。如图 7-3 所示，汽车在侧坡上直线行驶时，当坡度大到使重力通过一侧车轮接地中心，而另一侧车轮的地面法向反作用力等于零时，为汽车即将发生侧翻的临界状态。此时有：

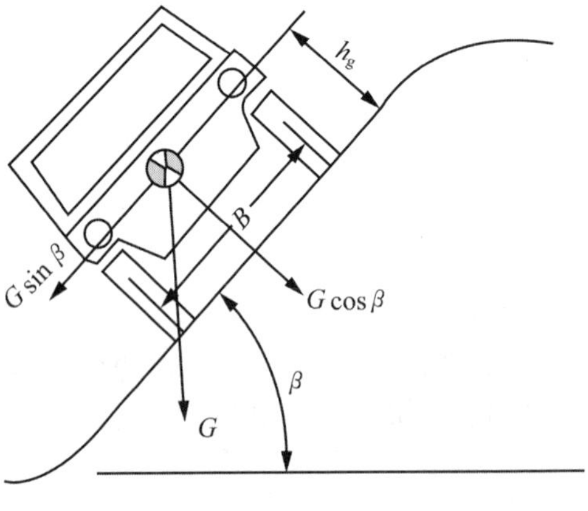

图 7-3　汽车的侧翻

$$Gh_g\sin\beta=G\cdot\frac{B}{2}\cdot\cos\beta$$

$$\tan\beta=\frac{B}{2hg}$$

式中　β——汽车不发生侧翻的极限角。

由式可见，降低汽车质心高度 h_g 和增加轮距 B，均可防止侧翻。《机动车运行安全技术条件》(GB 7258—2012)中要求，汽车在空载、静止情况下，侧翻极限角不得小于 28°(双层客车)、30°(总质量为车辆整备质量的 1.2 倍以下的车辆)、35°(其他车辆)。

2. 提高汽车操纵稳定性的主要途径

操纵稳定性与汽车的转向系、行驶系、轮胎及车辆的空气动力学密切相关。

(1)增加轮胎的侧偏刚性

增加轮胎的侧偏刚性可以使操纵稳定性得以改善。使后轮轮胎的侧偏刚性大一些，有利于不足转向，在汽车使用中可通过提高后轮轮胎的充气压力来达到提高侧偏刚性的目的。此外，还可以通过选择不同类型的轮胎来提高侧偏刚性，如子午线轮胎的侧偏刚性较高。汽车装载时，适当增加前轮载荷，即汽车重心偏前，会使前轮偏离角增加，后轮偏离角减小，容易产生不足转向，改善操纵稳定性。

(2)转向主销后倾和内倾

转向轮定位中的主销后倾和主销内倾都有使车轮自动回正的作用。主销后倾角和主销内倾角不宜过大或过小。若主销后倾角过小，则起不到自动回正的作用；若主销后倾角过大，会引起转向沉重；若主销内倾角过大，转向时会增加轮胎与地面间的磨损。因此应合理地选择转向轮定位参数。

(3)减小前轮前束值

转向轮定位中减小前轮前束值可以降低前轮摆振，从而减轻汽车的摆头现象，提高汽车操纵稳定性。

(4)加装转向助力装置

为了减轻驾驶人转向操纵力，越来越多的汽车加装了转向助力装置。转向助力装置可以同时满足转向灵敏性和轻便性。转向助力装置分为液压式和气压式两种，其中液压式体积小，工作可靠，应用广泛。目前转向助力装置已发展为带感速机构的助力装置，即根据不同车速提供不同的助力。通常车速越低，助力越大；车速越高，助力越小。这样既降低了驾驶人的操纵强度，又不至于在高速时转向盘过轻而产生不安全感。

3. 操纵稳定性对道路交通安全的影响

汽车设计时，若不考虑汽车的稳态转向特性，对于过多转向或中性转向的汽车，在转向时驾驶人未能及时调整转向盘转角并降低车速，则会导致汽车失控而造成交通事故。

汽车的瞬态响应运动状态随时间而变化，但变化应及时，否则已经转动了转向盘，而车辆却迟迟没有反应，驾驶人会感到汽车转向不灵敏，不能“得心应手”地进行操作。当遇到紧急情况时，因转向不灵而无法应对，易造成交通事故。

汽车转向系统使用后因磨损而使各零件间隙变大，使前轮定位失准，悬架和转向机构不协调，因而使直线行驶的汽车出现摆头现象。摆头不仅加剧零部件的磨损，驾驶人操作疲劳，更严重的是使驾驶人感觉汽车操纵性差，行车安全感极差。

为了减轻驾驶人的劳动强度，要求汽车具有转向轻便性。要求转向力要在规定的范围内，若转向力过大，会增加驾驶人的劳动强度，在急转弯或紧急避让时会造成转向困难或不能完成转向动作，对汽车安全行驶有很大的影响。若转向力过小，会使转向发飘，驾驶人路感降低，对安全运行也不利。

总之，汽车的操纵稳定性差，就不能准确响应驾驶者的“转向指令”，当汽车受外界干扰后难以迅速恢复原来的行驶状态。操纵稳定性差可能引起汽车摆头、转向沉重、转向甩尾、高速发飘、斜行、不能自动回正等现象，使汽车行驶的安全性变差，极易出现交通事故，严重影响道路交通安全。在汽车行车安全日益重要的今天，操纵稳定性作为与汽车行车安全密切相关的性能也日益受到重视。操纵稳定性好的汽车应该在驾驶人的“掌握”之中，行驶起来得心应手，完全遵从驾驶人的操纵意愿，且操纵起来并不费力费神。即使偶有外界干扰，例如横向风、不平路面等，也应能维持原来行驶方向安全行驶。

7.1.2 汽车制动性能及其对道路交通安全的影响

汽车的制动性是指汽车行驶时能在短距离内停车且维持行驶方向稳定性和在下长坡时能维持一定车速的性能。汽车制动性是汽车的主要性能之一。制动性直接关系到道路交通安全，重大交通事故往往与制动距离太长、紧急制动时发生侧滑等情况有关。因此，汽车的制动性是汽车安全行驶的重要保证。

1. 制动性包含的内容及评价

汽车的制动性主要从制动效能、制动效能的恒定性和制动时汽车的方向稳定性三个方面来评价。

(1)制动效能

制动效能是指汽车在良好的路面上，以一定初速度制动到停车的制动距离或制动时汽车的减速度。它是制动性能最基本的评价指标。

①制动距离。

制动距离与汽车的行驶安全有直接的关系，它指的是汽车速度为 V_0 时，从驾驶人开始操纵制动踏板到汽车完全停止所驶过的距离。制动距离速度与制动踏板力、路面附着条件、车辆载荷等许多因素有关。由于各种汽车的动力性不同，对制动效能也提出了不同的要求：一般轿车和轻型载货车行驶车速高，所以要求制动效能也高；重型载货车行驶车速低，要求就稍低一些。图 7-4 所示为一次制动过程的几个时间段。

反应时间 t_r：从驾驶人识别障碍到把脚力 F_p 加到制动踏板上所经历的时间；

操纵力增长时间 t_b：脚力 F_p，由零上升到最大距离值所需要的时间；

协调时间 t_a：从施加踏板力到出现制动力的时间，包括消除各铰链和制动器间隙时间；

减速度增加时间 t_s：减速度由零增加到最大值的时间；

持续制动时间 t_v：脚力假定是一常数，车辆减速度不变，车辆速度降到零为止。

严格说，制动距离是指驾驶人开始操纵制动踏板到车辆完全停止时的距离，但一般情况还应考虑驾驶人发现情况到采取制动这段时间行驶的距离，这两段距离称为停车距离。由图 7-4 可见，停车距离应为 t_r、t_a、t_s 和 t_v 四段时间内驶过的距离。根据减速度、速度、距离之间的相互关系(即减速度积分为速度，速度积分为距离)，最终可以推导出停车距离关系式即：

$$s = v_a\left(t_r + t_a + \frac{t_s}{2}\right) - \frac{v_a^2}{2x''_v} + \frac{x''_v}{24}t_s^2 \tag{7-1}$$

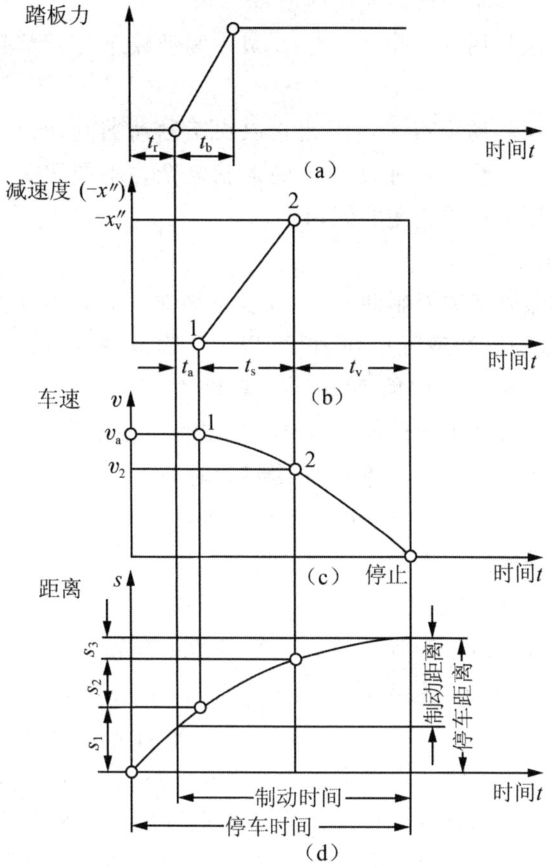

图 7-4　制动过程

式中　v_a——起始制动速度；

x''_v——制动减速度。

在正常情况下，式(7-1)中第三项可以忽略，即有：

$$s = v_a\left(t_r + t_a + \frac{t_s}{2}\right) - \frac{v_a^2}{2x''_v} \tag{7-2}$$

通过式(7-2)可以确定汽车行驶时的安全距离。安全距离包括绝对安全距离和相对安全距离。

保持绝对安全距离可以在前车突然停止时，保证后车不至于发生碰撞事故，所以绝对安全距离等于停车距离，即：

$$s_{绝对} = v_a\left(t_r + t_a + \frac{t_s}{2}\right) - \frac{v_a^2}{2x''_v} \tag{7-3}$$

相对安全距离是假设前后相邻两车以同样的减速度制动，这样制动距离可以缩短，即有：

$$s_{相对} = v_a\left(t_r + t_a + \frac{t_s}{2}\right) \tag{7-4}$$

通常在计算制动距离时，不考虑驾驶反应时间。由式(7-2)可见，决定汽车制动距离的主要因素是：制动器起作用的时间(t_r+t_a)、最大制动减速度 x''及起始制动车速 v_a。

②制动减速度。

制动减速度与地面制动力有关，因此它取决于制动器制动力及路面附着力。在评价汽车制动性能时，由于瞬时减速度曲线的形状复杂，不能用某一点的值来代表，所以我国的行业标准采用平均减速度的概念。

(2)制动效能的恒定性

汽车在特定工作条件下频繁制动时(如在长下坡时，制动器就要较长时间连续进行较大强度的制动)，制动器温度可达到 300℃以上。高速制动时，制动器温度也会很快上升。制动器温度上升后，其摩擦力矩会显著下降，这种现象称为制动器的热衰退。热衰退是目前制动器不可避免的现象。制动效能的恒定性主要指的是抗热衰退性能。

制动器抗热衰退性能一般用一系列连续制动时制动效能的保持程度来衡量。根据国家行业标准 ZBT 24007—89，要求以一定的车速连续制动 15 次，每次的制动强度为 $3\ m\cdot s^{-2}$，最后的制动效能应不低于规定的冷试验制动效能($5.8\ m\cdot s^{-2}$)的 60%。

(3)制动时汽车的方向稳定性

制动过程中，有时会出现制动跑偏、后轴侧滑或前轮失去转向能力，而使汽车失去控制离开原来的行驶方向，甚至发生撞入对向车道、边沟、滑下山坡等危险情况。一般把汽车在制动过程中维持直线行驶或按预定弯道行驶的能力称为制动时汽车的方向稳定性。制动时汽车的方向稳定性主要表现为制动跑偏、侧滑和前轴失去转向能力。

制动跑偏是指制动时汽车自动向左或向右偏驶现象。制动时汽车跑偏的原因有两个：一是汽车左、右车轮，特别是前轴左、右车轮制动器制动力不等；二是制动时悬架导向杆系与转向拉杆发生运动干涉。第一个原因是制造、调整误差造成的，而第二个原因是设计造成的。

侧滑是指制动时汽车的某一轴或两轴发生横向移动。最危险的情况是高速制动时发生后轴侧滑，此时汽车常发生不规则的急剧回转运动而失去控制，使得驾驶人难以控制汽车。易发生侧滑的汽车有加剧汽车跑偏的趋势，而严重的制动跑偏也会引起后轴侧滑。由此可见，跑偏和侧滑是有联系的。

前轴失去转向能力是指弯道制动时汽车不再按原来的弯道行驶，而沿弯道的切线方向驶出，直线行驶制动时，虽然转动转向盘但汽车仍按直线方向行驶的现象。在制动时若前轴车轮先抱死，后轴车轮后抱死或不抱死，此时前轴车轮将失去转向能力。

2. 影响制动性能的因素及改善措施

影响汽车制动性能的因素有很多，主要来自于两个方面：一是汽车本身的制动系统，如制动器类型、结构尺寸、制动器摩擦副的摩擦系数及车轮半径等；二是外界行驶条件，如道路条件、气候条件、交通状况等。

(1)提高制动效能

提高制动效能意味着用较小的制动踏板力就能得到必要的制动力或制动减速度，

这对于减少驾驶人劳动强度、保证行车安全具有重要意义。为了提高制动效能，汽车上普遍装有制动助力装置。制动助力装置可以增加驾驶人施加于制动踏板上的力或增大制动管路压力，从而加速制动动作，提高制动效能。此外，加大制动踏板杠杆比、减小制动总泵缸径、增大制动分泵缸径、提高制动器摩擦片的摩擦系数、加大制动盘或鼓的直径等均可提高制动效能。

(2)提高制动效能的恒定性

制动效能的恒定性取决于制动器结构和制动器摩擦副的材料。不同结构的制动器制动效能不同。自增力式制动器因为具有增力作用，制动效能最好，以下依次为双领蹄式制动器、领从蹄式制动器。但自增力式制动器的制动效能对摩擦系数的依赖性很大，因此其制动效能的热稳定性最差。盘式制动器与鼓式制动器相比冷却性好，制动效能变化小，其原因为盘式制动器的制动盘与制动摩擦衬块直接与空气接触，散热快。正常制动时，摩擦副的温度在200℃左右，其摩擦系数为0.3～0.4。但在更高的温度时，有些摩擦片的摩擦系数会有很大降低而出现热衰退现象。因此摩擦片应采用耐磨材料，并注重制动器的维护，应在规定的行驶里程内更换制动器的摩擦片。

(3)提高制动时的方向稳定性

制动跑偏多数是由于汽车技术状况不佳造成的，经过维修调整可以解决制动跑偏现象。导致制动时发生侧滑的原因有：车轮抱死及前后轴车轮抱死的先后；路面附着系数；制动初速度；载荷和载荷前移；侧向力作用等。

制动时如果前轮先抱死滑移，直线行驶时基本处于稳定状态；若在弯道上行驶时，汽车丧失转向能力，会沿弯道切线冲出道路。如果在驶入弯道之前松开制动踏板，可重新获得转向能力。

制动时如果后轮先抱死滑移，且车速较高时，汽车极易侧滑，严重时会使汽车急剧回转，甚至原地掉头。路面越滑，制动距离和制动时间越长，后轴侧滑越剧烈。因此，从保证汽车方向稳定性的角度出发，不能出现只有后轴车轮抱死或后轴车轮比前轴车轮先抱死的情况，以防止后轴侧滑的危险。

理想的情况是制动时防止任何车轮抱死，前、后车轮都处于滚动状态，这样可以确保制动时的方向稳定性。所以，设计汽车制动系时，应准确确定前、后轮制动器制动力分配的比例。近年来，在汽车制动系统中加装了制动防抱死装置(ABS)，使制动效能、制动时的方向稳定性有了明显提高。

当路面潮湿、滑溜等引起附着系数变小时，制动时很容易引起侧滑。这是由于轮胎的侧向附着力减小，无法控制车辆的侧向运动而造成的。因此，改善路面状况，提高路面附着系数，是防止侧滑的有效措施。

制动初速度对侧滑影响较大。一般是车速低时不产生侧滑，而车速高时会产生侧滑。对于货车，空载比满载时容易侧滑且侧滑距离较大。

制动时产生载荷前移，前轴负荷加大，后轴负荷减小，所以后轮容易抱死。为此，汽车上装有制动力调节装置，如限压阀、比例阀等，来调节前、后轴制动力。

3. 制动性对道路交通安全的影响

汽车的制动性是汽车主动安全性能之一。重大交通事故通常与制动距离太长、紧急制动时发生侧滑及前轮失去转向能力等情况有关。制动跑偏、侧滑及前轮失去转向能力是造成交通事故的重要原因。例如我国某市市郊一山区公路，根据两周(雨季)发生的7起交通事故分析，发现其中6起是由于制动时后轴发生侧滑或前轮失去转向能力造成的。西方一些国家的统计表明，发生人身伤亡的道路交通事故中，在潮湿路面上约有1/3与侧滑有关，在冰雪路面上有70%～80%与侧滑有关。根据对侧滑事故的分析，发现有50%是由制动引起的。因此汽车制动性是汽车安全行驶的重要保障。

7.1.3　汽车轮胎对交通安全的影响

轮胎是汽车的重要部件。它的性能对汽车的动力性、制动性、行驶稳定性、平顺性和燃油经济性等都有直接影响。

1. 轮胎结构及特点

现代汽车使用的几乎都是充气轮胎。充气轮胎按胎体中帘线排列方向的不同，可分为普通斜交轮胎和子午线轮胎。

普通斜交轮胎的结构特点是相邻帘布层帘线交错排列，所以帘布层的层数都是偶数，且具有一定的胎冠角。

子午线轮胎的结构特点是帘线呈子午向排列。这样，帘线的强力就得到充分利用，帘线所承受的负荷比普通斜交轮胎小，故子午线轮胎的帘布层比普通斜交轮胎减少40%～50%。子午线轮胎与普通斜交轮胎相比，有以下优越性能。

(1)使用寿命长

由于胎体帘线和缓冲层帘线交叉于3个方向，这样就形成了许多密实的三角形网状结构，阻止了胎面周向和侧向伸缩，从而减少了胎面与路面间的滑移；又因胎体的径向弹性大[如图7-5(a)所示]，与地面的接触面积大，对地面的单位压力小，使胎面磨耗小，耐磨性强，行驶里程比普通斜交胎高50%～100%。

(2)滚动阻力小

由于胎冠具有较厚而坚硬的缓冲层，轮胎滚动时胎冠变形小、消耗能量小、生热低，且胎体帘布层数少、胎侧薄，所以其滚动阻力比普通斜交轮胎小20%～30%[如图7-5(b)所示]。因此可以降低汽车耗油量3%～8%。

(3)附着性能好

因为胎体弹性好，接地面积大，胎面滑移小，使汽车的制动性

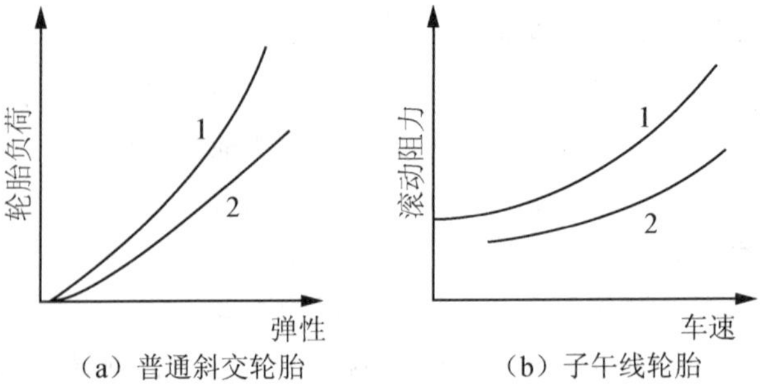

图7-5　子午线轮胎与斜交轮胎性能比较

1—普通斜交轮胎；2—子午线轮胎

能得以改善。

(4)缓冲性能好

因为胎体径向弹性大，可以缓和不平路面的冲击，使汽车行驶的平顺性得到改善。

(5)负荷能力大

由于子午线轮胎的帘线排列与轮胎主要的变形方向一致，因而使其帘线强度得到充分有效的利用。故这种轮胎一般比普通斜交轮胎所能承受的负荷高。

但子午线轮胎也有其不足之处。子午线轮胎由于带束层强度很大，造成胎面较硬，当低速驶过不平路面时，会直接传递冲击。此外，胎侧较薄引起较大变形，会导致胎面与胎侧的过渡区域处破裂。

近年来子午线轮胎不断改进，其不足之处已经基本得到改善。如配合悬架机构优化设计使得子午线轮胎的耐冲击性得到很大提高；又如使用低的高宽比轮胎，可以获得较高的转向稳定性。

2. 轮胎胎面花纹

轮胎与路面间的附着性能、排水能力、轮胎的耐磨性等都与轮胎花纹有关，而这些性能都与汽车行驶安全密切相关。因此，轮胎花纹对汽车的行驶安全有着直接影响。轮胎花纹形式多种多样，目前广泛使用的胎面花纹形式有普通花纹、越野花纹和混合花纹三种。

(1)普通花纹

普通花纹细而浅，花纹块接地面积较大，耐磨性好，附着性较好，适合在比较清洁、良好的硬路面上使用。它分为横向花纹、纵向花纹、组合花纹。横向花纹的结构特点是胎面横向连续，纵向断开，因而胎面横向刚度大，而纵向刚度小，轮胎的附着性能表现出纵强而横弱。纵向花纹的结构特点是纵向连续，横向断开，因而胎面纵向刚度大，而横向刚度小，轮胎的附着性能表现出横强而纵弱。因而，纵向花纹抗侧滑能力较强，滚动阻力小于横向花纹的轮胎，其散热性较好，噪声小；其不足之处是花纹沟槽容易嵌夹石子。组合花纹轮胎是以纵向花纹为主，采用横向的细缝花纹连通纵向沟槽，使其排水性能更好，并有利于散热。另外，组合花纹轮胎的附着性能好，有利于改善汽车的操纵性和制动性。

(2)越野花纹

越野花纹的特点是花纹沟槽宽而深，花纹接地面积比较小(40%～60%)。在松软路面上行驶时，一部分土壤将嵌入花纹沟槽之中，只有将嵌入花纹沟槽的这一部分土壤剪切之后，轮胎才有可能出现打滑。因此，轮胎与地面的附着性能好，越野能力强，适合于在较差的路面或无路地区使用。

(3)混合花纹

混合花纹是普通花纹和越野花纹之间的一种过渡性花纹。其特点是胎面中部具有方向各异或以纵向为主的窄花纹沟槽，而在两侧则具有方向各异或以横向为主的宽花纹沟槽。这样的花纹搭配使其综合性能好，适应能力强。它既能适应良好的硬路面，也能适应碎石路面、雪泥路面和松软路面。因此，混合花纹附着性能优于普通花纹。

3. 轮胎与道路交通安全

轮胎与汽车安全行驶相关的特性有负荷、气压、高速性能、侧偏性能、水滑效应、耐磨耐穿孔性等。

(1)轮胎负荷与气压

轮胎的负荷与气压有对应关系。为了行驶安全，必须根据汽车的最大总质量来选用相应负荷的轮胎，切不可超负荷使用轮胎。轮胎在最大负荷状态下，均规定了其所允许的最大胎压。同一规格的轮胎，充气气压越高，所能承受的负荷也会越大，但气压过高会使内胎不堪承受而爆裂，对于外胎则会使胎冠中心部分异常磨损、降低轮胎的使用寿命。充气轮胎气压值也不能低于规定值，如若气压偏低，不仅使轮胎的承受负荷降低，滚动阻力增大，使动力性、经济性下降，还会使制动、转向性能受到影响，轮胎胎肩也会出现异常磨损而降低使用寿命。

(2)轮胎的高速性能

轮胎的高速性能是指高速行驶时轮胎的适应性，一般用许用额定车速来表示。选用轮胎时，要选用大于或等于车辆最高车速的轮胎，这样才能保证持续高速行驶时轮胎不至于发生问题。另外，汽车高速行驶时轮胎有可能出现驻波现象。当轮胎达到某一旋转速度时，轮胎表面的变形来不及完全恢复就形成驻波，其表现为轮胎接地面后部的周围面上出现明显的波浪状变形，其结果使滚动阻力急剧增加，轮胎迅速升温至危险温度，导致橡胶脱层直至爆破损坏。产生驻波现象时的车速称为临界车速，轮胎的额定车速应小于驻波时的临界车速。

(3)轮胎的侧偏性能

轮胎的侧偏特性主要指侧偏力、回正力矩与侧偏角之间的关系。汽车在行驶过程中，由于路面的侧向倾斜、侧向风或曲线行驶时的离心力等作用，车轮中心将有侧向作用力，相应地在地面上产生地面侧向反作用力 F_y，该力称为侧偏力。由于车轮具有侧向弹性，当其受到侧向力时，即使侧偏力没有达到附着极限，车轮行驶方向也将偏离车轮中心平面的方向，这就是轮胎的侧偏现象。当车轮滚动时，轮胎与地面接触印迹的中心线与车轮平面的夹角 α，即为侧偏角。

侧偏角的大小与侧偏力的大小有关，如图 7-6 所示。曲线表明，侧偏角 α 不超过 5° 时，F_y 与 α 呈线性关系。汽车正常行驶时，侧向加速度不超过 0.4g，侧偏角不超过 $4^\circ \sim 5^\circ$，可以认为侧偏角与侧偏力呈线性关系。F_y-α 曲线在 $\alpha=0^\circ$ 处的斜率为侧偏刚度 k。即有：

$$F_y = k\alpha \tag{7-7}$$

侧偏刚度是决定汽车操纵稳定性的重要参数，侧偏刚度大的轮胎侧偏性能好，即转弯能力、抗侧滑能力强。因此，轮胎应有高的侧偏刚度，以保证汽车具有良好的操纵稳定性。

轮胎的侧偏刚度与轮胎的尺寸、形式和结构参数有关。尺寸较大的轮胎有较高的侧偏刚度；子午线轮胎接地面宽，一般侧偏刚度较大，钢丝子午线轮胎比尼龙子午线轮胎的侧偏刚度还要高些。

如图7-6所示，在侧偏力较大时，侧偏角以较大的速率增长，这时轮胎在接地面处已发生部分侧滑。最后，侧偏力达到附着极限时，整个轮胎侧滑，可见轮胎的最大侧偏力取决于路面的附着条件。

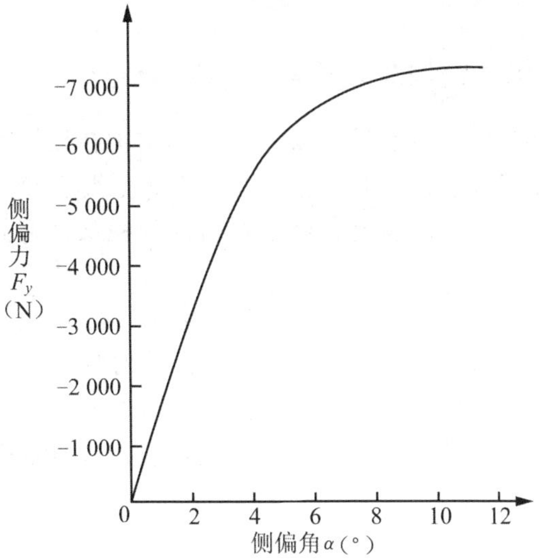

图7-6　轮胎的侧偏力与侧偏角关系

(4)轮胎的水滑效应

当汽车在具有一定厚度水膜的路面上以较高的速度行驶时，轮胎会浮在水面上打滑，丧失汽车的操纵性、制动性和驱动性，这种现象叫做轮胎的水滑效应。水滑效应的实质是轮胎与路面已无直接接触，其中间隔着一层水膜，从而大大降低了路面对轮胎的附着作用，使汽车的操纵性、制动性及驱动性降低。

为了避免发生水滑效应，可以从轮胎和路面两个方面采取措施：提高轮胎充气压力，降低轮胎运动速度，选用排水性能好的轮胎花纹，均可改善排水性能；采用透水路面，做好中央分隔带的排水，适当提高路面横坡，及时排除路面上的积水，也是行之有效的办法。

(5)轮胎的耐磨耐穿孔性

轮胎的耐磨耐穿孔性对于行车安全也有密切关系。轮胎磨损不仅使附着力下降，尤其在湿滑路面上，还会使制动、转向能力下降，这些都会影响到行车安全。如果轮胎磨损过度，会导致帘线外露、胎面开裂等，无法保证轮胎的强度。而轮胎的强度却是耐穿孔性及耐爆破性能所要求的。在轮胎胎肩沿圆周若干等分处模印有“Δ”标志。当胎面花纹磨损到沟槽底部约1.6 mm时(大部分轿车轮胎如此规定)，在“Δ”处花纹便已磨掉，在胎面圆周上呈现出若干等分的横条状光胎面，以此警示该轮胎已不能再继续使用，必须及时更换。

汽车轮胎可以说是汽车上最重要而又最容易被忽视的部件。凡是与驾驶(起步、运行、制动、停车等)有关的问题都和轮胎有关，它对行车安全和驾驶的操控性能有着重要的作用。近年来，随着道路条件的改善和汽车技术的进步，汽车行驶呈现高速化，轮胎的不合理使用将直接威胁行车安全。据统计，在高速公路上发生的交通事故中，因轮胎故障和使用不当造成的交通事故占事故总数的20%。可见，轮胎与行车安全关系紧密。

7.1.4 汽车的相关结构及装置对交通安全的影响

汽车的结构对车辆的安全性有较大影响。汽车结构在设计时既要满足驾驶者的生理特点，同时又要满足驾驶者的心理特点，使驾驶人感觉安全。提高感觉安全的技术措施有：尽可能大的驾驶视野；仪表和警示灯信息的视认性良好；优良配光特性、照度和照明设备等等。

1. 驾驶视野

驾驶视野是驾驶人行车时的视线范围。驾驶人在驾驶过程中，有80%以上的信息是靠视觉得到的，听觉及其他感觉所接收的信息总和不到20%。汽车若是没有良好的视野，要想保证其安全行驶是不可能的。汽车视野包括直接视野、间接视野及依靠照明装置的夜间视野。

(1)直接视野

直接视野是指驾驶人通过车窗直接看到的外界空间范围，包括汽车的前方视野、侧方视野。其中，前方视野最重要。

①前方视野。

前方视野是指驾驶人在驾驶座位上时，通过前风窗玻璃观察到的空间范围。一般前风窗玻璃面积越大则前方视野就越好，因此，汽车的前风窗玻璃应越大越好，但它往往受汽车结构的限制，而不可能无限扩大。

由于驾驶室A柱(前柱，即前风窗玻璃左右两侧的边框)的遮挡，前方视野有两条盲区。

由于驾驶视野盲区的存在，可能导致交通事故。如图7-7所示为汽车右前方由A柱造成的盲区，当汽车在无信号交叉口向左转弯时，如从右向左直行的摩托车恰好进入该盲区内，汽车驾驶人便不知道有摩托车驶近，而摩托车却认为汽车应该避让，待摩托车脱离盲区时，距离汽车已经很近，驾驶人来不及采取措施，结果造成相撞事故。可见，盲区面积越小越好，因此，要求*A*柱在结构强度允许的情况下尽可能细一些，并且左(右)*A*柱造成的双目障碍角不得超过6°。

汽车的前方驾驶视野取决于驾驶室车窗的尺寸、形状和支柱的结构、发动机罩的形状、驾驶室座椅的高度以及坐垫与靠背的倾角等。为了扩大前方视野，驾驶人的座椅应尽可能地高点，而前风窗玻璃的下沿则应尽可能地向下，即低一点；前风窗玻璃应该不失真、不眩目，其透射比不得小于70%；前风窗玻璃反射要尽可能小，即对较亮物体表面或车内照明及仪表灯光的反射要小，否则上述的光反射会干扰驾驶人视线，

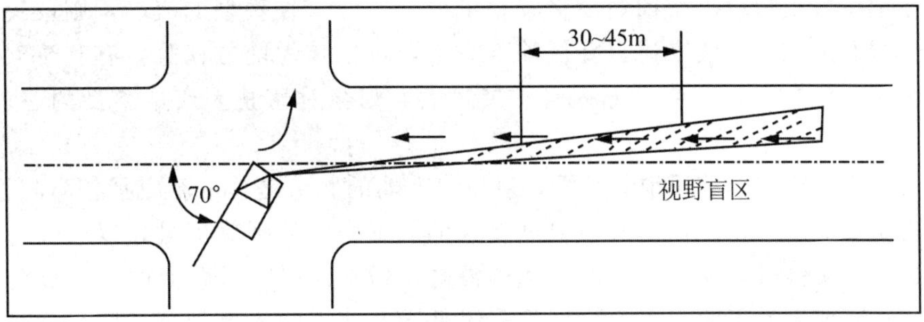

图 7-7　汽车驾驶视野盲区与交通事故

影响安全行车。另外，为保证恶劣天气时仍具有必要的驾驶视野，车窗上应装有雨刮器、除霜器等附加装置。为了增加前方视野面积，雨刮器等在不使用时应藏于发动机罩平面以下。

汽车前上方视野的上限是前窗上部窗框。前上方视野应能保证驾驶人在交叉口前看见红灯信号后，确保在停车线之前把车停下。前上方视野扩展过大，虽有利于驾驶人对信号灯的观察，但会因太阳光线的直射使驾驶人眩目，妨碍对前方情况的观察。因此要把前上方视野界限控制在适当范围内。看清信号灯所需的前上方最小视角，取决于汽车制动后，车头距信号灯的距离，如图 7-8 所示。制动距离与前上方最小视角 α 之间的关系可写成下式：

$$\alpha = \tan^{-1}\left(\frac{H-h}{S+L}\right) \tag{7-7}$$

式中　a——前上方最小视角(°)；

h——驾驶人眼睛距离地面的高度(m)；

S——可能的制动距离(m)(该值可用人的反应时间 0.65 s，制动减速度 0.3 g，并根据车速求出)；

L——驾驶人眼睛与车头之间的距离(m)；

H——信号灯的安装高度(m)。

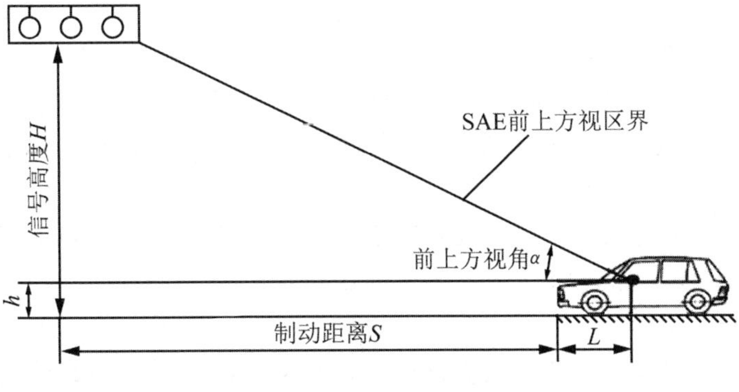

图 7-8　汽车前上方视野的界限

汽车前下方视野取决于前窗下部窗框的位置。对于长头型的汽车，则取决于发动机罩的位置和形状。一般来讲，降低前下方视野可以扩大前方视野，有利于驾驶人观察前方情况。但是，如果前下方视野扩展过大，则会对驾驶人产生不良的心理影响，反而不利于安全行车。

驾驶人靠风窗玻璃获得前方视野，对风窗玻璃的要求是其上部应具备防眩目装置，下部要有足够的前方视野，同时应遮断多余的、不必要的视觉情报，以减轻驾驶人的精神负担。经实验研究发现，随着车速的提高，驾驶人眼睛对路面的注视点会逐渐移向远方。这时如果汽车的前下方视区界限过低，会使驾驶人感到精神紧张，甚至产生恐惧感，加速驾驶人的疲劳过程。汽车前下方视区界限过高，会使驾驶人视野变小，前方盲区扩大，不利于驾驶人观察前方障碍物，同时会使驾驶人的速度感变差，容易不自觉地增大行车速度。在确定前下方视区界限时，要综合考虑各方面因素的影响。

②侧方视野。

侧方视野指驾驶人通过侧门玻璃或侧窗玻璃观察到的空间范围。不同车型对侧方视野的要求不同，乘用车(不超过 9 座的客车)及小型客车(10～17 座的客车)驾驶人视点位置较低，对侧方视野的要求不高；大客车及货车视点位置高，对于右侧侧方视野有着很高的要求，为增加右侧侧方视野，除加大右侧窗玻璃面积外，还采取了在右侧窗玻璃下面增加下窥窗的办法。

(2)间接视野

汽车的间接视野指通过内、外后视镜看到的汽车侧后方的区域。在超车、倒车、转弯、制动等行驶状态下，保证汽车有良好的间接视野很重要。影响汽车间接视野的因素主要有后视镜的曲率、安装位置和尺寸。

一般汽车的车外后视镜都使用凸面镜，因为在同样外形尺寸条件下，用凸面镜比用平面镜看到的范围大。但凸面镜反射的形状失真，容易引起驾驶人错误判断车速、距离。为兼顾可视范围和不失真两方面的要求，一般后视镜镜面的曲率半径应为 500～600 mm。

外后视镜在车身两侧各设一个，其在水平方向和垂直方向均可以调节角度，以使驾驶人方便地观看后方的车辆，使汽车在变道、倒车及转弯行驶时，能够及时瞭望后方区域。

内后视镜又叫内视镜，多装在前风窗玻璃内侧中间部位或内侧上沿。按《汽车后视镜的性能和安装要求》(GB 1508—1994)的规定，9 座以下的客车和最大设计总质量不超过 3 500 kg 的载货汽车上必须安装一个内后视镜。目前，汽车上基本都安装了内后视镜。

所有后视镜必须能调节，内后视镜应能使驾驶人坐在驾驶座位上即可调节，位于驾驶人侧的外后视镜应能允许驾驶人在车门关闭而车窗开启时进行调节。

2. 汽车灯光

汽车灯光的作用是为汽车行驶提供照明，并将其行驶状况向其他交通参与者发出信号。据统计全世界每年死于道路交通事故的人数超过 120 万，伤 5000 多万人，夜间发生的交通事故大约是白天的 3 倍，具有良好照明条件道路上的交通事故数是没有照明或照明条件不良道路交通事故数的30%。因此，汽车灯光对汽车的安全行驶具有重大意义。

照明装置中用于车身外部照明的有前照灯、雾灯、牌照灯、倒车灯等，用于车身内部照明的有顶灯、壁灯、阅读灯、踏步灯、门灯、仪表灯等。照明装置中用于向其他道路参与者传递信息的有转向信号灯、制动灯、前位灯、后位灯、危险警告信号灯等。

(1)前照灯

前照灯是照明汽车前方道路的主要灯具，也叫前大灯。前照灯装于汽车前部两侧，前照灯除照明外，还可利用其远、近光变换示意超越前方车辆及利用近光会车等。前照灯具有近光和远光两种光束，由变换控制开关完成远、近光的变换。近光灯是当车辆前方对向有其他道路使用者时，不致使对方眩目或有不舒适感所使用的近距离照明灯具；远光灯是当车辆前方对向无其他道路使用者时，所使用的远距离照明灯具。前照灯的光色均要求是白色。

近光灯用于会车时的道路照明，对近光光束的要求是相互矛盾的两个方面：一方面为防止迎面来的驾驶人眩目，要求光束要低、要暗；另一方面为保证良好的道路照明，要求光束要高、要亮。

远光灯用于行车时的道路照明，对远光光束的要求是：具有足够大的发光强度。汽车前照灯灯泡的发光强度最大只有50～60 cd，只能照亮车前6 m左右的地方。但经过反射镜的作用以后，就把灯泡的光线集合成平行光而射向远方，使发光强度增加几百倍，达到12 000～15 000 cd。在这样的光度下，能将车前100～150 m之内的路面照得足够清楚。

(2)雾灯

雾灯包括前雾灯和后雾灯。前雾灯是在雾、雨、雪或沙尘天气等有碍可见度的情况下，为改善车辆前部道路照明和使迎面来车易于发现车辆的灯具；后雾灯是在上述同样情况下，为使车辆后方其他交通参与者易于发现，安装在车辆尾部的红色信号灯。

前雾灯装在汽车前部稍低位置，因为道路表面10 cm以上才有雾，雾灯装得越低，其光线则会透过无雾层照射得越远。但也不能太低，否则接近角越小，越会影响汽车的通过性。前雾灯光色可以是黄色或白色，多为黄色。因为黄色的光散射较小，对雾的穿透力较强，而且黄色光比白色光更能引起其他道路参与者的注意。

(3)牌照灯

牌照灯属于汽车必须配备的灯具，用于照亮汽车的后牌照。该灯多装于汽车后牌照的上方，其光色为白色。牌照灯受车灯开关控制，只要车灯开关开启，该灯就会亮起。《机动车运行安全技术条件》(GB 7258—2012)中要求后牌照灯在夜间天气好时，距离20 m能看清牌照号码。

(4)倒车灯

倒车灯既用于倒车时车辆后面的照明，又向其他道路参与者传递信息。倒车灯也属于汽车必须配备的灯具。倒车灯装于汽车的尾部，受倒车灯开关控制，倒车灯开关一般装在变速器上，当换入倒挡时接通倒车灯，倒车灯的光线为白色。一些倒车灯线路上并联有倒车蜂鸣器，倒车时不仅有光信号，还有声信号，这样不论是夜间还是白天倒车，均有利于道路交通安全。

(5)仪表灯

仪表灯是供仪表照明使用的灯具，它必须符合不眩目的要求，即仪表灯点亮时，应能照清仪表板上的所有的仪表并不得眩目。其照度应能确保仪表的视认性良好。仪表灯多受车灯开关控制，也有单设仪表灯开关的。

(6)转向信号灯

汽车行驶时向左或向右转弯、掉头、变换车道、起步或停车以及超车时，都要开启转向信号灯，以告知其他道路参与者及交通指挥人员。转向信号灯受转向灯开关专门控制，在车辆同一侧的所有转向信号灯都由一个开关控制，同时打开或同时关闭，并同步闪烁。

(7)制动灯

制动灯是向车辆后方其他道路参与者表明车辆正在制动的灯具，安装于车辆的后面，其光色为红色。制动灯的可见度在阳光下为 100 m，夜间良好天气为 300 m。制动灯主要用于防止后车追尾碰撞。

制动灯有两种。一种是主制动灯，即装于汽车后部较低位置，并与后转向信号灯、后位灯等在一起的制动灯。另一种是辅助高位制动灯，其安装位置较高，它与主制动灯同时开关。制动灯开关安装于行车制动踏板处，当实施行车制动时，该开关导通而使制动灯点亮。

(8)前位灯和后位灯

前位灯即从车辆前方观察，表明车辆存在和车辆宽度的灯具，也就是俗称的“前小灯”；后位灯即从车辆后方观察，表明车辆存在和车辆宽度的灯具，也就是俗称的“尾灯”。前位灯和后位灯对于汽车来说是必须配备的灯具。因为它们是表明车辆存在和宽度的灯，所以前位灯装于车辆前部外缘，后位灯装于车辆后部外缘，前位灯和后位灯均由车灯开关控制。前位灯光色为白色，后位灯光色为红色。

(9)危险警告信号灯

危险警告信号灯又叫危险报警闪光灯，它在开关接通时，车外四个转向信号灯和车内两个转向指示灯全闪。危险警告信号灯是在紧急情况(车辆故障、车辆失控、特殊任务等)时，发出闪光报警信号的灯具，其信号由所有转向信号灯同时工作发出。危险警告信号灯为所有车辆必须配备，与转向信号灯共用若干线路及灯具。它还要单独配置开关控制，该开关不受电源总开关的控制，以保证在紧急状况下仍能工作。

汽车上除了以上车内、外灯具外，还设置有顶灯、壁灯、踏步灯、门灯和阅读灯等。这些灯都安装于车身内部。顶灯是安装于车厢顶部的灯具；壁灯是安装在车厢壁上的灯具；踏步灯用于照亮车门踏步处；门灯为指示车门开启的灯具；阅读灯则是供乘客阅读用的灯。以上灯具光色均为白色，并分别由单独的开关控制。

3. 指示装置

指示装置包括指示仪表、指示器及信号装置和它们的标志。为及时了解车辆主要部件尤其是发动机的运行情况，及时发现某些故障，在驾驶室内装有不少仪表、指示器及信号装置。

由若干仪表、指示器(灯)、信号装置等组装在一起所构成的总体为仪表板总成。由于现代汽车显示和控制元件不断增加，仪表板总成逐渐演变成仪表板显示终端。

按《机动车运行安全技术条件》(GB 7258—2012)规定，汽车应装有温度表或温度报警灯、燃油表、车速里程表和机油压力表或油压报警灯等各种仪表或开关，并保持其灵敏有效。采用气压制动系统的汽车，还应装有气压表。

(1)温度表和温度报警信号装置

温度表是指示汽车发动机冷却液、润滑油或进气温度的仪表，用于指示发动机冷却液温度的居多。温度表一般由温度表指示器和温度表传感器组成。若用以指示发动机冷却液温度，其传感器装在汽缸体水套上或汽缸盖出水管附近。常用的温度表指示器有双金属片式、电磁式和动磁式，其传感器有双金属片式、热敏电阻式。

发动机冷却液温度表(指示器)和冷却液温度报警信号装置的标志如图 7-9 所示。信号装置显示颜色为红色，如亮起即表示温度过高，应立即停车检修。

(2)燃油表

燃油表又叫燃油液面高度指示器，它是指示汽车燃油箱内油量的仪表。燃油表由指示器和传感器两部分组成。传感器装在燃油箱内，多为可变电阻式，把燃油液面高度的变化转变为电量，然后送至指示器。指示器多为双金属片式、电磁式或动磁式。

燃油液面高度指示器和警报信号装置的标志。如图 7-10 左侧图所示。警报信号装置显示颜色为黄色，一旦亮起即表示存油不多，应尽快就近加油，以免因无油而抛锚，一旦在高速公路上抛锚，对安全极为不利。该标志也可用图形轮廓表示，如图 7-10 右侧图所示。

图 7-9　冷却液温度指示器和报警

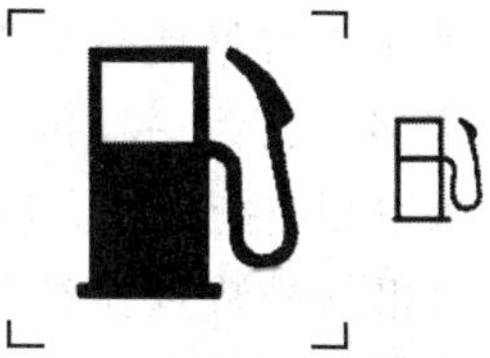

图 7-10　燃油液面高度指示器和警报信号装置标志

(3)车速里程表

车速里程表是指示汽车行驶速度和记录行驶里程的仪表。它是一表两用，只叫车速表或里程表都是不确切的。车速里程表有磁感应式和电子式两种。

磁感应式车速里程表利用磁感应原理指示车速，通过机械传递记录行驶里程，电子式车速里程表利用电子电路原理指示车速，通过机械传递记录行驶里程。车速里程表由车速指示表和里程计数器两部分组成。车速指示表指示即时汽车行驶速度，以km/h计；里程计数器累计汽车行驶里程，多以km计。如今里程计数器多为两个，一个为总里程计，另一个为短程里程计。短程里程计的数字可以调零，用以记录汽车短距离行驶的里程。

《汽车用车速表》(GB 15082—2008)对车速表的一般要求、指示误差及试验规范作出了详尽规定。车速表应位于驾驶人的直接视野以内，因为要时时观察，而且要求不分昼夜都能清晰易读。一般车速表都在仪表板中心位置，且表盘较大。

车速表标度盘的车速范围要大于该车的最高车速，其速度单位为km/h，标度盘上标明的车速值应为20 km/h的倍数，即20 km/h、40 km/h、60 km/h、80 km/h等。

指示误差中要求车速表指示车速不得低于实际车速，即指示车速要等于或高于实际车速，这是从安全角度要求的。虽然车速越快就越不安全似乎不对，但“十次肇事九次快”却是事实。车速表指示偏高，可以使驾驶人减慢车速，这于安全总是有益的。

(4)转速表

转速表是指示发动机转速的仪表，通常与车速里程表并列在仪表盘上。转速表有磁感应式和电子式两种，磁感应式转速表利用磁感应原理指示发动机转速，电子式转速表利用点火系的脉冲信号或信号发生器指示发动机转速。转速表单位多为×1 000 r/min，在超速区域另用红色条带标出，发动机运转时不得进入超速区。有些车辆的转速表标有经济区域，发动机在该区域运转既经济而磨损又小。

(5)机油压力表及警报信号装置

机油压力表又叫机油压力指示器，简称油压表，是指示发动机润滑系统机油压力的仪表。机油压力警报信号装置又称机油压力报警灯，由报警灯和压力报警传感器组成。

机油压力表指示值多用kPa为单位，也有用MPa为单位的。机油压力表与机油压力传感器之间用导线连接，机油压力传感器装在发动机润滑系统主油道上，把发动机机油压力值转换为电量，通过导线送至机油压力表，机油压力表则把压力值还原示出。

有些汽车上机油压力表和机油压力警报信号装置并用，有些汽车以机油压力警报信号装置取代机油压力表，比较起来以并用的为多。因为一旦机油压力异常，若驾驶人未能及时发现并采取相应措施，会使发动机发生故障。

图 7-11 机油压力表及机油压力警报信号装置标志

机油压力警报信号装置在打开点火开关时点亮，发动机厂起动后随即熄灭为正常。如果发动机运转时该信号装置亮起，表示润滑油压力出现异常，此时应立即熄火停车检查，排除故障后方可发动运行。机油压力表及机油压力警报信号装置标志如图7-11所示，其信号装置显示颜色为红色。此外还有机油油量报警装置，如果机油油量低于规定值时该报警装置接通。机油油量报警装置一般单设一个报警信号灯，也有和机油压力警报信号装置共用一个报警灯的。

(6)制动系统故障信号装置

制动系统故障信号装置又叫制动报警灯，但不能报告制动防抱死系统故障。按行车制动采用供能方式不同分为液压制动用和气压制动用两种。该装置均由仪表板上红色报警灯和制动系统设置的报警传感器组成。

当气压制动系统储气筒压力低于规定值时，制动报警灯亮起，报警传感器装在储气筒处。

当液压制动系统储液罐中制动液液面低于规定值时，制动报警灯亮起。

如果在运行中制动报警灯亮起，应立即停车检查，排除故障后方可行驶。制动系统故障信号装置标志如图 7-12 所示，信号装置显示颜色为红色。

图 7-12　制动系统故障信号装置标志

图 7-13　制动防抱死系统故障信号装置标志

(7)制动防抱死系统故障信号装置

制动防抱死系统又称 ABS，该系统能在制动时使车轮始终维持在有一定量滑移的滚动状态下减速以至停车，而不会像通常的行车制动会把车轮完全抱死。制动防抱死系统在滑溜路面紧急制动时，能通过精确调节各个车轮的制动力，既得到稳定有效的制动性能，又能保持车辆的方向性和稳定性，使得汽车行驶安全性大幅度提高。

制动防抱死系统故障信号装置亮起不灭即表示制动防抱死系统有故障，不能完成自己的任务，但车辆行车制动、驻车制动性能照旧正常。该信号装置显示颜色为黄色，在点火开关开启时亮起，数秒钟后该信号装置熄灭为制动防抱死系统正常。如果点火开关开启时该信号装置常亮不灭或者在运行中亮起不灭，则表示制动防抱死系统发生故障，此时虽仍有制动效能，但不能防止车轮抱死，应尽快排除故障以恢复 ABS 功能。制动防抱死系统故障信号装置标志如图 7-13 所示。

(8)转向指示灯操纵件及信号装置

转向指示灯操纵件即转向灯开关，该操纵件多装于转向盘下边，可上下扳动。一般设计为向下为左转向灯接通，向上为右转向灯接通。该操纵件在转向盘左下时用左手操纵，为上右下左；如果该操纵件在转向盘右下时用右手操纵，则为上左下右。

图 7-14　转向指示灯及信号装置标志

转向指示灯信号装置显示颜色为闪烁绿色。如果转向指示灯信号装置向左、向右的信号为分开设置，该标志的两个箭头则分开使用。转向指示灯操纵件及信号装置标志如图 7-14 所示。

(9)前雾灯操纵件及信号装置

前雾灯操纵件即前雾灯开关，前雾灯信号装置即前雾灯指示灯。前雾灯操纵件及信号装置标志如图 7-15 所示，信号装置显示颜色为绿色。

(10)后雾灯操纵件及信号装置

后雾灯操纵件即后雾灯开关，该开关在前照灯或前雾灯开启时才能点亮后雾灯，但后雾灯的关闭可以只通过后雾灯开关做到。后雾灯信号装置即后雾灯指示器或指示灯。后雾灯操纵件及信号装置标志如图 7-16 所示，信号装置显示颜色为黄色。

图 7-15　前雾灯操作件及信号装置标志

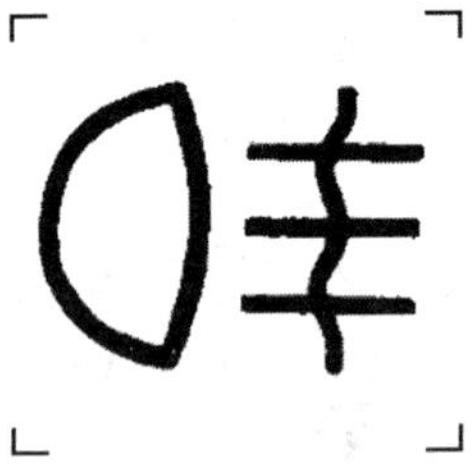

图 7-16　后雾灯操纵件及信号装置标志

除了上述指示装置之外，指示装置还有很多。清晰、方便的汽车指示装置，可以提高视认方便性，对于保证汽车行驶安全有着不可低估的作用。

7.2　汽车被动安全技术

7.2.1　汽车被动安全概述

汽车安全技术分为汽车主动安全技术和汽车被动安全技术两个方面。随着科学技术的发展，汽车主动安全技术将在道路交通安全中起到越来越大的作用。尽管如此，仍然不可避免地会发生意外事故，此时，汽车被动安全技术将是减轻人员伤害和财产损失的唯一保障。

汽车被动安全是指发生事故后，汽车本身减轻人员受伤和货物受损的性能，即汽车发生意外的碰撞事故时，如何对驾驶人、乘员及货物进行保护，尽量减少其所受的伤害和损坏。通常减轻车内乘员受伤和货物受损的性能称为内部被动安全性；减轻对事故所涉及的其他人员和车辆损伤的性能称为外部被动安全性。

提高汽车的被动安全性，可以从以下两个方面采取对策。

首先，提高汽车结构的安全性，即使汽车碰撞部位的塑性变形尽量大，吸收较多的碰撞能量，降低汽车减速度的峰值，尽量减缓一次碰撞的强度；使汽车驾驶室及车厢有足够的强度和刚度，确保汽车乘员的生存空间，并保证发生事故后乘员能够顺利逃逸。

其次，使用车内保护系统，即使用安全带、安全气囊等保护装置对驾驶人及乘员加以保护。通过安全带的拉伸变形和气囊的排气节流阻尼吸收乘员的动能，使猛烈的二次碰撞得以缓冲，以达到保护驾驶人和乘员的目的。

7.2.2 减轻乘员伤害的被动安全技术

在汽车碰撞中，减轻驾驶人和乘客受伤程度的被动安全技术大同小异，因此，下文所提到的乘员泛指驾驶人和乘客。

1. 乘员与汽车内部结构的碰撞分析

汽车发生碰撞事故一般是指汽车和外部事物之间的碰撞，称为一次碰撞。乘员与汽车内部结构的碰撞，称为二次碰撞。

汽车发生碰撞时，乘员的伤害主要是由以下几种原因造成的。

①在碰撞时，汽车结构发生变形，汽车构件侵入乘员生存空间，使乘员受到伤害。

②碰撞时，由于汽车结构破坏等原因，使得乘员的部分身体或全部身体暴露在汽车外面而受伤。

③在碰撞作用下，汽车的速度急剧减小，这使乘员由于惯性作用继续前移与汽车内部结构(如转向盘、仪表板等)发生碰撞而造成伤害。

由此可见，提高汽车的被动安全性，要从汽车结构设计和乘员保护系统两方面入手。汽车结构设计要考虑车身、车架、座椅、转向柱、内饰等的合理设计。乘员保护系统则应考虑使用安全带、安全气囊等安全装置。

2. 减轻乘员伤害的结构措施

(1)安全车身

汽车碰撞时，车体结构的安全作用是在吸收汽车动能的同时减缓乘员移动的过程，并保证乘员有生存的空间，即安全车身结构应包括“经得住碰撞的车身”和“吸收冲击的汽车前部及后部”。其设计原则是：使乘员舱具有较大的刚度，在碰撞时减少变形；使前部发动机舱和后部行李舱刚度相对较小，以便在猛烈撞击时产生变形吸收能量。例如，1997年福特汽车公司的蒙迪欧轿车车身中部客舱经加固而形成完整构架的“安全舱”，同时头尾两端按设定的碰撞坍塌程序变形并吸收能量。该车头部布置了4根相互作用的梁，副车架安装在加固的结构上，其前部是一块整体的板件，前纵梁向后并向外与门槛相连，前围板下部用横梁加固地板并与中间的地板通道连接，从而将碰撞载荷引向整体构架，而不会造成乘客舱的较大变形。

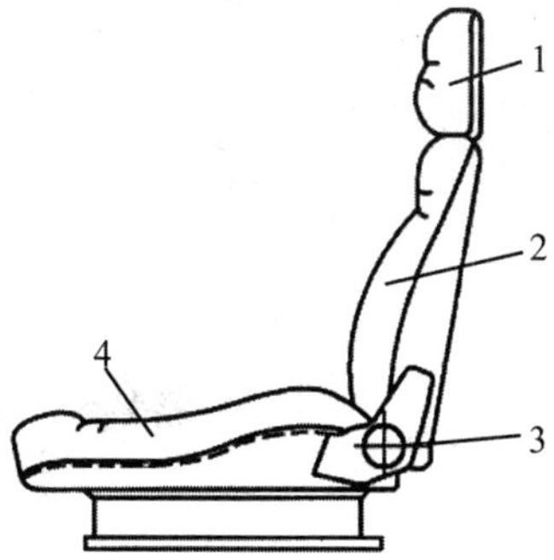

图7-17 安全座椅构造

1—头枕；2—靠背；
3—调节装置；4—坐垫

(2)安全座椅

汽车座椅是汽车中将乘员与车身联系在一起的重要内饰部件。座椅主要由靠背、头枕、坐垫、与车身相连接的固定部件等组成，如图7-17所示。它直接影响到整车的舒适性和安全性。在汽车交通事故中，座椅在减少乘员损伤中起到重要的保护作用。首先，在事故中它要保证乘员处在自身的生存空间内，并防止其他车载体(如其他乘员、货物)进入这个空间。其次，要使乘员在事故发生过程中保持一定的姿态，使其他约束系统能充分发挥保护效能。因此，安全座椅应具有在事故发生时能最大限度地减轻对驾驶人及乘员造成伤害的能力。

座椅强度是其安全性的重要保障。汽车行驶中，座椅要承受复杂的载荷，汽车座椅必须有足够的强度，以确保座椅上的人所受的伤害最小；座椅的寿命应足够长，不致过早变形或损坏；受冲击载荷作用时，座椅不应发生断裂、严重变形等损坏现象。

汽车发生侧面碰撞和后面碰撞时，靠背对座椅安全性有很大影响。靠背的安全性设计应考虑靠背的强度、倾角、基本尺寸及形状。靠背的强度设计要求在汽车侧面碰撞和后面碰撞时均能给乘员提供良好的保护。而靠背倾角、基本尺寸及形状对后面碰撞的严重程度有很大的影响。

坐垫一般不会对乘员造成直接的冲击伤害，但其结构可以影响到乘员的运动过程，以及约束力施加到乘员身体上的方式和外部载荷(加速度、力等)的绝对值大小。坐垫的有效深度、坐垫的倾角也会对座椅安全性产生一定的影响。一般在满足乘坐舒适性的前提下，车速越高，其驾驶人座椅的坐垫倾角就越大。

头枕是一种用以限制乘员头部相对于躯干向后移位的弹性装置。其作用是在发生碰撞时，减轻乘员颈椎可能受到的损伤，尤其是在汽车追尾碰撞时，可抑制乘员头部后倾，防止或减轻颈部损伤。在国际标准中，有关座椅头枕的法规规定是独立于整个座椅系统的。在我国国家标准中，对座椅头枕也单独作了规定。这充分体现了在被动安全性研究中，头枕是一个相当重要的安全部件。

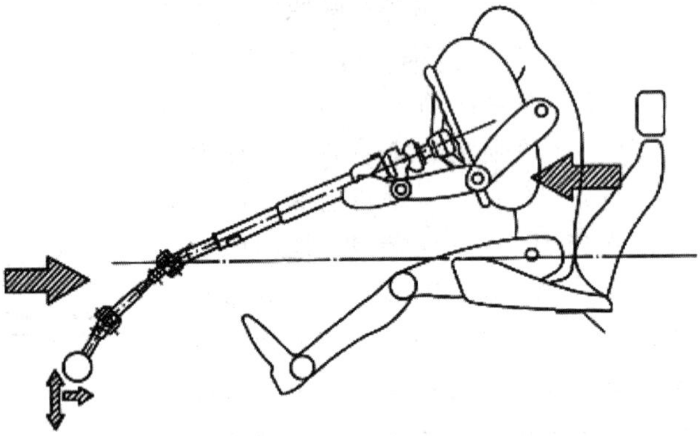

图 7-18　汽车正撞时转向柱—驾驶员系统的碰撞关系

汽车座椅连接部件的强度设计在很大程度上影响座椅本身的安全性，在发生碰撞时，如果连接部件先于座椅失效，很可能会造成座椅骨架的断裂、严重变形和调节机构失灵等，此时乘员的生命安全将受到极大的威胁。

由此可见，汽车座椅的首要任务是满足安全性的要求，其次是满足舒适性、低成本、质量轻及美观耐用的要求。

(3)吸能转向柱

汽车发生正面碰撞时，碰撞能量使汽车的前部发生塑性变形。布置在汽车前部的转向柱在碰撞力的作用下要向后(即驾驶人胸部方向)运动，同时，驾驶人受惯性的影响有冲向转向盘的运动。如图 7-18 所示，为汽车发生正面碰撞时转向柱与驾驶人之间的碰撞关系。这些运动的能量应通过转向柱以机械的方式予以吸收，防止或减少其直接作用于驾驶人身上，造成人身伤害。因此，要求转向柱除了能满足转向功能外，在汽车发生正面碰撞时，能够有效地吸收碰撞能量。防止或减少碰撞能量伤害驾驶人的转向柱称为能量吸收式转向柱。

首次碰撞：碰撞能量使汽车前部发生塑性变形，转向轴在碰撞力的作用下向后运动。二次碰撞：碰撞继续发展，碰撞力作用在转向柱的下端，使转向柱向后移动；同时驾驶人在本身的惯性作用下冲向转向盘。尽管驾驶人本身有约束装置如安全带、安全气囊的约束，仍有一部分能量要传递给转向柱系统。吸收二次碰撞能量和驾驶人的部分惯性能量是能量吸收式转向柱设计要解决的额外问题。

能量吸收式转向柱有网状管柱式、波纹管式(如图 7-19 所示)、弯曲托架式等多种形式。各种形式的能量吸收转向柱所达到的目的是相同的，即有效地吸收汽车发生正面碰撞时转向柱与驾驶人之间的两次碰撞能量。其基本原理是当转向轴受到巨大冲击时，转向轴产生轴向位移，使支架或某些支撑件产生塑性变形，从而吸收冲击能量。

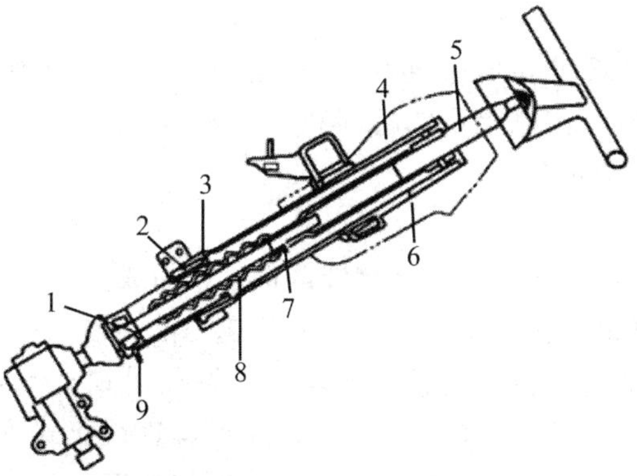

图 7-19　波纹管式缓冲转向操纵机构结构

1—下转向轴；2—转向管柱压圈；3—限位块；4—转向管柱护盖；5—上转向轴；
6—上转向管柱；7—细齿花键；8—波纹管；9—下转向管柱

3. 减轻乘员伤害的安全装置

汽车发生事故时，对乘员的伤害是瞬间发生的。为了防止在极短的时间内对乘员造成伤害，汽车必须安装安全设备。汽车被动安全设备主要包括座椅安全带和安全气囊系统。座椅安全带用于减轻二次碰撞的危险性，安全气囊系统则作为座椅安全带辅助用具，为乘员提供更好的安全保障。

(1)安全带

座椅安全带是重要的乘员保护约束设施，在减轻碰撞事故中乘员伤害程度方面起重要作用，是行车最有效的防护装置之一。座椅安全带于 1950 年在福特轿车上作为选装件问世，现在则作为汽车的标准装备。

安全带是将乘员身体约束在座椅上的安全装置，用以避免车辆发生碰撞事故时，乘员身体冲出座椅发生二次碰撞，以降低发生碰撞事故的受伤率和死亡率。安全带的作用主要是约束正面碰撞、追尾碰撞及翻车事故中人体相对于车体的运动，尤其可以减少乘员头部和胸部的伤害。汽车座椅安全带按固定点数分类，主要有两点式、三点式和四点式，如图 7-20 所示。

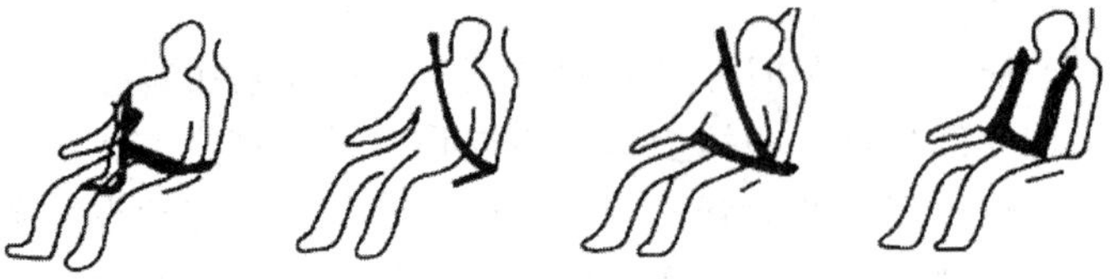

（a）腰带　（b）肩带　（c）腰肩连接带　（d）四点式安全带

图 7-20　安全带形式

①两点式安全带。

两点式安全带包括腰带[如图 7-20(a)所示]和肩带[如图 7-20(b)所示]。腰带仅限制乘员的腰部；肩带仅限制乘员上躯体。一般后排座椅中间装用两点式安全带。

②三点式安全带。

三点式安全带是将腰带和肩带连接在一起，也称为腰肩连续带[如图 7-20(c)所示]。三点式安全带可同时限制乘员的腰部和上躯体，安全性高。一般前排座椅和后排座椅两侧装用三点式安全带。

③四点式安全带。

四点式安全带是在两点式安全带上再装两根肩带而成[如图 7-20(d)所示]。四点式安全带对乘员保护性能最好，但实用方便性还存在一定问题，目前多用于赛车上。

汽车座椅安全带按卷收器的类型分类，主要有无锁式(NLR)、手调式、自锁式(ALR)、紧急锁止式(ELR)、预紧式和限力式。紧急锁止式安全带是目前我国使用最广泛的一种安全带，它要求安全带对织带的拉出加速度、汽车减速度及汽车的倾斜角度敏感。预紧式安全带是近年来发展起来的一种安全带。这种安全带是在普通安全带的基础上增加预紧器构成的，当碰撞达到一定强度时，预紧器启动，带动锁扣回缩，使安全带缩短。限力式安全带也是近年来发展起来的一种安全带。当发生碰撞时，安全带会发出很大的拉力限制乘员的运动，有时可能达到伤害人体的程度。限力式安全带增加限力机构，防止拉力过大对人体造成伤害。

安全带对于减轻乘员在事故中的伤害效果显著。国外的一项研究表明，使用安全带后，驾驶人负伤率可降低 43%～52%，副驾驶人负伤率可降低 37%～45%；使用三点式安全带，在车速低于 95 km/h 的情况下，可避免死亡事故；然而，在未使用安全带的情况下，即使在 20 km/h 车速下发生的正面碰撞事故，也能引起驾驶人死亡。

(2)安全气囊

尽管汽车座椅安全带已经广泛地用于汽车乘员的安全保护，但许多轿车已装备安全气囊系统(Supplemental Restraint System，SRS)作为乘员的安全保护装置。SRS 的原意是辅助约束系统，就是辅助保护乘员，它的基本前提是佩戴安全带。据统计资料表明，单独使用安全气囊可减少 18%的死亡事故，与安全带配合使用可减少 47%的死亡事故。

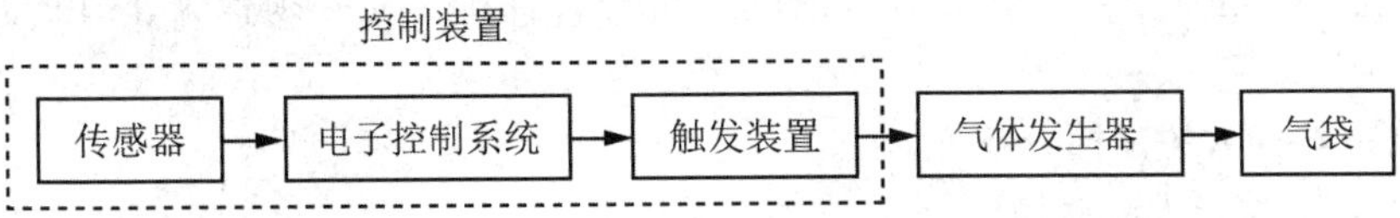

图 7-21　安全气囊系统的组成

因为汽车前部因发生碰撞会产生很大的冲击力，即使佩戴了安全带，驾驶人的脸部也会撞击在转向盘上，乘员的头部则会撞到风窗玻璃上，安全气囊系统可弥补佩戴安全带后仍不能固定身体、保护不足的缺陷。

安全气囊主要由控制装置、气体发生器和气囊组成，如图 7-22 所示。其中控制装置又包括传感器、电子控制系统及触发装置。其工作原理为：安全气囊平时折叠收容于转向盘中央及仪表板下部。在汽车发生碰撞事故时，传感器感受汽车碰撞强度，电子系统接收并处理传感器的信号。当判断有必要打开气囊时，立即由触发装置发出点火信号触发气体发生器，气体发生器收到信号后迅速产生大量气体，并充满气囊，使得乘员能够与一较柔软的吸能缓冲物件相接触，而不是与汽车的内饰件猛烈碰撞，如图 7-22 所示。依靠气袋的排气孔节流阻尼来吸收碰撞能量，从而达到减少伤害保护乘员的目的。

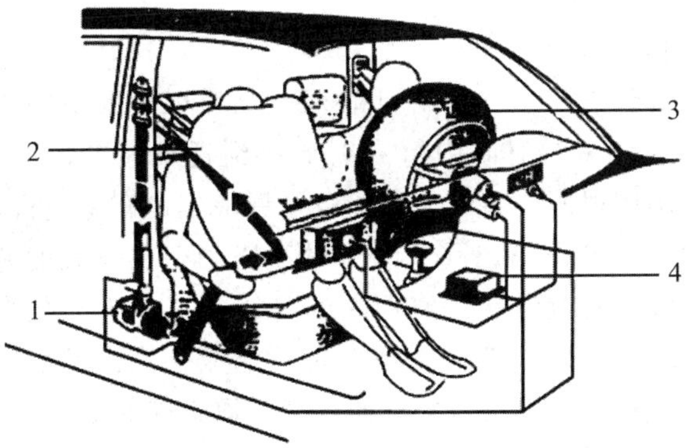

图 7-22　乘员前部保护示意图

1—安全带卷收器；2—副驾驶员气囊；3—驾驶员气囊；4—控制装置

根据保护的乘员位置不同，可把气囊分为驾驶人气囊、副驾驶人气囊和其他乘员气囊等几种。根据保护碰撞的方式不同，又可将其分为正碰撞气囊、侧碰撞气囊及其他气囊等。目前驾驶人及副驾驶人的正碰撞气囊已经得到广泛应用，侧面碰撞气囊的应用也越来越广泛，装备对全车乘员进行各种碰撞保护的气囊系统将是乘员保护系统的发展趋势。

7.2.3 减轻行人伤害的被动安全技术

汽车在行驶过程中，不仅要对车内的乘员进行保护，还必须保证车外的行人具有一定的安全性。

1. 汽车与行人的碰撞分析

(1)小客车与行人的碰撞

在小客车与行人的碰撞过程中，首先行人的腿部撞到汽车保险杠上，然后骨盆与发动机罩前端接触，最后头部撞到发动机罩或前风窗玻璃上。这时行人被加速到车速，这就是所谓的“一次碰撞”。车速越高，头部撞击点越靠近前风窗玻璃，随后由于汽车制动使行人与汽车分离，行人以与碰撞速度相近的速度撞到路面上，这是“二次碰撞”。在有的事故中还发生行人被汽车碾压，这是“三次碰撞”。

大多数汽车保险杠的高度不超过成人的膝盖。因此，保险杠会与行人的小腿发生碰撞，而导致小腿骨骨折、膝关节错位等。大腿、骨盆及腹部损伤主要是与发动机罩前缘碰撞造成的。头部是人体比较脆弱的部分，也是人体最重要的部位，头部的损伤是最易致命的伤害。可见汽车与行人碰撞过程中，人体的损伤部位可以覆盖全身，但主要部位是头部和下肢。研究表明，行人头部和下肢在汽车与行人碰撞造成的损伤中各占约30%。因此，降低汽车前部在与行人碰撞过程中对行人头部和下肢造成的伤害非常重要。

(2)载货汽车与行人的碰撞

载货汽车与行人相撞造成的伤亡远比小客车严重，这是因为一次碰撞中，无论是长头还是平头驾驶室的载货汽车，都不可能存在小客车事故中的行人身体在发动机罩上的翻滚过程，而是在很短的时间内行人被加速到货车速度，易于造成行人的伤亡。同时，驾驶室上突出的后视镜、驾驶人踏板以及保险杠也容易使行人受伤。

另外，在不同的碰撞过程中，行人的身材和姿势存在较大的差异，行人与汽车的初始接触部位也存在较大的差异，致使行人的身体尤其是头部与汽车的撞击部位范围很广，从发动机罩前端到风窗玻璃再到顶盖都可能成为撞击区域。因此，提高汽车与行人碰撞的安全性，需对整个汽车前部不同区域采取不同的措施。

2. 减轻行人伤害的结构措施

(1)保险杠及其改进措施

设计合理的保险杠应该不仅考虑到内部被动安全性，而且也顾及外部被动安全性。为此，要求一切在公路上行驶的车辆前后均应装有保险杠。从减轻事故中受伤程度看，行人与保险杠的碰撞部位在膝盖以下为好，因此，希望将保险杠降低。但保险杠过低，会加大头部在发动机罩或风窗玻璃上的撞击速度。所以保险杠高度取为330～350 mm是合适的，可以保证大部分行人的碰撞部位发生在膝盖以下。

为了降低保险杠对行人腿部造成的伤害，可以采取的措施是降低保险杠的刚性、改进保险杠的吸能性能、优化保险杠与汽车主梁的连接。例如本田Jazx小客车在保险杠和保险杠梁之间安装了吸能结构。另外，研究表明，加宽保险杠的界面高度、适当增加保险杠与发动机罩前端的距离、采用刚度在高度方向上变化的保险杠、保险杠下边缘比上边缘适当前移都将对行人腿部有较好的保护效果。

(2)发动机罩的结构及其改进措施

从安全角度出发，发动机罩前端圆角半径应大一些，机罩高度低一些。降低发动机罩的刚性可以降低行人头部与发动机罩的撞击力。例如，减小发动机罩外板的厚度，改变发动机罩内、外板截面形式等。但是发动机罩的整体刚性不能太低，否则发动机罩在汽车行驶过程中会产生振动。另外，仅仅降低发动机罩的刚性，会进一步增加头部撞击发动机罩下面的硬物的可能性。为解决上述问题，一种较好的解决方案是采用可变形的发动机罩支撑结构。该结构可以在行人与发动机罩发生碰撞时产生一定的压溃变形，从而在不过分降低发动机罩整体刚性的情况下，降低发动机罩对行人产生的伤害。

(3)改善汽车前端造型

研究表明，以前的老车型发动机罩前端高度较高，边缘轮廓较硬，对行人的保护效果较差。近年来推出的新车型多采用流线型造型，从而可以对行人的大腿、骨盆及腹部产生较好的保护效果。由德国德莱斯顿(DRESDEN)技术大学完成的一份统计报告表明，在汽车与行人发生的交通事故中，1990年以前的车型导致重伤的比例是8%，而1990年以后的车型是2%。由此可见，合理的汽车前端造型对提高汽车与行人碰撞安全性具有重要意义。

3. 行人安全防护的新技术

(1)采用汽车前保险杠安全气囊和前风窗玻璃安全气囊

据统计，在50%以上的汽车碰撞事故中，驾驶人在碰撞发生前均采取了紧急制动措施，但由于制动距离不够，导致事故发生。因此，如果利用传感器技术在汽车碰撞前检测到碰撞即将发生而将前保险杠安全气囊释放出来，则行人将不会直接与刚度很大的汽车前部结构发生碰撞，而是首先与气囊接触，从而有效地保护行人。

汽车与行人发生碰撞时，行人头部极易撞击到前风窗玻璃上，很可能造成致命伤害。因此，也可以采用前风窗玻璃安全气囊。该装置需要控制系统及时正确地判断汽车与行人碰撞的发生，及时打开安全气囊来保护行人。

(2)采用自动弹出式发动机罩

自动弹出式发动机罩是在汽车保险杠与行人碰撞的瞬间，有传感器检测到碰撞信号，迅速控制发动机罩后端向上开启一定距离(或前后同时弹出一定距离)，从而有效增加发动机罩与发动机舱中零部件之间的间隙，避免行人头部与硬物接触。该方法已在一些运动型轿车上得到应用。

(3)采用电子行人发射器和接收器

为了使驾驶人能够尽早发现行人并采取相应的措施，研究人员研制了一套电子行人发射器和接收器，行人随身携带一个小型的发射器，在可能与汽车发生碰撞的情况下开启发射器，通过安装在汽车上的接收器提醒汽车驾驶人注意行人，尽量避免事故的发生。该方法的效果取决于行人和汽车是否能正确携带、安装和使用发射器和接收器，推广应用尚有一定困难。

7.3 汽车主动安全技术

7.3.1 汽车主动安全技术概述

汽车主动安全技术又称积极安全技术，它是汽车上避免发生交通事故的各种技术措施的统称，目的是“防止事故”。

汽车主动安全技术旨在提高汽车的安全性能，以确保行驶安全。主动安全技术包括行驶安全、环境安全、感觉安全和操纵安全等几个方面。

行驶安全来自车辆悬架、转向、制动的协调和整车设计制造，它反映了汽车的最佳动态性能，同时要求汽车上与行驶安全有关的系统要有很高的可靠性。比如为提高制动系统的可靠性，引入了“多余技术”，即制动系必须是双回路设置。

环境安全特指汽车乘员的“小环境”的安全。它应能够把汽车行驶的噪声、振动和各种气候条件给予汽车乘员尤其是驾驶人的心理压力降至最低，即尽可能提高乘员的舒适性，以降低疲劳，使驾驶人心情舒畅地安全行驶。

感觉安全可以确保驾驶人得到必需的驾驶信息。提高感觉安全的技术措施有：尽可能大的直接、间接和夜间视野；仪表和警告灯信息的视认性良好；优良配光特性、照度和照明设备等等。

操作安全指的是优化设计驾驶人的工作条件，使驾驶操作方便。如此可以降低驾驶人工作时的紧张感，从而提高运行安全。

7.3.2 汽车主动安全装置与结构

随着高速公路的发展及汽车数量的增加，汽车安全行驶成为人们普遍关注的问题。随着车速的提高和路面的复杂化，对汽车主动安全性提出了新的要求，除了汽车所具有的基本主动安全装置(如制动装置)之外，一些较为先进的主动安全装置也相继问世。

1. 汽车制动安全装置

汽车制动系统是汽车的重要组成部分，是汽车安全性能的重要保障。汽车制动系统的功用是使汽车迅速减速或停车，并保证驾驶人离去后汽车能可靠地停驻。每辆汽车的制动装置都包括若干个相互独立的制动系统，主要为行车制动系统和驻车制动系统。当行车制动系统失效时，驻车制动系统还可用作紧急制动。经常在山区坡道行驶的汽车，为了避免下长坡时装在车轮上的制动器负荷过重，还常装有辅助制动器。每个制动系统都由供能装置、控制装置、传动装置及制动器组成。

(1)制动系工作原理

如图 7-23 所示，一个以内圆面为工作面的制动鼓 6 固定在车轮轮毂上，随车轮一同旋转。在固定不动的制动底板 9 上，有两个支撑销 10，支撑着两个弧形制动蹄 8 的下端。制动蹄的外圆面上装有摩擦片 7。制动底板 9 上还装有液压制动轮缸 4，用油管 3 与装在车架上的液压制动主缸 2 相连通。主缸中的活塞 1 由驾驶人通过制动踏板 13 来操纵。

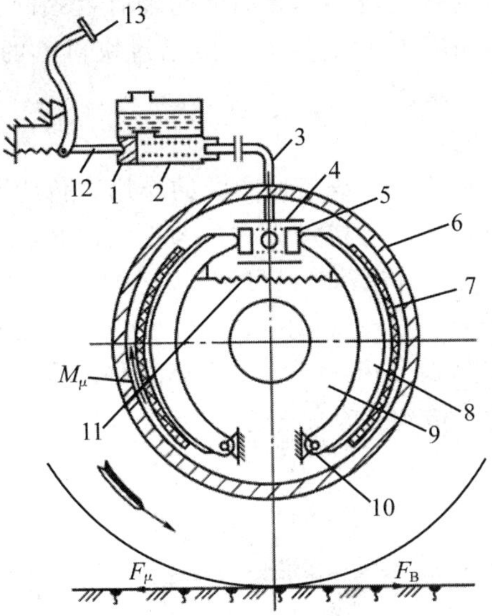

图 7-23　制动系工作原理

1—制动主缸活塞；2—制动主缸；3—油管；4—制动轮缸；5—制动轮缸活塞；6—制动鼓；7—摩擦衬片；8—制动蹄；9—制动底板；10—支撑销；11—制动蹄复位弹簧；12—推杆；13—制动踏板

制动系统不工作时，制动鼓的内圆面与制动蹄摩擦片的外圆面之间保持有一定的间隙，车轮和制动鼓可以自由地旋转。

汽车制动减速时，驾驶人踩下制动踏板，通过推杆和主缸活塞，使主缸内的压力油流入轮缸，两个轮缸活塞外伸推动两个制动蹄绕支撑销转动，使摩擦片压紧在制动鼓的内圆面上。这样，不旋转的制动蹄就对旋转着的制动鼓即车轮施加了一个摩擦力矩 M，方向与车轮旋转方向相反。同时由于车轮与路面间的附着作用，路面也对车轮作用着一个与行驶方向相反的作用力，即制动力 F。该作用力迫使汽车减速，制动力越大，汽车减速度越大。当放开制动踏板时，复位弹簧将制动蹄拉回原位，摩擦力矩和制动力消失，制动作用即行终止。按照制动能量传动方式，制动系统分为机械式、液压式、气压式及电磁式等类型。同时采用两种以上传能方式的制动系统称为组合式制动系统。

(2)制动器主要部件

制动器用于产生摩擦力矩，将汽车的动能转变成摩擦热能，散发到大气中，使汽车减速或停车。汽车用摩擦式制动器主要有鼓式与盘式两种类型。鼓式制动器中旋转元件为制动鼓，工作表面为圆柱面，有多种形式。如图 7-23 所示，制动时分泵油压升高，分泵活塞推动蹄端外张，使蹄上摩擦片紧压转动的制动鼓内表面而产生制动摩擦力矩。

盘式制动器中旋转元件是以端面为工作面的金属圆盘，其固定件则有多种形式。制动时制动针中分泵油压升高，推动摩擦衬块使其紧压转动的制动盘而产生制动力矩。盘式制动器没有自行增力作用，摩擦系数的变动对制动效能影响小，即制动效能比较恒定，在强制或反复制动时热衰退小。因而前轮装有盘式制动器的汽车，左右两侧制动力的变化小，制动时汽车方向稳定性好。由于衬块对盘的压力高，抗水衰退性好，采用盘式制动器的汽车日益增多。

(3)制动系统的驱动装置

制动系统驱动装置是将驾驶人或其他能源的作用力传给制动器，使制动器产生制动力矩的装置。它由制动踏板、真空助力式加力器、总泵、制动油管、制动软管等组成。制动系统的驱动装置主要有液压、气压和气液复合式三种形式。

①液压驱动装置。

一般液压驱动装置如图 7-24 所示，管路中充满制动液，驾驶人踩压踏板时，踏板力通过总泵转变为液压力，传到各车轮分泵，转变为活塞推力，推动制动蹄产生制动力矩。

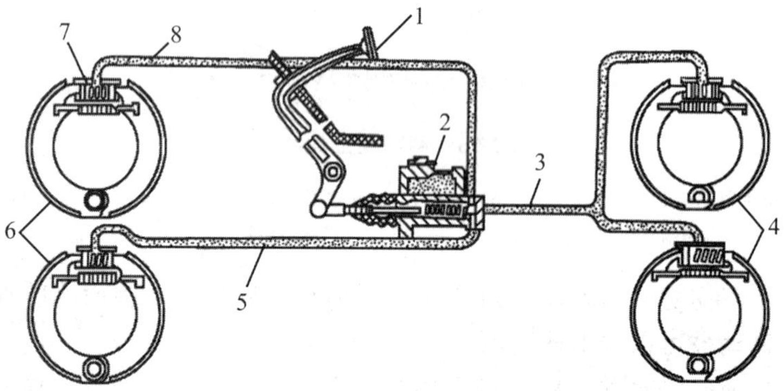

图 7-24　液压驱动装置

1—制动踏板机构；2—制动主缸；3、5、8—油管；4—后轮制动器；6—前轮制动器；7—制动轮缸

液压驱动装置的制动滞后时间短、结构简单、尺寸小、质量小、价格低，但它只靠人力作用力量有限，所以只在微型、轻型汽车上得到广泛应用。

另一种液压驱动装置由发动机带动油泵输出高压油，首先进入高压惰性气体液压储能器储存，然后驱动制动器。这种驱动装置除具有一般液压驱动装置的优点外，还有制动效能高、易于采用制动力调节装置和防抱死装置等优点。但其结构相对复杂，精密件多，系统的密封性要求高。目前，这种系统只被少数高级小客车和欧洲的一些客、货车采用。另外还作为动力转向、座位移动、门窗启闭、油气悬架或液压悬架等多方面共用动力源的中央液压系统得到广泛应用，全液压动力制动作为其中的一环将会得到进一步的广泛应用。

②气压驱动装置。

气压驱动装置由发动机带动空气压缩机将压缩空气充进储气筒，制动时踩下制动踏板，制动阀中的出气阀开启，输出一定压力的空气进入制动气室，转动鼓式制动器中的凸轮，制动蹄紧压制动鼓，产生制动力矩。

气压驱动装置由空气压缩机提供动力，驾驶者操作省力，能对制动器提供大的驱动力。但其制动滞后时间长，结构复杂，尺寸、质量较大，故大多应用于中重型货车、客车、长途汽车及列车上。

③气液复合式驱动装置。

气液复合式驱动装置是由空气加力器与液压驱动装置组成的，常用的空气加力器有真空加力器与压缩空气加力器两种，加力器又称助力器。

④真空加力液压驱动装置。

真空加力液压驱动装置利用发动机进气管中的真空度，在液压驱动装置中安装真空加力器，以减轻踏板压力，增加制动效能，真空加力液压驱动装置广泛用于小客车和轻中型货车、客车。

⑤压缩空气加力液压驱动装置。

压缩空气加力液压驱动装置利用压缩空气推动液压驱动系统，即“气顶油”系统。这种结构兼有气压与液压两种驱动的优点，操作省力，能对制动器提供较大的驱动力，由于气压系管路短，作用滞后时间也短。但是其结构复杂，质量大、造价高，一般多用于中、重型汽车，也用于高级小客车。

(4)驻车制动器

驻车制动器又称手制动器，一般采用机械驱动。小客车常以后轮制动器兼作驻车制动器，货车常用装在变速器后传动系中的带式、鼓式或盘式中央制动器作为驻车制动器。由于传动器的放大作用，中央制动器易于获得较大的车轮制动力矩。机械式驻车制动系的控制与传力元件全部为机械元件，驻车制动必须可靠地保证汽车在原地停驻，并在任何条件下不能自动滑行，这一点只能用机械锁止方法才能实现。

(5)辅助制动器

行驶于坡长弯多山区的汽车，为了防止制动器温度过高而出现严重的热衰退，减少摩擦片的磨损，一般增装辅助制动器。辅助制动器有三种类型，即液力缓速器、发动机排气制动及电涡流制动。

(6)制动力分配调节装置

为了使汽车在不同负载条件下，前后车轮制动力的分配总能合乎或接近理想要求，即前后轴附着力同时被充分利用，从而获得最好的制动性能，制动系中采用了各种制动力分配调节装置。

2. 汽车主动安全装置新技术

(1)汽车自动防撞装置

随着公路运输的发展和普及，高等级公路将使交通运输更为迅速、快捷。在汽车高速行驶的情况下，驾驶人的反应稍不及时，就会造成交通事故的发生，其中追尾事故在道路交通事故中占有相当数量，严重危及驾驶人和乘客的安全。因此，研究和推广汽车防撞装置显得日益重要和迫切。常见的自动防撞装置具有以下三种功能：环境监测、防碰撞判定和车辆控制。例如日本马自达公司研制开发出的自动控制防追尾系统的设计思路是：在正常行驶情况下，系统处于非工作状态，当车头接近前车尾时，该系统发出防追尾警告，在发出警告后，若驾驶人没有采取制动、减速措施，该系统便启动紧急制动装置，以免发生追尾事故。

汽车激光扫描防撞系统就是一种自动防撞装置。它将激光扫描雷达安装在车辆前端的中央位置，将测得的车距和前面车辆方位信号送入防碰撞预测系统。激光扫描雷达的扫描角和视域如图 7-25 所示。激光束的视域窄并呈扇形，即在水平面上较薄，在垂直面上呈扇形；激光束可在较宽的范围内快速扫描，并通过激光束的能量密度消除因车辆颠簸引起的误差。通常激光扫描雷达监测范围为 5～120 m，以保证在潮湿路面上，后车减速制动后，不致碰撞前后暂停的车辆。

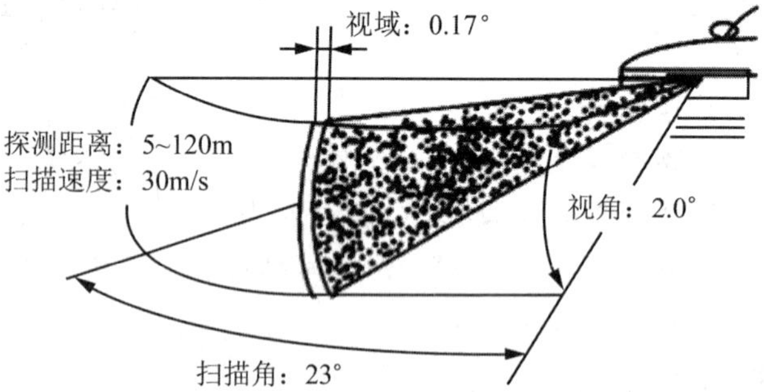

图 7-25　激光扫描雷达

在进行追尾碰撞危险程度即安全/危险的判定时，首先根据路面干湿情况、后车车速及相对车速计算出临界车距，然后与实测的车距进行比较，当实测车距接近临界车距时，报警触发信号就会产生，当计算出的临界车距等于或大于实测车距时，自动制动控制系统便开始启动。

(2)汽车驱动防滑控制系统

汽车驱动防滑控制系统(Traction Control System，TCS)的作用是在汽车加速时自动地控制驱动力、转向力，使轮胎的滑移量处于合理的范围之内，从而保持汽车行驶的稳定性。

驱动防滑控制系统由车轮速度传感器、TCS 控制器、加速踏板控制器、加速踏板执行机构、TCS 制动执行机构、TCS 指示器、ICS OFF 指示器等构成，如图 7-26 所示。

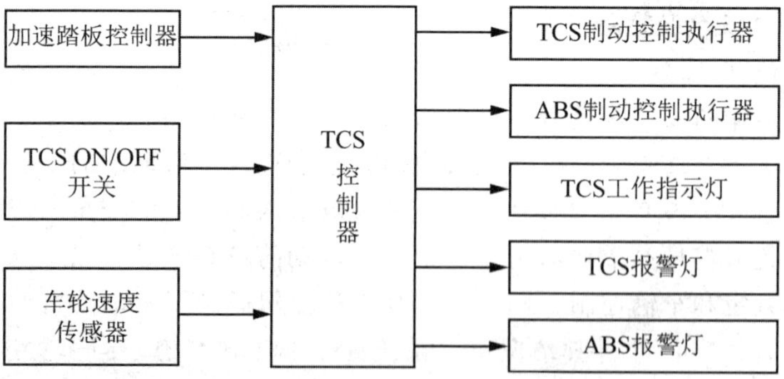

图 7-26　驱动防滑控制系统框图

车轮速度传感器分别安装在各个车轮上，用于检测各车轮的转速。TCS控制器根据从车轮速度传感器等输入的信号，综合判断车轮的滑移状态、路面状态和行驶状态，并把信号传送到TCS制动机构和发动机加速踏板控制器，进行最优TCS控制。此外，与防抱制动控制电路互相协调，实现TCS与ABS紧密的综合控制。

TCS系统利用传感器检测车轮和转向盘转向角度，如果检测到驱动轮和非驱动轮转速差过大，系统立即判断驱动力过大，发出指令信号减少发动机的供油量，降低驱动力，从而减小驱动轮轮胎的滑转率。系统通过转向盘转角传感器掌握驾驶人的转向意图，然后利用左右车轮速度传感器检测左右车轮速度差，从而判断汽车转向程度是否和驾驶人的转向意图一样。如果检测出汽车转向不足(或过度转向)，系统立即判断驱动轮的驱动力过大，发出指令降低驱动力，以便实现驾驶人的转向意图。

(3)轮胎气压检测报警装置

轮胎气压不仅对车辆的行驶稳定性和燃油经济有重大影响，而且当轮胎气压显著下降时，极有可能发生轮胎破裂爆炸，引发重大交通事故，所以轮胎气压检测与报警十分重要。

轮胎气压检测报警装置通过直接测量获得实际轮胎气压信号，通过车轮速度传感器测得的车速获得轮胎振动频率及扭转弹性常数信号。车辆行驶过程中，当实际轮胎气压信号与理想轮胎气压相差较大时，轮胎气压检测报警装置立即向驾驶者发出报警信号。

轮胎气压检测报警装置主要由速度传感器、报警灯、调置开关、停车灯开关及控制单元ECU等组成。轮胎气压检测报警装置系统如图7-27所示。

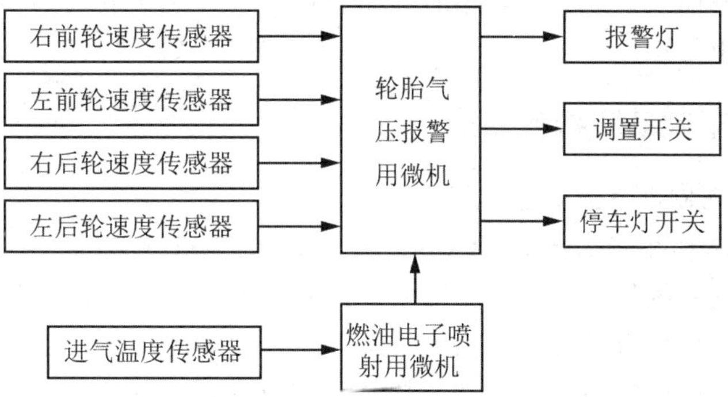

图7-27　轮胎气压检测报警装置系统框图

(4)车辆巡航控制系统

车辆巡航控制是指汽车的定速控制。在汽车中采用巡航控制系统，可使汽车在发动机功率允许范围内，不用调整加速踏板的位置便可按照驾驶人的要求，自动地适应外界阻力的变化，保持一定速度的行车状态。汽车行驶中省去驾驶人频繁地踩压加速踏板这一动作，大大减轻了驾驶人的疲劳强度，减少了交通事故的发生，增强了行车的安全性，并使燃油供给与发动机功率间的配合处于最佳状态，有效地降低了燃油消耗，减少了有害气体的排放。这种控制系统可以经驾驶人通过选择开关来增、减车速。

特殊情况下，关闭选择开关或踩下制动踏板，都能迅速解除巡航控制而转换到怠速或驾驶人操纵状态。对于装有自动变速器的汽车，由于没有离合器，装有巡航系统就更为方便。

图 7-28 是一种典型的闭环汽车电子巡航控制系统原理图。图中 ECU 有两路输入信号：一路是车速传感器测得的实际车速信号；一路是驾驶人按所需车速调定的指令车速信号。ECU 将这两种信号进行比较，由减法得出两信号之差，即误差信号，再经放大、处理后成为供油控制信号，送至供油执行器，调节发动机供油数量，使实际车速恢复到驾驶人设定的车速并保持恒定。

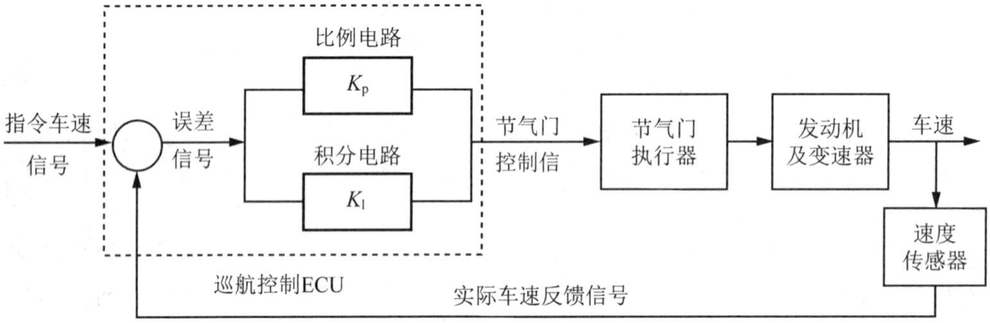

图 7-28　汽车电子巡航控制系统原理

值得指出的是，车辆行驶的操纵总控制是驾驶人，汽车电子巡航控制系统仅是一个辅助定速系统，不能把它作为自动或无人驾驶系统来依赖，而且它仅适用于平坦、不拥挤的公路或封闭式高速公路，不宜在重要的交通要道、转弯道路、松软泥泞的道路及陡峭的道路上使用。

7.3.3　汽车制动防抱死系统

1. 汽车防抱死制动系统概述

汽车防抱死制动系统(Antilock Braking System，ABS)，是一种机电液一体化装置。它在传统制动系统的基础上，采用电子控制技术，实现制动力的自动调节，防止制动车轮抱死，以期获得最有效的制动效果，并大大提高车辆主动安全性。ABS 能够利用轮胎和路面之间的峰值附着性能，提高汽车抗侧滑性能，充分发挥制动效能，同时增加汽车制动过程中的可控性，减少事故发生的可能性，是一种具有防滑、防锁死等优点的安全制动控制系统。

汽车防抱死制动系统是现代汽车上必备的安全装置。其工作原理是将车轮的滑移率 S 控制在最大地面附着系数对应的滑移率 S 附近，使汽车获得较高的纵向和侧向附着力，从而避免汽车在紧急制动时因车轮抱死出现制动效能下降、甩尾、转向失灵等不安全现象，减少事故的发生。

2. 防抱死制动系统(ABS)的组成

ABS 装置有许多种结构形式与相应的工作原理，在当前电子技术高速发展的情况下，几乎都采用电子控制，可使制动油液增减压达 10～18 次/s。ABS 装置由轮速传感器、电子控制装置和液压控制装置三部分组成，其组成和布置如图 7-29 所示。

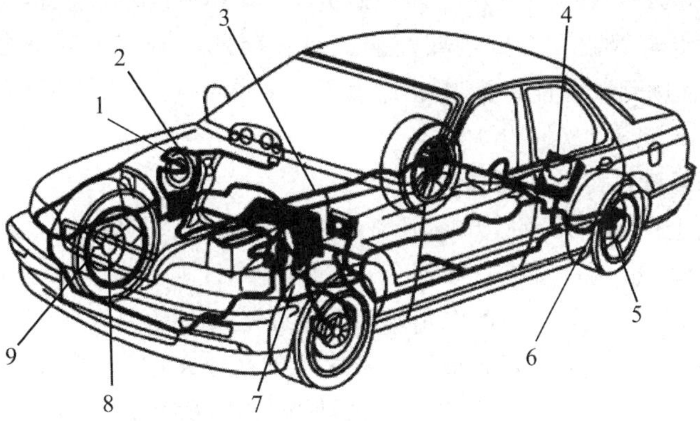

图 7-29　汽车防抱死制动系统(ABS)布置

3. 防抱死制动系统(ABS)的工作原理

红旗 CA7220 型轿车的制动防抱死装置如图 7-30 所示，该装置为四个轮速传感器四通道式布置形式。四个轮速传感器分别将各车轮的信号传给电子控制器，经电子控制器运算得出各车轮的滑移率，并根据滑移率控制各轮缸油压。当滑移率在 8%～35% 时，车辆的纵向附着力和侧向附着力都较高。将这一附着区域内的汽车制动的有关参数预先输入到防抱死制动系统(ABS)的控制系统，电子控制器(ECU)可随机地根据实际制动工况进行判断，给执行机构发出动作指令，使车轮的滑移率控制在这一最佳工作区范围内，即各车轮制动到不抱死的极限状态。因此，汽车在制动时，既不“跑偏”又不“甩尾”。

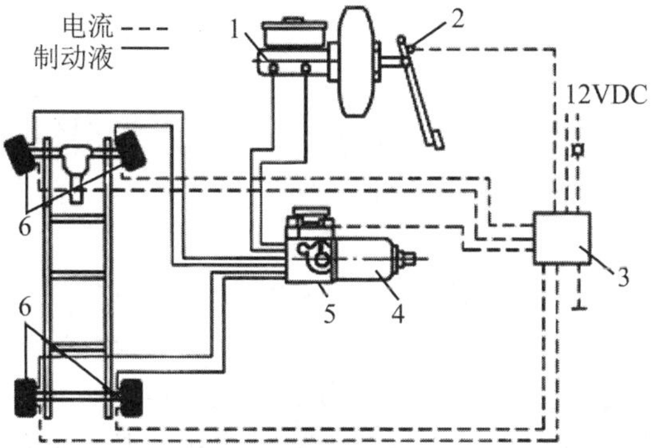

图 7-30　红旗 CA7220 型轿车防抱死制动系统(ABS)的组成及布置

1—制动主缸；2—制动灯开关；3—电子控制装置(ECU)；
4—电动机；5—液压控制装置；6—轮速传感器

7.3.4 安全辅助驾驶系统

从大量道路交通事故的统计及国内外研究人员的研究成果来看，道路交通事故发生的原因80%以上与驾驶人有直接或间接关系。因此，研究车辆安全辅助驾驶系统，为汽车提供安全辅助驾驶功能，为减少常规因驾驶人主观因素造成的道路交通事故提供智能技术保障。

1. 车辆辅助驾驶系统技术概述

车辆的安全问题可以从三个方面解决：限制车辆数量的增加；增修、拓宽道路；应用智能安全技术。前两种解决方案都有其局限性，日本率先采取了第三种解决方案，将安全保障技术应用于汽车上，使汽车逐步智能化，提高了汽车的安全性。

车辆安全辅助驾驶系统研究的目的就是使车辆在较差的环境中能够识别路况信息，并能够辅助驾驶人安全行车。从车辆安全辅助驾驶系统当前的发展状况来看，基于视觉的环境感知、多传感器的融合和自动驾驶等技术是其今后的发展趋势。

当我们驾车时，所接收的信息几乎全部来自于视觉。交通信号道路标志等均可以看作是环境对驾驶人的视觉通信语言。在车辆辅助驾驶系统的研究中，视觉系统主要起到环境探测和辨识的作用。与其他传感器相比，机器视觉具有检测信息大、能够遥测等优点。在行车道路检测、车辆跟随、障碍物检测等方面，机器视觉都起着非常重要的作用，是智能车辆研究中最重要的一种传感器。

在车辆领域，除视觉传感器外，常用的还有雷达、激光、GPS等遥感技术。在实际应用中往往采用多种传感器和遥感技术，并采用传感器融合技术对检测数据进行分析、综合和平衡，利用数据间的冗余和互补特性进行容错处理，以求得所需要的环境特征。例如，美国军方研究的DEMO型智能车辆就采用了雷达与机器视觉融合技术用于障碍物探测。欧洲开放基金支持的研究集中在驾驶人的监测、道路环境的感知、视觉增强、前车距控制以及传感器融合方面。

2. 车辆安全保障技术

安全监测与预警主要指借助传感器和报警系统，监测车辆驾驶人状况、车辆隐患、特殊环境等，以帮助驾驶人增进安全驾驶状态的各项技术。

(1)驾驶人注意力监视

长途行驶或在高速公路上行驶时，驾驶人往往由于疲劳或所见目标单调而造成注意力不集中或打瞌睡，导致车辆偏离行驶路线，甚至引发交通事故。有资料表明，高速公路上发生的交通事故中有一半以上是由于上述原因造成的。要解决这一问题，必须用技术手段及时监测车辆驾驶人的注意力是否集中，是否有打瞌睡的苗头，这就是注意力监测。例如可利用摄像机等传感器来监测驾驶人面部表情、眼睛的睁开程度、眼皮眨动的频率等，并用声光报警。

(2)车辆技术状况监测

及时监测汽车自身各系统总的技术状况，将安全隐患消灭在萌芽状态。例如对发动机运转状况、轮胎气压、转向机构、制动系统等进行实时监测。

(3)驾驶人视觉增强

视觉是人类观察世界、认识世界最重要的感知途径。因此基于视觉的感知技术已成为安全辅助驾驶系统中获取信息的主要手段。现今的视觉感知技术已能够实现在特殊天气或环境条件(如夜间，雨、雪、雾天气，弯道，上下坡，视觉盲点等)下使驾驶人具有良好的“视野”。红外传感器在这方面具有很强的优势，其最大的特点就是能够在夜间和各种能见度低的恶劣天气下探测到路况信息。目前红外传感器已广泛应用于多种车辆的夜视和后视报警系统。

(4)防撞安全预警

全面监测车辆当前状态及周边其他车辆等障碍物的情况，如有碰撞等安全隐患，则警告驾驶人。例如，当车道前方有其他车辆或障得物时，该系统将自动监测并及时发出警告，以便驾驶人提前做相应的处理。由于某些原因，在驾驶人未执行转向操作的情况下，车辆可能会自行偏离行驶路线。为此，日本一些公司开始研制行驶路线偏离警告系统。当驾驶人驾驶车辆进行车道变换或超车操作时，往往因各种原因发生交通事故。因此，国外一些汽车公司正在研制车道变换避撞系统。在车辆换道时，该系统可对接近车辆进行监测并发出警告。

第 8 章　新能源汽车

新能源汽车是指采用非常规的车用燃料作为动力来源(或使用常规的车用燃料、采用新型车载动力装置)，综合车辆的动力控制和驱动方面的先进技术，形成的技术原理先进，具有新技术、新结构的汽车。新能源汽车包括纯电动汽车、增程式电动汽车、混合动力汽车、燃料电池电动汽车、氢发动机汽车及其他新能源汽车。

8.1　新能源汽车发展概况

8.1.1　世界新能源汽车发展概况

电动车的历史比我们现在最常见的内燃机驱动的汽车要早。匈牙利的发明家、工程师阿纽什·耶德利克最早于 1828 年在实验室试验了电磁转动的行动装置，他也被称为“直流电机之父”(如图 8-1 所示)。

美国人托马斯·达文波特于 1834 年制造出第一辆直流电机驱动的电动车，因此于 1837 年获得美国电机行业的第一个专利。在 1832 年至 1838 年，苏格兰人罗伯特·安德森发明了电驱动的马车，这是一辆使用不能充电的初级电池驱动的车辆(如图 8-2 所示)。

图 8-1　阿纽什·耶德利克和他发明的直流电机

图 8-2　罗伯特·安德森发明的电驱动马车

1873 年，英国人罗伯特·戴维森在马车的基础上制造出电动三轮车(如图 8-3 所示)，但并没有列入国际的确认范围。

而在 1881 年，法国工程师古斯塔夫·特鲁夫发明了世界上第一辆电动三轮车(如图 8-4所示)，这是一辆用铅酸电池为动力的三轮车，被公认为世界上第一辆真正意义的电动车。

图 8-3　罗伯特·戴维森制造的电动三轮车

1884 年，英国发明家和实业家托马斯·

帕克用他自己专门设计的高容量可充电电池，在伦敦制造了第一辆实用的电动汽车(如图 8-5 所示)。

图 8-4　古斯塔夫·特鲁夫和他发明的电动三轮车

图 8-5　托马斯·帕克制造的电动汽车

随后在 1899 年，德国人波尔舍(保时捷创始人)发明了轮毂电动机，以替代当时在车上普遍使用的链条传动。随后开发了 Lohner-Porsche(洛纳-保时捷)电动车(如图 8-6 所示)，该车采用铅酸蓄电池作为动力源，由前轮内的轮毂电动机直接驱动。波尔舍在洛纳-保时捷的后轮上装载了两个轮毂电动机，由此诞生了世界上第一辆四轮驱动的电动车，这也是世界上第一辆由轮毂电动机直接驱动的电动车。同年，法国人卡米勒·詹纳兹在巴黎郊外，用自己设计的一辆名为 La Jamais Contente 炮弹外形的电动车(如图 8-7 所示)，以 105.88 km/h 的速度，刷新了内燃机保持的速度纪录，这是电动车史上第一次突破 100 km/h，La Jamais Contente 电动车保持着这个速度纪录，一直到 20 世纪。

图 8-6　Lohner-Porsche 电动车

图 8-7　La Jamais Contente 电动车

数据显示，在 1900 年美国制造的车辆中，有 936 辆内燃车、1 684 辆蒸汽车，而电动车则高达 15 755 辆，那个时候的电动车几乎垄断了高端车市场，从 20 世纪初到 1915 年，美国的电动汽车年产 5 000 辆，保有量达到 5 万辆。从 20 世纪 20 年代初，蒸汽汽车占 40%，电动汽车占 38%，内燃机汽车只占 22%，这是电动汽车的第一个黄金时代。

20 世纪 70 年代的石油危机，使得曾经消失了 50 年的电动汽车迎来了自己的第二个黄金时代。20 世纪 70 年代一家美国公司推出了 CitiCar 车型(如图 8-8 所示)，这一款电动车最高时速 71 km，续航里程 69 km，成为当时美国电动汽车的销售冠军。

1997 年，丰田公司正式推出普锐斯车型，在 2000 年面向全球投产。从 1997 年到 2015 年，丰田共推出 4 代普锐斯车型，累计销量超过 1 000 万辆。2008 年，特斯拉推出 Roadster(如图 8-9 所示)。

图 8-8　CitiCar 车型

图 8-9　特拉斯 Roadster

双座电动跑车，是世界上第一款大规模量产的电动跑车。2012 年特拉斯推出 ModelS(如图 8-10 所示)，带动全球电动汽车的高速发展。我国国内各大车厂都推出了各种电动汽车，北汽、奇瑞、比亚迪、江淮都有量产车上市。

图 8-10　特拉斯 ModelS

一大波互联网造车的企业也把各种技术和资金投入到电动汽车行业，国家也在政策和资金方面给予大力的支持，这是我国汽车领域赶超世界先进水平的最好时机，电动汽车的第三个黄金时代来临，且必将取代传统燃油车。

8.1.2　新能源汽车的历史沿革

1. 国际上新能源汽车的发展历程

第一阶段是起步阶段(2006 年以前)：这一阶段，各国对新能源汽车动力源没有决定，重心放在了氢燃料电池，只有日本一直投入较大(这也是目前日本新能源汽车发展得最好的主要原因)。美国：不积极发展纯电动，重心放在氢燃料电池；日本：一直在投入，以氢动力投入较多；欧盟：重心放在生物燃料与氢燃料电池；中国：处于摸索、定义阶段。

第二阶段是大力扶持发展阶段(2007—2011 年)：各国确定新能源汽车战略，并以锂电池为主，加大研发、基础设施投入，给予消费补贴，市场规模不断扩大。美国购买 EV 可享受所得税优惠，最高额度为 7 500 美元，到 2025 年，每个汽车制造商至少每年出售 15.4%的零排放车辆。日本购车者可享受免除多种税负优惠，到 2020 年，EV 将在整体乘用车的销售比例中应占到 50%。法国购买 EV 可以获得最高 5000 欧元的补贴。德国降低EV用车费用。英国购买EV可以获得2000～5000英镑奖励。中国以BEV为主，购买可以最高获得6万元的补贴。

第三阶段是继续扶持、逐渐进入收获阶段(2012年至今)。各国维持新能源汽车战略，仍然以锂电池为主，维持消费补贴，加大对汽车二氧化碳排放控制力度。美国等国家规定每个汽车制造商至少每年出售一定量的零排放车辆，否则要缴纳碳税。TESLA等企业开始实现盈利。中国加大投入。全球新能源汽车将逐步进入收获期。

2. 中国新能源汽车的发展历程

(1)中国新能源汽车的发展策略

中国新能源汽车产业始于21世纪初。2001年，新能源汽车研究项目被列入国家“十五”期间的“863”重大科技课题，并规划了以汽油车为起点、向氢动力车目标挺进的发展战略。“十一五”以来，我国提出“节能和新能源汽车”战略，政府高度关注新能源汽车的研发和产业化。

2008年，新能源汽车在国内已呈全面出击之势。2008年成为我国“新能源汽车元年”。2008年1—12月新能源汽车的销量增长主要是乘用车的增长，1—12月新能源乘用车销售899台，同比增长117%，而商用车的新能源车共销售1536台，1—12月同比下滑17%。

2009年，在密集的扶持政策出台的背景下，我国新能源汽车驶入快速发展轨道。虽然新能源汽车在中国汽车市场的比重依然微乎其微，但它在中国商用车市场上的增长潜力已开始释放。2009年1—11月，新能源乘用车销量同比下降61.96%，至310辆。2009年1—11月，新能源商用车——主要是液化石油气客车、液化天然气客车、混合动力客车等——销量同比增长178.98%，至4 034辆。相比在乘用车市场的冷遇，“新能源汽车”在中国商用车市场已开始迅猛增长。

2010年，我国加大对新能源汽车的扶持力度。2010年6月1日起，国家在上海、长春、深圳、杭州、合肥5个城市启动私人购买新能源汽车补贴试点工作。2010年7月，国家将十城千辆节能与新能源汽车示范推广试点城市由20个增至25个。选择5个城市进行对私人购买节能与新能源汽车给予补贴试点。新能源汽车进入全面政策扶持阶段。

2011—2015年开始进入产业化阶段，在全社会推广新能源城市客车、混合动力轿车、小型电动车。

2012年4月18日国务院常务会议决定，争取到2015年，纯电动汽车和插电式混合动力汽车累计产销量达到50万辆，到2020年超过500万辆；2015年当年生产的乘用车平均燃料消耗量降至每百千米6.9升，到2020年降至5.0升；新能源汽车、动力电池及关键零部件技术整体上达到国际先进水平。

2012年5月，为加快培育发展新能源汽车，新能源汽车项目每年将获10亿～20亿元资金支持。

2014年，中国新能源汽车全年生产78 499辆，生产量同比增长近3.5倍，销售74 763辆，销售量同比增长近3.2倍。

2015 年 1 月到 4 月，我国新能源汽车累计生产 3.44 万辆，同比增长近 3 倍。其中，纯电动乘用车生产 1.59 万辆，同比增长近 3 倍，插电式混合动力乘用车生产 8 780 辆，同比增长 3 倍；纯电动商用车生产 6 416 辆，同比增长 5 倍，插电式混合动力商用车生产 3 330 辆，同比增长 70%。其中国内新能源汽车销量前五车企分别是：比亚迪，众泰集团，北汽新能源，奇瑞汽车，上汽荣威。

从 2016 年开始，我国的新能源汽车、多能源混合动力车、插电式电动轿车得到进一步普及，氢燃料电池轿车将逐步进入普通家庭。

(2)中国新能源汽车发展经历的两大阶段

第一阶段是以混合动力汽车为主、燃料电池车等新能源汽车为辅的发展方向，开拓新能源汽车市场；

第二阶段是在纯电动汽车技术成熟的基础上，纯电动汽车逐步替代混合动力及燃料电池汽车以至于完全占据新能源汽车市场，实现零排放的阶段。

“十二五”期间，国家大幅提高纯电动汽车、插电式混合动力汽车累计产销量，初步形成与市场规模相适应的充电设施体系和新能源汽车商业运行模式。到 2020 年底，有望实现纯电动汽车、插电式混合动力汽车累计产销量在 2015 年的基础上再上一个新台阶，实现规模化商业运营。

从新能源汽车的发展来看，各国扶持补贴政策起到了重大作用，这与光伏行业扶持补贴具有类似性，只是新能源汽车比光伏行业落后一个阶段。随着第二阶段扶持补贴政策作用的逐渐显现，以及各国的持续性投入，新能源汽车逐渐进入收获阶段。

8.1.3 新能源汽车的发展意义

1. 新能源汽车可使中国实现从汽车大国到汽车强国的转变

虽然当前世界各主要发达国家和有关汽车公司均在加紧研发此种新型汽车技术并取得长足进展，但总体而言，中国仍基本上与之处在同一个起跑线上，差距不过只有 3～5年，并不像传统内燃机技术一样存在 20 年的巨大差距。在商用化和产业化方面更是如此，某些方面我国还有一定优势。

2. 新能源汽车可继续开辟中国的汽车市场

中国的汽车产业刚刚发展起来，汽车普及率低，因而在汽车动力系统发展战略选择上有更大的自由度，在新能源汽车研发和产业化方面具有比较优势，推广应用新能源汽车的阻力也会小得多。

3. 发展策略

(1)国家政策性补贴

2009 年出台的《节能与新能源汽车示范推广财政补助资金管理暂行办法》确认了补贴标准和补贴范围，以财政政策鼓励在公交、出租、公务、环卫和邮政等公共服务领域率先推广使用节能与新能源汽车。2009 年 2 月，财政部、科技部、发改委、工信部等部委召开“节能与新能源汽车示范推广试点会议”，财政部、科技部等有关部委联合为 13 个节能与新能源汽车示范推广试点城市授牌，并明确了政府将通过补贴消费者、做大市场的模式鼓励企业生产、研发节能与新能源汽车，此举推动了我国发展节能与新能源汽车迈上新的台阶。

中央财政对有关公共服务领域示范推广单位购买和使用节能与新能源汽车给予一次性补助，地方财政对相关配套设施建设及维护保养也将给予补助。

此外，示范推广单位必须采取招标方式择优采购，并确定车型、数量、价格以及售后服务等。

财政部、科技部、工信部和发改委等部门已明确提出。我国的新能源汽车补贴政策计划在原来基础上再延长三年的时间。并且将出台鼓励和支持私人购买新能源汽车的政策；补贴范围进一步扩大，将建立试点区域；补贴方式将采用中央财政直接补贴车企，破除地方保护主义；充电站等配套基础设施建设将获得中央财政补贴；补贴车型将更加丰富，但门槛将提高；混合动力客车将继续获得补贴，但额度将大幅下降。

2015年4月，财政部、科技部、工业和信息化部和发展改革委等单位联合公布了2016—2020年新能源汽车的补贴办法，提出2017—2018年的补贴在2016年基础上下降20%，2019—2020年的补贴在2016年基础上下降40%。

国家颁布补贴政策后，各地纷纷跟进，进行地方财政补贴。但各地补贴额度不一，甚至差距很大，却在后来的新能源汽车推广中给企业设置了障碍。

2010年7月6日，深圳市出台《私人购买新能源汽车补贴政策》，确定在国家补贴的基础上，对双模电动车追加3万元，对纯电动汽车追加6万元补贴；一个月后，杭州参照深圳补贴办法，采用了一样的补贴金额；2012年4月出台的北京补贴办法，也参照深圳和杭州的补贴额度。

但其他城市的补贴金额却各有不同，比如在2012年12月出台的上海补贴办法中，规定纯电动乘用车补助4万元/辆，插电式混合动力乘用车补助3万元/辆；广州给予的是1万元购置财政补贴；合肥也只追加补贴1万元；有些试点城市甚至没有地方财政补贴。

(2)购车免税

《财政部、国家税务总局、工业和信息化部关于节约能源、使用新能源车船车船税政策的通知》(财税[2012]19号，以下简称通知)及《财政部、国家税务总局、工业和信息化部关于节约能源、使用新能源车辆减免车船税的车型目录(第一批)的公告》(财政部公告2012年第7号，以下简称公告)的下发，明确自2012年1月1日起，对节约能源的车船减半征收车船税，对使用新能源的车船免征车船税。这是车船税法及其实施条例新增的税收优惠政策。

(3)汽车减半征收车船税

通知第一条明确，自2012年1月1日起，对节约能源的车船，减半征收车船税。通知第六条明确，所称节能汽车，是指以内燃机为主要动力系统、综合工况燃料消耗量优于下一阶段目标值的汽车。

通知第三条明确规定了节能型乘用车的认定标准：①获得许可在中国境内销售的燃用汽油、柴油的乘用车(含非插电式混合动力乘用车和双燃料乘用车)；②综合工况燃料消耗量优于下一阶段目标值；③已通过汽车燃料消耗量标识备案。

(4)使用新能源免征车船税

通知第一条规定，自2012年1月1日起，对使用新能源的车船，免征车船税。通知第六条明确，所称新能源汽车，是指采用新型动力系统，主要或全部使用新型能源的汽车，包括纯电动汽车、插电式混合动力汽车和燃料电池汽车。其中，纯电动汽车，是指由电动机驱动，且驱动电能来源于车载可充电蓄电池或其他能量储存装置的汽车。插电式混合动力汽车，是指具有一定的纯电动行驶里程，且在正常使用情况下可从非车载装置中获取电能量的混合动力汽车。燃料电池汽车，是指以燃料电池为动力源的汽车。

通知第三条明确规定了新能源汽车的认定标准：获得许可在中国境内销售的纯电动汽车、插电式混合动力汽车、燃料电池汽车，包括乘用车、商用车和其他车辆；动力电池不包括铅酸电池；插电式混合动力汽车最大电功率比大于30%；插电式混合动力乘用车综合燃料消耗量(不含电能转化的燃料消耗量)与现行的常规燃料消耗量标准中对应目标值相比应小于60%；插电式混合动力商用车(含轻型、重型商用车)综合工况燃料消耗量(不含电能转化的燃料消耗量)与同类车型相比应小于60%；通过新能源汽车专项检测，符合新能源汽车标准要求。

另外，对节能型商用车和其他车辆的认定标准，根据通知第三条精神将另行制定。对节约能源、使用新能源船舶的认定标准、目录管理规定，根据通知第四条精神将另行制定。

(5)节能与新能源车展

按照节能与新能源汽车产业规划：2011—2020年，中央财政重点支持节能与新能源汽车关键技术研发和技术改造。以实现节能与新能源汽车大规模产业化为专项主要目标，突破和掌握一批节能与新能源汽车关键核心技术，形成一批具有较强国际竞争力的自主品牌纯电动汽车、插电式混合动力汽车、中重度混合动力汽车等节能与新能源汽车产品。

(6)牌照方便获取，使用不限行

目前，从全国情况看，仅有小部分城市对购买新能源汽车进行摇号，其余城市个人或单位购买均不须摇号。另外，在新能源汽车使用方面，各城市均不限行，极大地方便了广大车主。

(7)免征购置税

2014年7月9日，国务院总理李克强主持召开国务院常务会议，决定自2014年9月1日至2017年年底，免征新能源汽车车辆购置税。2017年12月27日，财政部、税务总局、工业和信息化部、科技部联合发布公告称，自2018年1月1日至2020年12月31日，对购置的新能源汽车免征车辆购置税。

(8)统一标准和目录

国务院办公厅关于加快新能源汽车推广应用指导意见要求，地方政府承担新能源汽车推广应用主体责任，2014—2016年，中央国家机关以及新能源汽车推广应用城市的政府机关及公共机构购买的新能源汽车占当年配备更新车辆总量的比例不低于 30%。并要求统一新能源汽车标准和目录，破除地方保护政策。

(9)促优质车发展

2018 年 6 月，根据《关于调整完善新能源汽车推广应用财政补贴政策的通知》，对于续航里程低于 150 千米，电池能量密度低于 105 W·h/kg 以及能量消耗系数不达标的车型将不再进行补贴。对于电池能量密度在 120～140 W·h/kg 的车型将进行正常的补贴发放。而对于续航里程更高，电池能量密度高于 140 W·h/kg 的车型进行奖励，以促进更优质的电动车推出。2018 新能源车购车补贴标准自 2018 年 6 月 12 日起开始实施。

8.2　新能源汽车的分类和技术特点

8.2.1　新能源汽车动力分类

新能源汽车包括纯电动汽车、增程式电动汽车、混合动力汽车、燃料电池电动汽车、氢发动机汽车、其他新能源汽车等。

1. 纯电动汽车

纯电动汽车(BEV)是一种采用单一蓄电池作为储能动力源的汽车，它利用蓄电池作为储能动力源，通过电池向电动机提供电能，驱动电动机运转，从而推动汽车行驶。

2. 混合动力汽车

混合动力汽车(HEV)是指驱动系统由两个或多个能同时运转的单个驱动系联合组成的车辆，车辆的行驶功率依据实际的车辆行驶状态由单个驱动系单独或多个驱动系共同提供。因各个组成部件、布置方式和控制策略的不同，混合动力汽车有多种形式。

3. 燃料电池电动汽车

燃料电池电动汽车(FCEV)是利用氢气、甲醇等燃料和空气中的氧在催化剂的作用下，在燃料电池中经电化学反应产生的电能作为主要动力源驱动的汽车。燃料电池电动汽车实质上是纯电动汽车的一种，主要区别在于动力电池的工作原理不同。一般来说，燃料电池是通过电化学反应将化学能转化为电能。电化学反应所需的还原剂一般采用氢气，氧化剂则采用氧气，因此最早开发的燃料电池电动汽车多是直接采用氢燃料，氢气的储存可采用液化氢、压缩氢气或金属氢化物储氢等形式。

4. 氢发动机汽车

氢发动机汽车是以氢发动机为动力源的汽车。一般发动机使用的燃料是柴油或汽油，氢发动机使用的燃料是气体氢。氢发动机汽车是一种真正实现零排放的交通工具，排放出的是纯净水，其具有无污染、零排放、储量丰富等优势。

5. 其他新能源汽车

其他新能源汽车包括使用超级电容器、飞轮等高效储能器的汽车。目前在我国，新能源汽车主要是指纯电动汽车、增程式电动汽车、插电式混合动力汽车和燃料电池电动汽车，常规混合动力汽车被划分为节能汽车。

8.2.2 新能源汽车的主要技术特点

1. 混合动力汽车

混合动力是指那些采用传统燃料的，同时配以电动机/发动机来改善低速动力输出和燃油消耗的车型。按照燃料种类的不同，主要又可以分为汽油混合动力和柴油混合动力两种。国内市场上，混合动力车辆的主流都是汽油混合动力，而国际市场上柴油混合动力车型发展也很快。

其优点是：

①采用混合动力后可按平均需用的功率来确定内燃机的最大功率，发动机相对较小(downsize)，此时处于油耗低、污染少的最优工况下工作。由于内燃机可持续工作，电池又可以不断得到充电，故其行程和普通汽车一样。

②因为有了电池，可以十分方便地回收下坡时的动能。

③在繁华市区，可关停内燃机，由电池单独驱动，实现“零”排放。

④有了内燃机可以十分方便地解决耗能大的空调、取暖、除霜等纯电动汽车遇到的难题。

⑤可以利用现有的加油站加油，不必再投资。

⑥可让电池保持在良好的工作状态，不发生过充、过放，延长其使用寿命，降低成本。

⑦整车由于拥有多个动力源，可同时工作，整车的动力性优良。

缺点：系统结构相对复杂；长距离高速行驶省油效果不明显。

2. 纯电动汽车

纯电动汽车，顾名思义就是主要采用电力驱动的汽车，大部分车辆直接采用电机驱动，有一部分车辆把电动机装在发动机舱内，也有一部分直接以车轮作为四台电动机的转子，其难点在于电力储存技术。

纯电动汽车技术相对简单成熟，只要有电力供应的地方都能够充电。但是，蓄电池单位重量储存的能量太少，还因电动车的电池较贵，又没形成经济规模，故购买价格较贵；至于使用成本，有些试用结果比汽车贵，有些结果仅为汽车的1/7～1/3，这主要取决于电池的寿命及当地的油、电价格。

3. 燃料电池汽车

燃料电池汽车是指以氢气、甲醇等为燃料，通过化学反应产生电流，依靠电机驱动的汽车。其电池的能量是通过氢气和氧气的化学作用，而不是经过燃烧，直接变成电能的。燃料电池的化学反应过程不会产生有害产物，因此燃料电池车辆是无污染汽车，燃料电池的能量转换效率比内燃机要高2～3倍，因此从能源的利用和环境保护方面，燃料电池汽车是一种理想的车辆。

与传统汽车相比，燃料电池汽车具有以下优点：

(1)零排放或近似零排放。

(2)减少了机油泄漏带来的水污染。

(3)降低了温室气体的排放。

(4)燃料电池的转化效率高(60%左右)，整车燃油经济性良好。

(5)运行平稳、无噪声。

缺点：燃料电池成本高昂，同时使用成本(氢)也昂贵。

4. 氢动力汽车

氢动力汽车是一种真正实现零排放的交通工具，排放出的是纯净水，其具有无污染、零排放、储量丰富等优势，因此，氢动力汽车是传统汽车最理想的替代方案。与传统动力汽车相比，氢动力汽车成本至少高出 20%。中国长安汽车在 2007 年完成了中国第一台高效零排放氢内燃机点火，并在 2008 年北京车展上展出了自主研发的中国首款氢动力概念跑车“氢程”。

氢动力汽车排放物是纯水，行驶时不产生任何污染物。但是，氢燃料成本过高，而且氢燃料的存储和运输按照技术条件来说非常困难，因为氢分子非常小，极易透过储藏装置的外壳逃逸。另外最致命的问题是，氢气的提取需要通过电解水或者利用天然气，如此一来同样需要消耗大量能源，除非使用核电来提取，否则无法从根本上降低二氧化碳排放。

5. 超级电容汽车

超级电容器是利用双电层原理的电容器。在超级电容器的两极板上电荷产生的电场作用下，在电解液与电极间的界面上形成相反的电荷，以平衡电解液的内电场，这种正电荷与负电荷在两个不同相之间的接触面上，以正负电荷之间极短间隙排列在相反的位置上，这个电荷分布层叫做双电层，因此电容量非常大。

超级电容汽车充电时间短、功率密度大、容量大、使用寿命长、免维护、经济环保等。但是，能量密度低，很难满足整车需求，故一般作为辅助蓄能器；功率输出随着行驶里程加长而衰减等。

6. 燃气汽车

燃气成分单一、纯度较高、能与空气均匀混合并燃烧完全，CO 和微粒的排放量较低，发动机在低温时的启动和运转性能较好。其缺点是运输性能比液体燃料差、发动机的容积效率低、着火延迟较长及动力性有所降低。这类汽车多采用双燃料系统，即一个压缩天然气或液化石油气系统和一个汽油或柴油燃烧系统，能容易地从一个系统过渡到另一个系统，此种汽车主要用于城市公交汽车。

7. 甲醇汽车

用甲醇代替石油燃料的汽车。

8. 空气动力汽车

利用空气作为能量载体，使用空气压缩机将空气压缩到 30 MPa 以上，然后储存在储气罐中。需要开动汽车时将压缩空气释放出来驱动启动马达行驶。优点是无排放、维护少，缺点是需要电源、空气压力(能量输出)随着行驶里程加长而衰减、需要保证高压气体的安全性。

9. 飞轮储能汽车

利用飞轮的惯性储能，储存非满负载时发动机的余能以及车辆长大下坡、减速行驶时的能量，反馈到一个发电机上发电，再而驱动或加速飞轮旋转。飞轮使用磁悬浮方式，在 70 000 r/min 的高速下旋转。在混合动力汽车上作为辅助，优点是可提高能源使用效率、重量轻储能高、能量进出反应快、维护少寿命长，缺点是成本高、机动车转向会受飞轮陀螺效应的影响。

8.2.3 新能源汽车的组成

从全球新能源汽车的发展来看，其动力电源主要包括锂离子电池、镍氢电池、燃料电池、铅酸电池、超级电容器，其中超级电容器大多以辅助动力源的形式出现。主要原因是这些电池技术还不完全成熟或缺点明显，与传统汽车相比不管是从成本上、动力上还是续航里程上都有不少差距，这也是制约新能源汽车发展的重要原因。

1. 电池分类

(1)铅酸蓄电池

铅酸蓄电池已有 100 多年的历史，广泛用作内燃机汽车的启动动力源。它也是成熟的电动汽车蓄电池，可靠性好、原材料易得、价格便宜；比功率也基本上能满足电动汽车的动力性要求。但它有两大缺点；一是比能量低，所占的质量和体积太大，因此一次充电行驶里程较短；另一个是使用寿命短，使用成本过高。

(2)镍氢蓄电池

镍氢蓄电池属于碱性电池，镍氢蓄电池循环使用寿命较长，能量密度高，但价格较高，存在记忆效应。国外生产电动汽车镍氢蓄电池的公司主要是 Ovonie、丰田和松下的一个合资公司。Ovonie 现有 80 A·h 和 130 A·h 两种单元电池，其比能量达75～80 W·h/kg，循环使用寿命超过 600 次。这种蓄电池装在几种电动汽车上使用，其中一类车一次充电可行驶 345 km，有一辆车一年中行驶了 8 万多千米。国内已开发出 55 A·h和 100 A·h 单元电池，比能量达 65 W·h/kg，功率密度大于 800 W/kg 的镍氢蓄电池。

(3)锂离子电池

锂离子二次电池作为新型高电压、高能量密度的可充电电池，其独特的物理和电化学性能，具有广泛的民用和国防应用的前景。其突出的特点是：重量轻、储能大(能量密度高)、无污染、无记忆效应、使用寿命长。在同体积重量情况下，锂电池的蓄电能力是镍氢电池的 1.6 倍，是镍镉电池的 4 倍，并且人类只开发利用了其理论电量的 20%～30%，开发前景非常光明。同时它是一种真正的绿色环保电池，不会对环境造成污染，是目前最佳的能应用到电动车上的电池。我国从 20 世纪 90 年代开始开发和利用锂离子电池，至今已取得突破性进展，研制出了完全拥有自主知识产权的锂离子电池。

(4)镍镉电池

镍镉电池的应用广泛程度仅次于铅酸蓄电池，其比能量可达 55 W·h/kg，比功率超过 190 W/kg。可快速充电，循环使用寿命较长，是铅酸蓄电池的两倍多，可达到 2 000 多次，但价格为铅酸蓄电池的 4～5 倍。它的初期购置成本虽高，但由于其在能量和使用寿命方面的优势，因此其长期的实际使用成本并不高。缺点是有“记忆效应”，容易因为充放电不良而导致电池可用容量减小。须在使用十次左右后，作一次完全充放电，如果已经有了“记忆效应”，应连续作 3～5 次完全充放电，以释放记忆。另外镉有毒，使用中要注意做好回收工作，以免镉造成环境污染。

(5)钠硫蓄电池

钠硫电池的优点：一个是比能量高，其理论比能量为 760 W·h/kg，实际已大于 100 W·h/kg，是铅酸电池的 3～4 倍；另一个是可大电流、高功率放电，其放电电流密度一般可达 200～300 mA/mm^2，并瞬时间可放出其 3 倍的固有能量；再一个是充放电效率高，由于采用固体电解质，所以没有通常采用液体电解质二次电池的那种自放电及副反应，充放电电流效率几乎达 100%。钠硫电池的缺点主要是其工作温度在 300～350℃，所以，电池工作时需要一定的加热保温。而高温腐蚀严重，电池寿命较短。已有采用高性能的真空绝热保温技术，可有效地解决这一问题。钠硫电池也有性能稳定性及使用安全性不太理想等问题。

2. 电池价格趋势

就价格趋势来看，电动汽车用快充锂离子动力电池价格在 1600 美元/kW·h 左右，普通锂离子动力电池价格在 500 美元/kW·h，按照美国汽油和电力的价格趋势，在汽车的整个使用周期内，100 km 续航能力的快充锂离子动力电池电动车使用成本比性能相当的汽油内燃发动机汽车高 25%。一旦电动汽车用动力电池价格下降到 $200～300/kW·h，电动车使用成本将与传统汽车相当。根据预测，在各国相关政策的鼓励下，2020 年全球电动汽车用锂离子需求接近 50 GW·h，快充电池成本 2020 年有望下降到 400～500 美元/kW·h，普通动力电池价格能下降到 200～300 美元/kW·h。

3. 新能源汽车充电站

汽车充电站和汽车加油站相类似，是一种“加电”的设备。充电站是一种高效率的充电器，可以快速地给手机、电动车、电动汽车等充电。

作为南方电网节能和新能源汽车应用的示范试点，广州市首个公共电动汽车充电站于 2010 年 11 月 8 日在亚运城投入运行，该充电站位于南沙港快速和京珠高速公路之间，集充电服务设施和营业厅于一身，充电桩 24 h 提供服务，建起现场购电现场充的快捷通道，也是亚运城的“专属”营业网点。

充电站执行南方电网开发的充电技术标准，为电动汽车提供三相充电电源，相比另外一种技术标准采用的单相电源，三相电源单位时间内输出电量是其三倍，充电效率高，花费的时间更短。以额定功率为 21 kW 的单台交流充电桩为例，充满一辆电动轿车只需要 3 h，减少了使用电动车的时间成本。该充电站不仅充电便捷，还将在二期建设中引入便利店等便民设施。

8.3 我国新能源汽车的现状和发展趋势

8.3.1 发展现状及面临的形势

汽车产业是国民经济的重要支柱产业，在国民经济和社会发展中发挥着重要作用。随着我国经济持续快速发展和城镇化进程加速推进，今后较长一段时期汽车需求量仍将保持增长势头，由此带来的能源紧张和环境污染问题将更加突出。加快培育和发展节能汽车与新能源汽车，既是有效缓解能源和环境压力、推动汽车产业可持续发展的紧迫任务，也是加快汽车产业转型升级、培育新的经济增长点和国际竞争优势的战略举措。

新能源汽车是指采用新型动力系统、完全或主要依靠新型能源驱动的汽车。新能源汽车主要包括纯电动汽车、插电式混合动力汽车及燃料电池汽车。节能汽车是指以内燃机为主要动力系统，综合工况燃料消耗量优于下一阶段目标值的汽车。发展节能与新能源汽车是降低汽车燃料消耗量，缓解燃油供求矛盾，减少尾气排放，改善大气环境，促进汽车产业技术进步和优化升级的重要举措。

我国新能源汽车经过十多年的研究、开发和示范运行，基本具备产业化发展基础，电池、电机、电子控制和系统集成等关键技术取得了重大进步，纯电动汽车和插电式混合动力汽车开始小规模投放市场。近年来，汽车节能技术推广应用也取得积极进展，通过实施乘用车燃料消耗量限值标准和鼓励购买小排量汽车的财税政策等措施，先进内燃机、高效变速器、轻量化材料、整车优化设计以及混合动力等节能技术和产品得到大力推广，汽车平均燃料消耗量明显降低；天然气等替代燃料汽车技术基本成熟并初步实现产业化，形成了一定市场规模。但总体上看，我国新能源汽车整车和部分核心零部件关键技术尚未突破，产品成本高，社会配套体系不完善，产业化和市场化发展受到制约；汽车节能关键核心技术尚未完全掌握，燃料经济性与国际先进水平相比还有一定差距，节能型小排量汽车市场占有率偏低。

节能与新能源汽车已成为国际汽车产业的发展方向，未来 10 年将迎来全球汽车产业转型升级的重要战略机遇期。目前我国汽车产销规模已居世界首位，在未来很长一段时期仍将持续增长，必须抓住机遇、抓紧部署，加快培育和发展节能与新能源汽车产业，促进汽车产业优化升级，实现由汽车工业大国向汽车工业强国转变。

8.3.2 中国新能源汽车现状、特点及发展趋势

1. 与汽车强国相比，中国新能源汽车得到中央和地方两级政府的财政大力支持，这个特点更为突出

①中国将新能源汽车作为七大战略性产业之一。习近平总书记提出：发展新能源

汽车是我国从汽车大国走向汽车强国的必由之路。国家最高领导人号召发展新能源汽车，新能源汽车的发展在中国七大战略性产业中的地位尤为突出。

②中国新能源汽车的发展政策相对比较健全，更为系统。中央财政和地方财政同时补贴新能源车辆生产成本差价，在购置税上减免，在新能源公交车运营上予以补贴，还设置了新能源车辆专门的车牌，在道路通行权上予以优先等。这样多的支持政策，是其他国家没有的。

③在众多正面政策的鼓励下，中国新能源汽车市场需求螺旋式上升，一年一个大台阶。2016年50万辆、2017年80万辆、2018年125.5万辆以上，2019年120万辆，2020年预计将超过200万辆。

④在中国新能源汽车快速发展之际，中国政府又在开始研究新的鼓励政策，推动中国新能源汽车向智能网联汽车方向发展，中国政府发布的未来智能网联汽车发展规划，就是具体的体现。

具备以上特点的中国发展新能源汽车模式，已经成为世界汽车强国潜心研究的样本。

2. 中国发展新能源汽车的技术路线与其他汽车强国是不同的

①美系车企的技术路线主要是发展纯电动和增程式混合动力汽车；

②日韩系车企的技术路线主要是发展混合动力、纯电动和燃料电池汽车；

③德系车企的技术路线主要是发展纯电动和插电式混动汽车；

④中国车企的技术路线是以纯电动和插电混合动力汽车为主，兼顾燃料电池汽车。

中国发展新能源汽车的路线最后被明确下来，也是经过了不断摸索、探讨的过程。中国不是汽车强国，必须向汽车强国学习。但是如何学习？当初主张较多，向日本学，以混动技术为突破口；向美国学，以增程式混合动力汽车为落脚点；向德国学，以插电混合动力汽车为重点。

然而，中国人用自己的哲学指导自己的实践，都学，都不学，最后形成自己特色的技术路线：

①以纯电动汽车为主要突破口，在公交车辆上发力，取得世界上第一的深圳公交全部实现纯电动化的成绩，取得了世界上第一的武汉(BRT)18 m公交车全部电动化的成绩；在A00级乘用车上规模产业化的基础上，取得世界上第一的太原出租车全部实现纯电动化的成绩。

②以插电混合动力汽车为追赶目标，接纳了纯电动汽车技术与燃油汽车技术的优点。插电混合动力汽车在中国的发展，也实现了批量生产，在技术上也取得了同样好的成绩。

③兼顾燃料电池汽车发展，即燃料电池汽车在中国必须要发展。

3. 中国发展新能源汽车技术路线，为什么要与其他汽车强国不同

①中国发展汽车产业的历程已经几十年了，有了不少教训，同时也积累了不少的成功经验。

②燃油汽车高端技术门槛已经很高了，许多技术已经由先进国家牢牢控制了，中国一直在跟进，但是却很难超越。

③纯电动汽车技术门槛对所有国家都是差不多的，燃油汽车发达的国家与中国相比，也没有先发优势。但是中国动力电池产业化有一定的比较优势，比如中国动力电池产业链比较完整。

④混合动力汽车的技术路线上，总体而言，燃油技术占统治地位，电动技术是辅助的。中国政府彻底放弃混合动力的技术路线，推行的是插电式(或增程式)技术路线，与纯电动驱动技术路线在方向上保持一致。

⑤燃油车电动化是基本趋势。燃油车技术已经不能满足现代(未来)社会发展的要求。尽管燃油车在相当长的时间内依然是主力车辆，尤其是货运卡车，但是其被有序替代是一个客观趋势。

⑥中国发展新能源汽车是国家级战略选择与定位，不是权宜之计，自然要求站得高，看得远。

一句话，中国发展新能源汽车的技术路线，必须有别其他国家，要超越，必须要在发展的技术路线上，有具体的体现。

8.3.3 世界各国新能源汽车发展现状

近几年来，世界主要的汽车强国纷纷表示将新能源汽车发展提升至国家战略，尤其是欧盟一些国家不仅提出“禁止销售燃油汽车时间表”，而且也上升到具体法律层面，同时也采取了一些“限行”措施。中国则是更主动、更积极、更系统地推动新能源汽车的发展。

德国汽车交通领域的学术与战略咨询机构汽车管理中心(CAM)《2017 年度汽车创新报告》显示。2017 年度德国销售了 5.45 万辆电动车，这是 2016 年销售量的 117%。电动车所占市场份额也从上一年度的 0.8%上升至 1.6%。政府对柴油车采取的限行措施可能使得柴油车市场份额从原来的 45.9%下降至 38.8%，这在一定程度上为助推新能源汽车市场的发展腾出了空间。不过传统的汽油车也因此而获益，其份额从 2016 年的 52.1%上升至 57.7%。

从欧洲市场来看，法国和英国电动车的销量也有所增长，而荷兰油电混驱汽车的销量却因 2016 年国家终止补贴而下滑了 60%。

与此相反，挪威的电动车在国家“三免”措施(即免增值税、免进口税和免车辆税)的刺激下发展迅猛，2017 年共售出 6.2 万辆电动车，市场份额达到了 39.3%，比上一年度上升了 10.2 个百分点，其增速大大高于基础设施建设，以至于不得不采取限购措施，即只有具备在家充电条件的用户才可购买电动车。

汽车管理中心的报告还显示，2017 年美国新上路的电动车数量为 19.4 万辆，比上一年度增加了 24%，但是全球电动车市场发展最快的是中国，去年共售出了 77.7 万辆(其中纯电动车占 84%)，同比增加 53%，电动车的国内市场份额也从 1.8%上升至 2.7%。该报告负责人认为，中国在电动汽车销售方面已把世界远远地甩在后面。

8.3.4 我国新能源汽车产销量情况统计

随着低碳经济成为我国经济发展的主旋律，电动汽车作为战略和智能电网的重要组成部分，已成为我国战略性新兴产业之一。我国 2014 年新能源汽车产量为 7.85 万辆，销售量 7.48 万辆；2015 年新能源汽车产量达 34.05 万辆，销量 33.11 万辆；2016 年前三季度我国新能源汽车产量达 30.2 万辆，销量 28.9 万辆(如下表)。

2011—2018 年我国新能源汽车产销量(万辆)

年份	纯电动汽车		插电式混合动力		新能源汽车	
	纯电动汽车产量	纯电动汽车销量	插电式混合动力产量	插电式混合动力销量	新能源汽车产量	新能源汽车销量
2011 年	0.57	0.56	0.2	0.26	0.84	0.82
2012 年	1.12	1.14	0.13	0.14	1.25	1.28
2013 年	1.42	1.46	0.33	0.30	1.75	1.76
2014 年	4.86	4.50	2.99	2.97	7.85	7.47
2015 年	25.46	24.75	8.58	8.36	34.05	33.11
2016 年	22.9	21.60	7.30	7.30	30.20	28.90
2017 年	66.6	65.2	12.8	12.5	79.4	77.7
2018 年	98.6	98.4	28.4	27.1	127	125.5

2018 年全年中国新能源汽车产销分别完成 127 万辆和 125.5 万辆，比上年同期分别增长 59.9%和 61.7%。其中纯电动汽车产销分别完成 98.6 万辆和 98.4 万辆，比上年同期分别增长 47.9%和 50.8%；插电式混合动力汽车产销分别完成 28.3 万辆和 27.1 万辆，比上年同期分别增长 122%和 118%，目前我国已拥有比较完整的新能源车产业体系，有四家企业进入全球新能源汽车销量的前 10 名，新能源客车已经出口到 30 多个国家和地区。

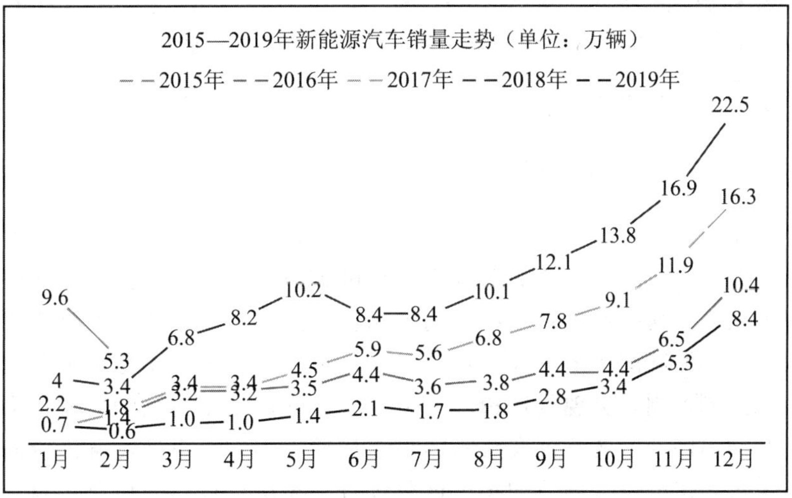

图 8-11　历年新能源乘用车月销量走势(单位：万辆)

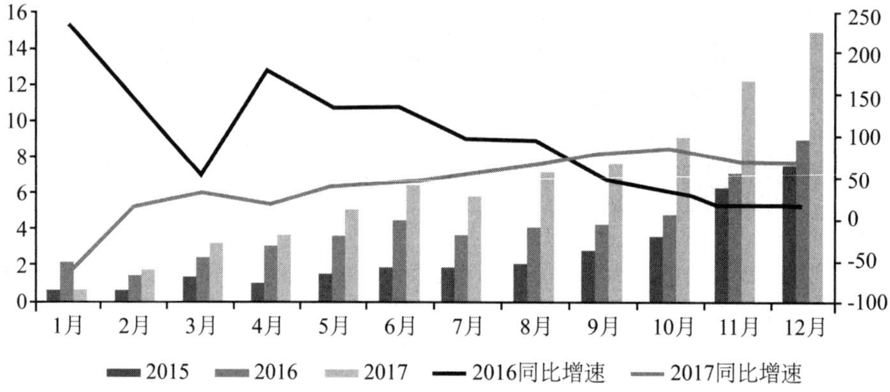

图 8-12　2015—2017 年我国新能源汽车销量走势(单位：万辆，%)

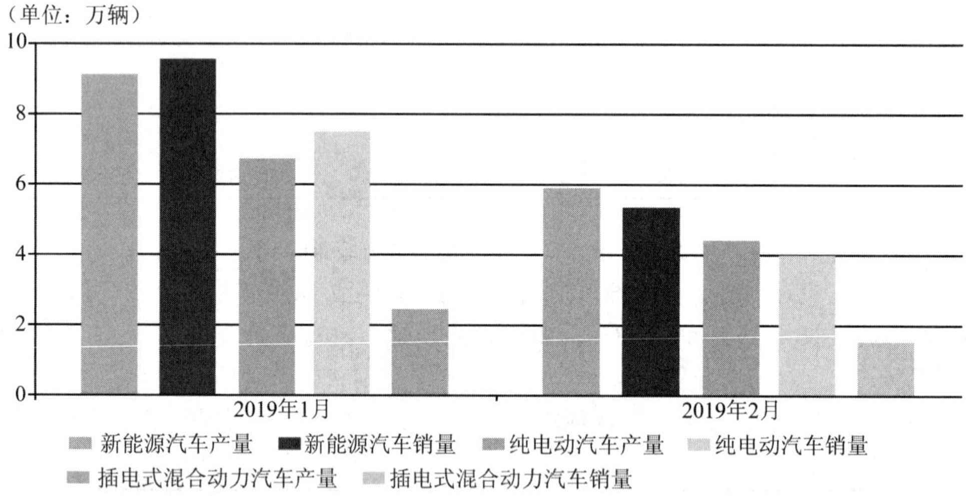

图 8-13　2019 年 1—2 月我国新能源汽车产销量

根据预测，未来新能源汽车行业仍将维持快速增长，如图 8-14 所示。

8.3.5　中国新能源汽车行业分析

新能源汽车产业链包括整车、三电(电池、电机、电控)、电池材料、上游资源以及锂电设备、充电设施环节。新能源汽车电机电控市场处于成长期，制造商营收有望出现增长，但整体利润率不乐观。产品同质化、产能过剩和产业链中议价能力弱等因素导致电机电控厂商利润下滑明显；负极材料规模投资建设石墨化产能仍将持续，行业或出现产能过剩加剧，出现量增价降利减局面；锂电设备淘汰和并购仍会继续，由于行业发展初期不同锂电设备供应商的客户结构差别很大，小型设备供应商在客户结构方面处于劣势，锂电设备环节的集中度将提升；充电桩产品同质化严重，在近几年无技术革新的背景下，充电桩制造商将面临激烈竞争。

多家新能源产业链企业披露了 2018 年业绩预告，新能源客车、电机电控等相关企

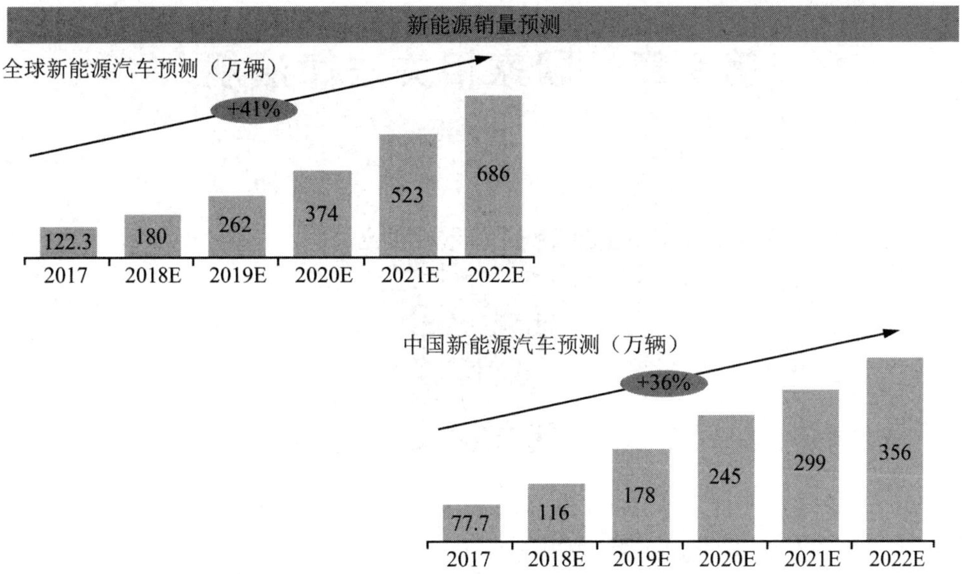

图 8-14　新能源汽车预测

业利润大幅下滑。从目前情况看，电机电控、负极材料、电解液等环节都出现产能过剩或同质化现象，未来竞争进一步加剧。新能源汽车产业正经历由慢到快、由量到质的关键爬坡期。

2019 年，“双积分”政策会全面实施，车企必须产销更多新能源汽车。补贴将继续滑坡，但车企由于产销规模进一步扩大，成本将继续下降。主机厂降低成本压力将向电池厂商传递，倒逼电池供应商降低动力电池的价格。新势力车企和合资品牌从 2019 年开始，会有大量的车型投入市场，会极大地丰富用户的选择。因此新能源汽车市场还会保持相对高速的增长，

2020 年后即将迎来补贴退出后的平价时代。补贴逐步退出将引导新能源汽车行业进入市场化有序竞争。

经过近十年的发展，国内新能源汽车产业已发展至千亿级产值，预计 2018—2020 年，国内新能源汽车产销量将分别达到 110 万辆、160 万辆和 210 万辆，动力电池装机量将分别达到 50 GW · h、79 GW · h 和 110 GW · h。动力电池价格下降、电动车续航里程持续提升，将拉动单车带电量提升。随着国家补贴政策对电池能量密度要求的持续提升，行业“领头羊”表现出显著技术竞争力，研发投入规模优势凸显，市场份额有望持续集中。

第 9 章　国家相关法律法规

9.1　中华人民共和国道路交通安全法

9.2　机动车强制报废标准规定

9.3　新能源汽车生产企业及产品准入管理规定

9.4　汽车销售管理办法

9.5 道路机动车辆生产企业及产品准入管理办法

9.6 汽车产业投资管理规定

9.7 关于完善新能源汽车推广应用财政补贴政策的通知(财建〔2020〕86 号)